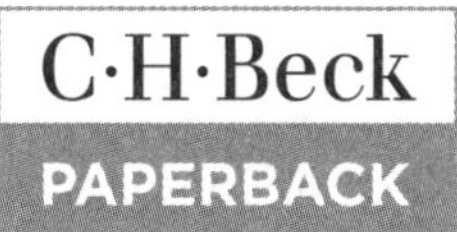
C·H·Beck
PAPERBACK

Weltberühmt wurde die *Mona Lisa* erst durch ihren Raub. Als sie im August 1911 verschwand, bemerkte das zunächst niemand. Aber als die Museumsbesucher in Scharen zu der leeren Wand pilgerten und davor Blumen ablegten, war sie bald in aller Munde. Glücklich in den Louvre zurückgekehrt, ist sie heute eins der bekanntesten und bestbewachten Kunstwerke überhaupt. Wie konnte ein solcher Diebstahl ausgeführt werden, wie wurde er aufgedeckt und was waren die Beweggründe des Täters? Susanna Partsch geht diesen Fragen in ihrem Buch nach und stellt neben der *Mona Lisa* noch viele weitere spektakuläre Fälle vor – darunter ein Rembrandt, der viermal hintereinander geklaut wurde, ein Fluchtwagen voller van Goghs, der wegen einer Reifenpanne auf der Strecke blieb, oder ein Picasso, der von der Yacht eines saudischen Scheichs gestohlen und als Scheck im Drogendealer- und Waffenhändlermilieu verwendet wurde. Eine spannende und zugleich unterhaltsame Lektüre für jeden Kunstliebhaber!

Susanna Partsch ist promovierte Kunsthistorikerin und lebt als freie Autorin in München. Bei C.H.Beck erschienen von ihr u. a.: «Tatort Kunst. Über Fälscher, Betrüger und Betrogene» ([2]2015), «Wer hat Angst vor Rot, Blau, Gelb?» (2012), «Die 101 wichtigsten Fragen: Moderne Kunst» ([3]2010) sowie zuletzt «Schau mir in die Augen, Dürer!» (2018).

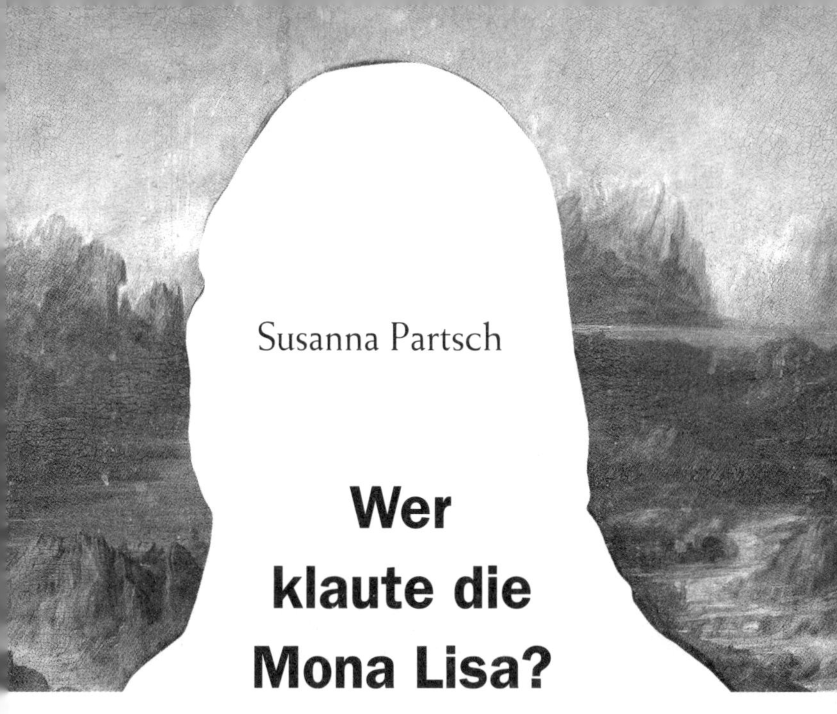

Susanna Partsch

Wer klaute die Mona Lisa?

Die berühmtesten Kunstdiebstähle der Welt

Verlag C.H.Beck

Mit 18 Abbildungen

2. Auflage. 2022

Originalausgabe

www.chbeck.de
Umschlagabbildung: Unter Verwendung von Leonardo da Vincis *Mona Lisa*, 1503–1518, Öl auf Pappelholz, Musée du Louvre, Paris, © Wikimedia
Umschlaggestaltung: Kunst oder Reklame, München
Satz: C.H.Beck.Media.Solutions, Nördlingen
Druck und Bindung: Druckerei C.H.Beck, Nördlingen
Gedruckt auf säurefreiem und alterungsbeständigem Papier
(hergestellt aus chlorfrei gebleichtem Zellstoff)
Printed in Germany
ISBN 978 3 406 77685 4

myclimate

klimaneutral produziert
www.chbeck.de/nachhaltig

«Die Originale, die ich geduldig in allen Museen Europas einsammelte, wo ich sie ehrlich durch ausgezeichnete Kopien ersetzt habe.»

Arsène Lupin

Inhaltsverzeichnis

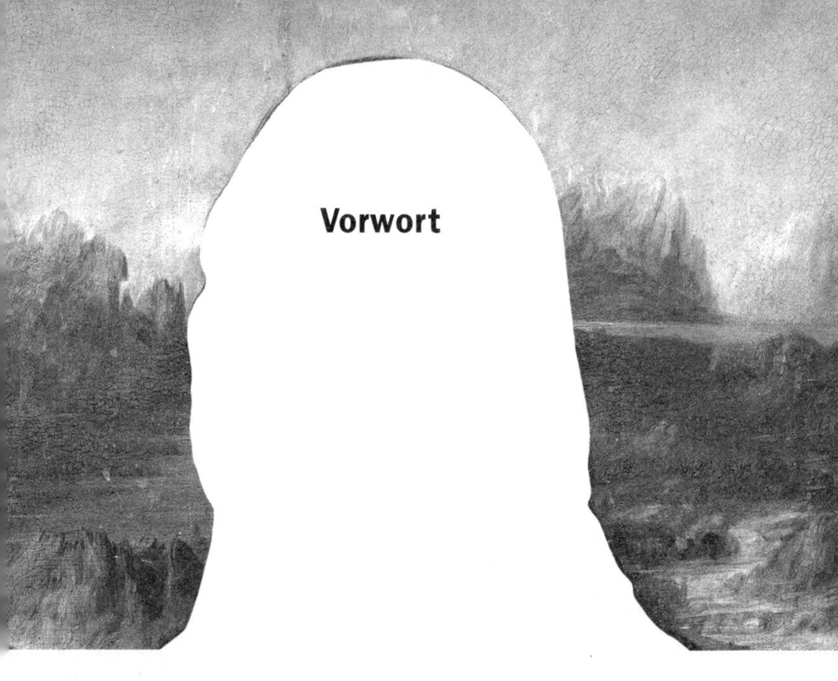

Vorwort

Anlass für dieses Buch war der Juwelen-Diebstahl im Dresdner Grünen Gewölbe im November 2019. Bis zur Drucklegung dieses Buches ist es der letzte wirklich große Einbruch gewesen. Doch auch danach ereigneten sich noch viele Diebstähle. Außerdem tauchten Kunstwerke auf, die man längst für immer verloren glaubte wie die Gemälde in Gotha oder das Bild von Gustav Klimt in Piacenza.

In diesem Buch geht es einerseits um Fakten, um gestohlene Meisterwerke und ihre Geschichten, um ihre Wiederauffindung oder den anhaltenden Verlust, die sichere Zerstörung oder die Ungewissheit, ob das Werk noch existiert. Es geht aber auch um die Täter, die in den meisten Fällen nicht den Vorstellungen eines eleganten Kunstdiebs entsprechen, wie er uns in der Literatur und im Film immer wieder begegnet. Und es geht um die Strippenzieher, die auch nur in den seltensten Fällen manische Sammler sind, wie es die Legenden erzählen. Literatur und Film verarbeiten einerseits stattgefundene Diebstähle, andererseits sind sie häufig reine Fiktion und fungieren manchmal auch als Ideengeber. In Kunstaktionen werden stattgefundene Kunstdiebstähle thematisiert, der Kunstdiebstahl aber auch zum performativen Akt erklärt. Über die gestohlenen Kunstwerke können in vielen Fällen über den Diebstahl hinaus spannende Geschichten erzählt werden, die ihre Entstehung oder ihr weiteres Schicksal betreffen. Sie werden den Leserinnen und Lesern nicht vorenthalten.

Spektakuläre Fälle von Kunstdiebstahl sind vor allem aus der westlichen Welt, also aus Europa und den USA bekannt. Die Beschränkung auf diese Regionen liegt also nicht an einem eurozentristischen Weltbild, sondern daran, dass der Kunstdiebstahl (nicht die Plünderung) vor allem dort stattfindet. Außerdem ist Kunstdiebstahl lediglich eine der Facetten von Kunstraub, die weiteren sind Beutekunst und Raubkunst, die hier lediglich definiert, aber nicht behandelt werden, da es sich um andere komplexe Themen handelt, zu denen eigene Literatur existiert.

Die geschlechtergerechten Bezeichnungen scheinen nicht konsequent durchgeführt zu sein, doch ist hier in einigen Fällen bewusst darauf verzichtet worden, weil es sich bei den Tätern, die festgenommen werden konnten, bis auf eine Ausnahme um Männer handelt, Frauen wurden höchstens als Mitwisserinnen belangt. Ebenso sind kaum Fälle bekannt, in denen das Werk einer Künstlerin gestohlen wurde, was auch sicher daran liegt, dass in früheren Zeiten von Künstlerinnen geschaffene Werke Seltenheitswert besaßen und sich auch heute daran nur graduell etwas geändert hat.

Die Recherche für das Buch fiel in die Zeit der Corona-Epidemie. Deshalb war es nur unter erschwerten Bedingungen möglich, in Bibliotheken zu recherchieren. Andererseits ist die Literatur über den Kunstdiebstahl überschaubar. Gerade in den Fällen der letzten zehn Jahre war die Recherche im Internet ergiebiger, was sich auch in den Quellenangaben in den Anmerkungen niederschlägt.

Bei der Entstehung des Buches habe ich vielfache und unterschiedliche Hilfe erhalten. Ich danke allen Freundinnen und Freunden, Kolleginnen und Kollegen, die ein offenes Ohr hatten, mit mir Probleme diskutierten, mich aber auch auf aktuelle Diebstähle hinwiesen.

Namentlich bedanken möchte ich mich für Hilfe und Unterstützung bei Karin Althaus, Ekkehard Arnetzl, Simon Blume, Sabine Burbaum, Irmela Gild-Howoldt, Jenns Howoldt, Carl von Karstedt, Lorenz Kloska, Hans Lange, Christoph Preßmar, Christian Quaeitzsch, Stefan Rudolph und Moritz Simon.

Ein ganz besonderer Dank gebührt Alexandra Schumacher, mit der ich das Thema gemeinsam entwickelt habe und die den Text während seiner Entstehung begleitete und dann mit großem Sachverstand lektorierte. Beate Sander kümmerte sich um die nicht ganz leichte Aufgabe der Bildbeschaffung und nahm mit Gelassenheit immer wieder neue Textänderungen entgegen.

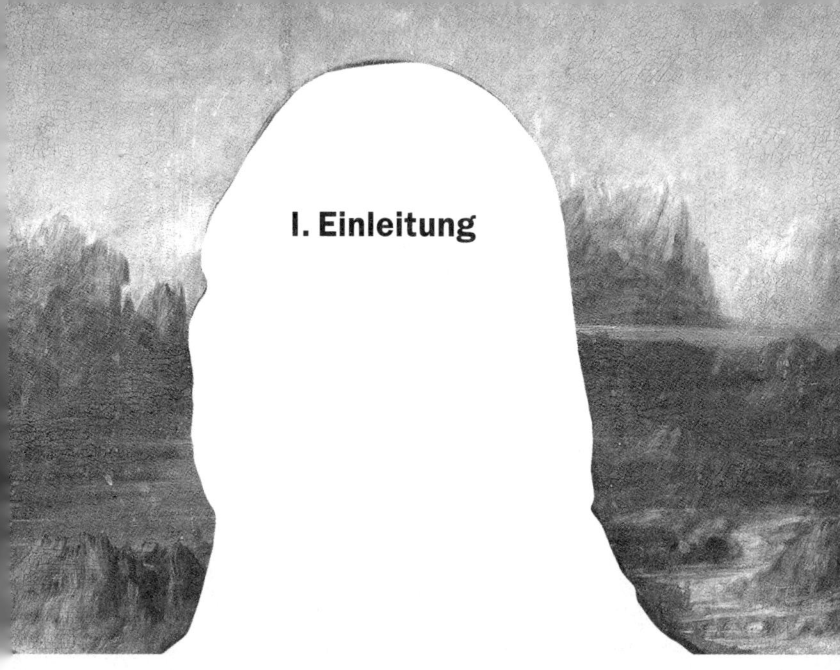

I. Einleitung

Die nackte Wand

«Als ich dann in die im obersten Stock gelegenen Ausstellungsräume kam, hatte ich plötzlich die nackte Wand mit zwei schmerzlich weißen Flecken vor mir, daneben eine kleinere leere Stelle, von der Caspar David Friedrichs *Nebelschwaden* gestohlen worden waren. Diese Wände wirkten furchtbar nackt und kahl, wie Ausrufezeichen, und sie verrieten nichts darüber, wer dort gewesen war und warum. Dieses Bild hat sich für immer in mein Gedächtnis eingegraben.»[1]

So beschreibt Sandy Nairne in seinem Buch über den Diebstahl der beiden Turner-Bilder aus der Frankfurter Schirn-Kunsthalle am 28. Juli 1994 seine Gefühle, als er tags drauf in Frankfurt eintraf. Ähnliches beobachtete auch Franz Kafka, als er gemeinsam mit Max Brod am 9. September 1911 den Louvre besuchte und damit neunzehn Tage, nachdem die *Mona Lisa* gestohlen worden war. Hanns Zischler fasst dies folgendermaßen zusammen:

«Der Reiz und die Erregung verdanken sich der abwesenden, der gestohlenen Mona Lisa. […] Als wäre der Tatort noch ‹aktiv› (wie ein Vulkan) stehen die Besucher vor dem Loch. Die Bilderreise gerät hier ins Stocken. Die Schar der Touristen erstarrt für einen langen Augenblick zur Gestalt der Jünger vor dem leeren Grab. Für Brod ist dieser Augenblick keiner Notiz würdig, weil sie fehlt, für Kafka gilt es, ihn festzuhalten, weil die Sehenswürdige fehlt.»[2]

Die leere Wand, die den Verlust vor Augen führt, macht häufig den Wert eines Werkes erst schmerzlich bewusst und kann wie im Fall der *Mona Lisa* oder der *Saliera* bei der Wiederauffindung eine enorme Wertsteigerung erfahren, die Kultcharakter annehmen kann. Wäre die *Mona Lisa* ohne den Diebstahl jemals zum größten Kunstwerk aller Zeiten hochstilisiert worden? Würde die *Saliera* ohne ihr zeitweises Verschwinden heute das Highlight des Kunsthistorischen Museums in Wien darstellen? Vergleichbar ist dies mit den Verhüllungsaktionen des Künstlerpaares Christo und Jeanne-Claude: Durch das Verbergen erhielten die Monumente eine neue Sichtbarkeit, wurden sie anders wahrgenommen.

Das heißt natürlich nicht, dass wir für Kunstdiebstähle dankbar sein müssen, weil sie uns eine neue Sicht auf das Kunstwerk vermitteln. Außerdem erhalten die wenigsten wiedergefundenen Werke dieselbe Aufmerksamkeit wie *Mona Lisa* und *Saliera*. Doch es gibt sie, ebenso wie es zahlreiche Legenden gibt, die sich allerdings weniger um die Diebstähle ranken als um die Diebe, die Täter.

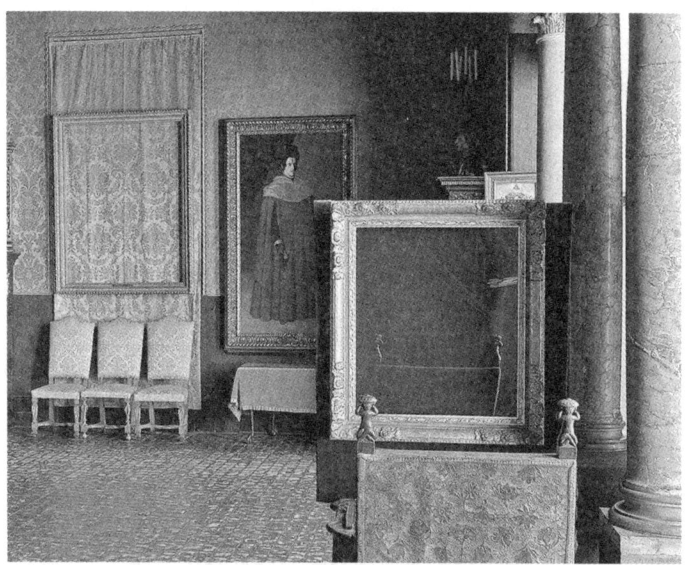

Im Isabella Stewart Gardner Museum in Boston erinnern die leeren Rahmen an die gestohlenen Bilder

Im Isabella Stewart Gardner Museum in Boston erinnern bis heute die leeren Rahmen an den schrecklichen Raub von 1990, bei dem dreizehn Werke verschwanden, darunter *Das Konzert* von Jan Vermeer, *Der Sturm auf dem See Genezareth* von Rembrandt und *Chez Tortoni* von Edouard Manet (Abb. S. 17). Auch nach über dreißig Jahren hofft man in Boston, dass die Bilder wieder auftauchen, zumal die Tat längst verjährt ist.

Keine große Hoffnung mehr macht man sich in Palermo. 1969 wurde das großformatige Altarbild *Die Geburt Christi*, das Caravaggio 1609 wohl im Auftrag der Franziskaner für das dem Heiligen Laurentius geweihte Oratorium gemalt hatte, aus seinem Rahmen geschnitten und entwendet. Es hatte seit seiner Entstehung seinen Platz über dem Altar von San Lorenzo nicht verlassen.

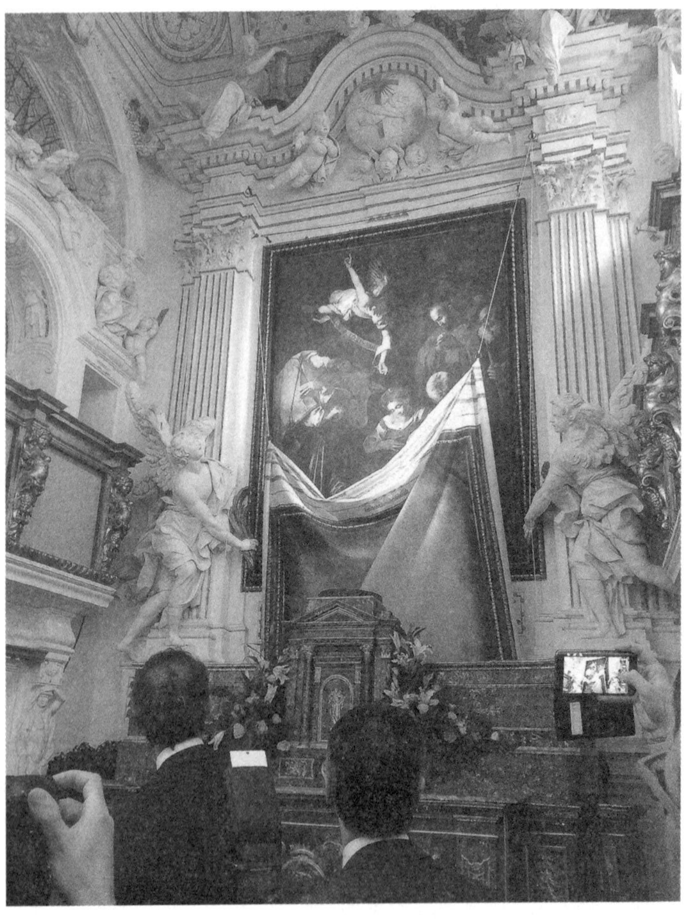

Die offizielle Enthüllung der durch Factum Arte erstellten Nachbildung von Caravaggios *Geburt Christi* (1609) in der Kapelle San Lorenzo in Palermo am 12. Dezember 2015

Schon länger weiß man, dass die Cosa Nostra, die sizilianische Mafia, in den Raub involviert war. Doch das anschließende Schicksal des Bildes ist alles andere als klar. Blieb es auf Sizilien?

Wurde es beim Einrollen so zerstört, dass es unwiederbringlich verloren war? Haben es die Mäuse und Ratten in einem Schweinestall auf dem Gewissen? Wurde es in die Schweiz gebracht? Hat es dort ein Kunsthändler zerschnitten, um die einzelnen Teile besser verkaufen zu können? Oder befindet es sich immer noch in den Händen der Mafia und wird eines Tages doch wieder auftauchen?

Viele Jahre hatte man den Rahmen an der leeren Wand hängen lassen, später verdeckte eine hochvergrößerte Farbfotografie des Gemäldes die leere Wand. Doch seit dem 12. Dezember 2015 scheint alles wieder gut. Das Gemälde befindet sich wieder an Ort und Stelle. So jedenfalls suggeriert es das dort befindliche Bild, kein Foto, sondern gemalt und mit dem bloßen Auge aus einiger Entfernung betrachtet eindeutig ein Caravaggio (Abb. S. 18). Doch handelt es sich um eine Kopie, hergestellt von der Firma Factum Arte, die sich darauf spezialisiert hat, Kunstwerke mit Hilfe von Computerprogrammen und einem 3-D-Druckverfahren so zu rekonstruieren, dass sie vom Original nicht zu unterscheiden sind, bis hin zum charakteristischen Pinselstrich der Künstler. Diese Lösung ist umstritten, weil sie der leeren Wand nur scheinbar ihre Daseinsberechtigung wiedergibt.

Genauso wie man in Boston immer noch hofft, dass die Werke zurückkehren, ist das in Dresden der Fall. Auch hier sind die Vitrinen, aus denen die Juwelen geraubt wurden, erst einmal leer geblieben. Vielleicht können eines Tages die alten Schätze in den seit April 2021 wieder lückenhaft gefüllten Vitrinen präsentiert werden. Doch vielleicht werden auch sie ersetzt – durch Reproduktionen, die von einem 3-D-Drucker «erschaffen» wurden.

«Der größte Kunstraub aller Zeiten»

In der Nacht des 18. Septembers 2020 wurde eine Arbeit von Sarah Metz und Janosch Feiertag, die sich an der Außenfassade des Kasseler Kunstvereins im Museum Fridericianum befunden hatte, entwendet. Am 26. August 2020 wurde das Gemälde von Frans Hals *Zwei lachende Jungen mit einem Bierkrug* von 1626 aus dem Museum Het Hofje van Mevrouw van Aerden in Leerdam bei Utrecht geklaut. Am 30. März 2020 wurde aus dem Singer Laren Museum das Gemälde *Frühlingsgarten. Der Pfarrgarten von Nuenen* von Vincent van Gogh geraubt.

Drei Fälle von Kunstdiebstahl aus dem Jahr 2020, die es bis in die Presse geschafft haben. Und auch wenn es um Millionenwerte geht, so blieb die Resonanz eher gering. Doch als im November 2019 aus dem Grünen Gewölbe in Dresden Diamant- und Brillant-Schmuck von unschätzbarem Wert gestohlen wurde, war dieser Raub in aller Munde und wurde durch die Presse weltweit verbreitet. Das Entsetzen darüber, wie so etwas passieren konnte, trotz aller Alarmanlagen und Sicherheitsvorkehrungen, war groß. Und es war – laut Medienberichten – «der größte Kunstraub in der Nachkriegsgeschichte»[3]. Ob nun in Deutschland, in Europa oder in der ganzen Welt sei dahingestellt.

Größte oder spektakulärste Diebstähle gab es schon viele, angefangen bei der *Mona Lisa*, die 1911 aus dem Louvre in Paris verschwand und erst zwei Jahre später wieder auftauchte. Einige von ihnen werden hier ausführlich behandelt, andere nur kurz erwähnt. Diese «großen» Diebstähle wurden häufig aufgeklärt – wenn auch nicht immer in befriedigendem Maße. In einigen Fällen kehrten zwar die Kunstwerke zurück, die Täter konnten aber nicht gefasst werden. Auch das Umgekehrte ist möglich: Die Täter werden gefasst, von den Kunstwerken fehlt jede Spur. Ob sie zerstört sind oder lediglich gut versteckt wurden, bleibt häufig Spekulation. Prominentes Beispiel ist der *Genter Altar*. Dann wiederum legen Täter ein Geständnis ab, das kaum glaubwürdig klingt, doch aus Mangel an Beweisen akzeptiert werden muss wie bei der *Saliera*.

Anders verhält es sich bei nicht ganz so prominenten Werken. Da stochern die Ermittler häufig im Dunklen. Erschreckend viele Diebstähle werden nie aufgeklärt. 1964 fahndete die Polizei in Westdeutschland nach 10000 gestohlenen Objekten, ohne große Hoffnung zu haben, viele davon wiederzufinden. 1975 berichtete der «Spiegel», dass höchstens zwanzig Prozent der Delikte aufgeklärt werden könnten. Durch weltweit vernetzte Datenbanken wie das Art-Loss-Register (s. S. 24) ist es heute sehr viel effektiver möglich, auf dem Kunstmarkt angebotene Werke auf ihre Herkunft zu überprüfen und damit Hehlerware zu entdecken. Das heißt aber nicht, dass deshalb die Dunkelziffer gestohlener Kunstwerke gesunken ist. Denn nicht immer werden das Art-Loss-Register oder andere Datenbanken bemüht – manch einer will vielleicht gar nicht wissen, ob die zum Kauf angebotene Madonna tatsächlich bei der Oma auf dem Dachboden gefunden wurde oder vielleicht doch aus einer Kirche stammt.

Hinzu kommt eine nicht zu unterschätzende Grauzone. Sie betrifft die Depotware der Städtischen und Staatlichen Museen. Obwohl so genannt, befinden sich nicht alle Werke in den Depots, sondern auch in Dienststellen öffentlicher Behörden. Wenn solche als Amtsschmuck bezeichneten, ausgeliehenen Bilder länger in den Büros hängen, gerät dabei manchmal in Vergessenheit, woher diese Bilder stammen. Da kann es dann schon einmal passieren, dass sich jemand so an ein Bild gewöhnt hat, dass er es mit nach Hause nimmt, wenn er in den Ruhestand geht. Oder die

Kollegen schenken es der scheidenden Amtsinhaberin zum Abschied. Die Erben wissen später häufig auch nicht mehr, woher das Gemälde stammt oder wie es in den Haushalt kam, und sind froh, dass es die Entrümplungsfirma mitnimmt. Von dort landet es auf dem Flohmarkt und bleibt unauffindbar.

Man kann nun einwenden, dass die Museen verpflichtet sind, jährliche Inventuren zu machen, mit ihren Listen die Dienststellen zu durchforsten, um nachzuschauen, ob die Werke noch vorhanden sind, und die Amtsinhaber daran zu erinnern, dass es sich bei dem Wandschmuck um Museumsbesitz handelt. Das ist im Prinzip sicher richtig, scheitert aber an der Machbarkeit. Denn die notorisch überlasteten Mitarbeiter in den mit Stellen nicht gerade üppig gesegneten Museen können diese Arbeit kaum leisten – zumal wenn es sich um große Häuser handelt, die zumeist in Städten mit vielen Amtsstuben angesiedelt sind.

Taucht ein Bild unverhofft auf einem Flohmarkt wieder auf, das bereits länger verschwunden ist und dann auch noch als Diebesgut erkannt wird, können allerdings auch Dinge passieren, die nicht dazu angetan sind, dass sich der Finder weiterhin an Aufklärungen solcher Diebstähle beteiligt. Die hier berichtete Geschichte mag ein Einzelfall sein, erstaunlich und erwähnenswert ist sie dennoch. Ein Kunsthistoriker und Antiquitätenhändler, nennen wir ihn Herrn Müller, findet auf dem Flohmarkt ein Gemälde, für das er sich interessiert. Bei genauer Betrachtung entdeckt er auf der Rückseite den Stempel eines Museums. Er weiß, dass es sinnlos ist, den Flohmarktverkäufer darauf aufmerksam zu machen. Der würde mit Sicherheit das Bild nicht zurückgeben, sondern eher den Stempel entfernen. Also kauft es Herr Müller und informiert unverzüglich das besagte Museum. Doch die erwartete Freude und Dankbarkeit bleibt aus. Stattdessen steht kurze Zeit später die Polizei vor der Tür, beschlagnahmt das Bild und verpasst ihm eine Anzeige wegen Hehlerei. Herr Müller wehrt sich dagegen. Daraus ergibt sich ein längeres Gespräch mit dem Polizisten, der am Ende die Erkenntnis gewinnt, dass Herr Müller jetzt wohl nie mehr als Retter von Kunstwerken zur Verfügung stehen wird, sondern eher ebenfalls Stempel von Rückseiten entfernt.

In den 1960er Jahren begannen die systematischen Diebeszüge in Dorfkirchen. Alles, was nicht niet- und nagelfest war, verschwand. So zogen auch die Diebe der *Volkacher Madonna* durch fränkische Kirchen und nahmen alles mit, was ihnen lohnenswert erschien. Sie bevorzugten Skulpturen, weil der Bildhauer, der mit ihnen gemeinsame Sache machte, diese ein wenig umschnitzte, bevor sie verkauft wurden. In Deutschland waren natürlich vor allem katholische Gebiete betroffen, die reich mit Heiligenfiguren und Altargemälden ausgestattet sind. Das katholische Bayern mit seinen vielen Kirchen und Kapellen im ländlichen Raum hatte dabei die meisten Kirchendiebstähle zu beklagen. Ähnlich verhielt es sich in Österreich. Doch an Italien reichten weder die Bayern noch die Österreicher heran. Dort gingen die Kirchendiebstähle zahlenmäßig ins Unermessliche. Hinzu kamen die vielen kleinen Provinzmuseen und Adelspaläste, die ebenfalls Schätze bargen, die so ungesichert waren, dass sie leichte Beute wurden. Und auch in Frankreich wurden die Diebe immer dreister.

In den meisten Ländern der westlichen Welt mit einem boomenden Kunstmarkt und ebenso boomenden Kunstdiebstählen ermitteln die Polizeibehörden wie Scotland Yard in Großbritannien, FBI in den USA, Bundes- und Landeskriminalämter (kurz BKA und LKA) in Deutschland. In drei Landeskriminalämtern gibt es spezielle Kunstabteilungen. Sie befinden sich in Berlin,

München und Stuttgart. Und auch das BKA besitzt in Wiesbaden eine Spezialeinheit. In Österreich ist die Kulturgutfahndung als eigene Dienststelle beim dortigen BKA angesiedelt. Nur in Italien wurde eine eigene Truppe gegründet: die Carabinieri Tutela Patrimonio Culturale (CTPC). Das ist auch verständlich, weil sich hier die meisten Kunstschätze befinden und es schon allein deshalb das am stärksten betroffene Land ist. Die CTPC wurde im Mai 1969 gegründet – und nicht erst nach dem Diebstahl der *Geburt Christi* von Caravaggio in Palermo, wie vielfach behauptet. Diese Spezialeinheit zum Schutz von Kulturgütern konnte im Lauf der Zeit große Erfolge erzielen und informiert immer wieder die Öffentlichkeit über ihre Tätigkeit, indem sie die wiedergefundenen Kunstwerke in Ausstellungen präsentiert und Kataloge veröffentlicht, in denen detailliertere Informationen zu finden sind. Hinzu kommen Listen, die man auf der Website einsehen kann und die jährlich über gestohlene und wiedergefundene Werke informieren. Dennoch verschwinden in Italien nach wie vor jährlich zwischen fünf- und zehntausend Kunstwerke. Insgesamt wird mit gestohlener Kunst fast so viel Geld umgesetzt wie mit dem Drogenhandel – etwa zwei Milliarden Euro im Jahr.

Natürlich haben die Carabinieri eine eigene gut funktionierende Datenbank, ähnlich wie diejenigen anderer international operierender Organisationen, die inzwischen seit einigen Jahrzehnten aufgebaut werden. An erster Stelle muss hier das 1991 gegründete Art-Loss-Register genannt werden. Es verdankt seine Entstehung der Initiative großer Auktionshäuser, von Kunsthändlern und Versicherungen, die es als ihre gemeinsame Aufgabe ansehen, gestohlene Kunstwerke dem freien Markt zu entziehen. Hier kann man natürlich nicht nur nach Diebesgut fahnden. Die meisten gelisteten Werke stammen aus ehemals jüdischem Besitz, der von den Nationalsozialisten enteignet wurde, aus kriegsbedingten Plünderungen, aus archäologischen Stätten und Grabungen. Doch es finden sich eben auch Werke, die aus Museen, Kirchen oder Privatsammlungen gestohlen wurden. Allerdings gibt es keine für alle zugängliche Listen gestohlener Werke, man kann immer nur ein spezielles Objekt mit möglichst genauen Angaben anfragen. Andererseits hat gerade das Art-Loss-Register Mitarbeiter, die Auktionskataloge ebenso nach Diebesgut durchforsten wie sie Messen besuchen, um dort zu schauen, ob sie fündig werden.

Verzeichnisse, die für alle einsehbar sind, findet man aber in anderen Datenbanken wie beispielsweise derjenigen vom FBI. Die Fahndungsliste des FBI mit den zehn meistgesuchten Kunstwerken der Welt ist allerdings selektiv und nicht ganz verständlich. Aufgeführt sind zwar die verlorenen Werke aus dem Isabella Stewart Gardner Museum und der Caravaggio aus Palermo, es fehlen jedoch die Diebstähle von 2010 in Paris, 2012 in Rotterdam und der Juwelenraub in Dresden von 2019.

Zu den in offiziellen Stellen arbeitenden Kunstfahndern, die sich mit den verschiedenen Delikten im Bereich der Kunstkriminalität beschäftigen, kommen Privatdetektive hinzu, die häufig für Versicherungen arbeiten. Einige tauchen im Zusammenhang mit Kunstdiebstählen immer wieder auf, wie Dick Ellis, der die Kunstabteilung bei Scotland Yard gründete und später von Sotheby's engagiert wurde, Charles Hill, der früher bei Scotland Yard angestellt war und dann als Privatdetektiv arbeitete, oder Mark Dalrymple, der vor allem von Versicherungen engagiert wird. Sie alle sind in Großbritannien zu Hause, werden aber weltweit um Hilfe gebeten, ebenso wie der Holländer Arthur Brand. In Deutschland operieren natürlich auch Privatdetektive, doch dürfte seit Jahren der bekannteste Kunstermittler René Allonge sein, der Leiter der Abteilung ‹Kunstdelikte› am LKA in Berlin und mit Sicherheit Jüngste in diesem Reigen. Er ist seit der Enttarnung des Kunstfälschers Wolfgang Beltracchi bekannt und war maßgeblich an der Rückführung der Gemälde nach Gotha beteiligt. Allonge und Brand haben auch schon zusammengearbeitet, zum Beispiel als es um die Auffindung von verschwundener NS-Kunst ging, unter anderem um die monumentalen Bronze-Pferde von Josef Thorak, die einst auf der Treppe der neuen Reichskanzlei in Berlin standen, den Krieg im Atelier von Arno Breker überdauerten, dann nach Eberswalde kamen und 1988 verschwanden. Allonge und Brand fanden sie gemeinsam 2015 in Bad Dürkheim, zusammen mit anderen Werken aus der NS-Zeit, die sich dort, aber auch an anderen Orten befanden.

Doch die meisten der Ermittler und Ermittlerinnen wollen namentlich nicht genannt werden und schon gar nicht ihr Gesicht in der Öffentlichkeit zur Schau stellen, weil das die verdeckten Ermittlungen erschwert. Insofern stehen hinter den wenigen bekannten Namen viele weitere, deren Erfolge zwar dann sichtbar sind, wenn ein Fall aufgeklärt wird, die aber selbst nicht in Erscheinung treten.

Sie alle sind natürlich nicht nur in den Kunstdiebstahl involviert, sondern beschäftigen sich ebenso mit anderen Formen der Kunstkriminalität wie der Kunstfälschung oder mit der vom Diebstahl unterschiedenen Raub- oder Beutekunst.

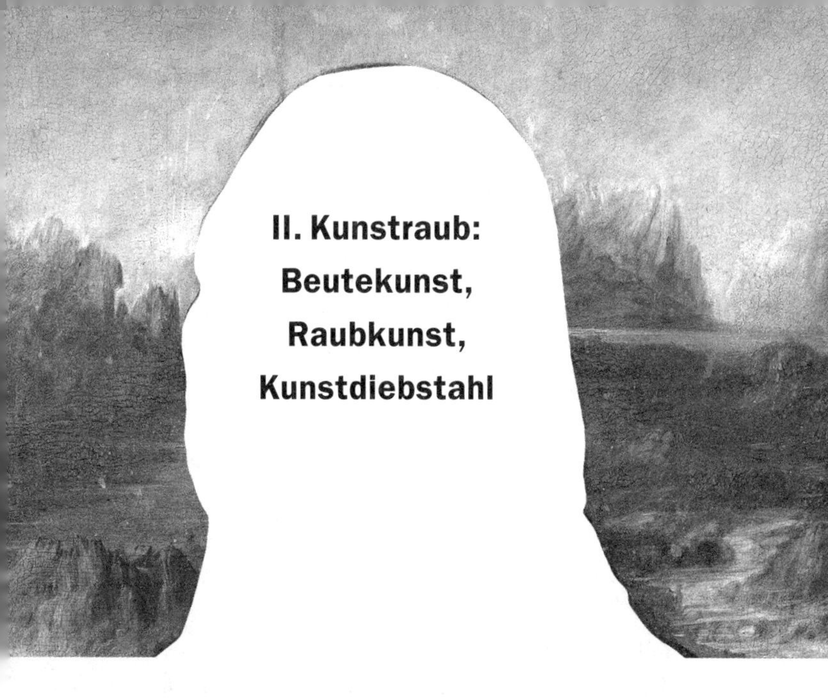

II. Kunstraub: Beutekunst, Raubkunst, Kunstdiebstahl

Schon die Begrifflichkeit ist ein Problem: Kunstraub, Beutekunst, Raubkunst, Kunstdiebstahl – was verbirgt sich hinter diesen vier Begriffen, sind sie wirklich voneinander abzugrenzen oder sind die Grenzen fließend, die Definitionen schwammig? Im Grimm'schen Wörterbuch findet sich keiner der Begriffe. Kunsthistorische Lexika bieten da schon mehr Informationen, die zeigen, dass es sich bei dem Wort Kunstraub um den Oberbegriff handelt, die anderen differenzieren die unterschiedlichen Möglichkeiten des Kunstraubs, wobei Kunstraub und Raubkunst auch synonym gebraucht werden.

Beutekunst

An erster Stelle steht (zeitlich gesehen) die Beutekunst, bei der Kunstwerke von den Siegern kriegerischer Auseinandersetzungen als Trophäen mitgenommen wurden. Das konnten einzelne

Stücke sein wie der *Siebenarmige Leuchter* (die *Menora*), den Kaiser Titus nach der Zerstörung des Tempels in Jerusalem im Jahr 70 n. Chr. im Triumphzug durch Rom führte. Das konnte aber auch eine ganze Kultur sein wie die der Griechen, die die Römer für sich beanspruchten, nachdem sie Griechenland annektiert hatten. Sichtbarer Teil waren die bronzenen Plastiken, die als Kultobjekte auf den Tempelbergen standen. Sie wurden in Schiffe geladen und nach Rom verbracht, wo sie die Gärten der Villen und Paläste schmückten und als Vorbilder für die eigenen marmornen Skulpturen dienten. Die meisten wurden später von den Christen eingeschmolzen, weshalb sich nur wenige erhalten haben wie die sogenannten *Krieger von Riace*, die auf der Überfahrt im Meer versunken waren und erst 1972 vor der Küste Kalabriens gefunden wurden.

Man kann natürlich einwenden, dass das für die ursprünglichen Besitzer eher Kult- als Kunstobjekte waren, doch sind viele wichtige Kultobjekte auch besonders kunstvoll gefertigt. Gerade für die Römer verloren die griechischen Plastiken häufig ihre kultische Bedeutung und wurden so zu (autonomen) Kunstwerken.

Allein in Europa gibt es auch später zahlreiche Beispiele von Kriegen, in denen Kunstwerke erbeutet wurden. Berühmt ist der Kreuzzug von 1204, bei dem die Venezianer zwar offiziell das Heilige Land zum Ziel hatten, stattdessen aber bereits im christlichen Konstantinopel ihre Fahrt beendeten und die Stadt plünderten. Unübersehbares Zeichen dieses Raubzugs sind die vier vergoldeten Bronze-Pferde, die seitdem auf dem Dach der Basilika von San Marco den krönenden Abschluss bilden, inzwischen allerdings durch Kopien ersetzt sind. Doch stammt die *Quadriga* ursprünglich gar nicht aus Konstantinopel, sondern wahrscheinlich aus Griechenland und kam über Rom nach Byzanz, also ins oströmische Reich. Damit war sie gleich zweimal zur Beutekunst geworden. Es sollte allerdings nicht das letzte Mal sein.

Über zweihundertfünfzig Jahre später, im Krieg der Schweizer gegen die Burgunder, eroberten die Schweizer 1476 die sogenannte Burgunderbeute, die neben Lebensmitteln, Pferden und Kriegsgerät eben auch Textilien wie den *Tausendblumenteppich* (Bern, Historisches Museum), Schmuck, Gefäße und Handschriften mit Buchmalereien umfasste. Die meisten dieser Werke befinden sich bis heute in Schweizer Museen. Wieder knapp zweihundert Jahre später, im Dreißigjährigen Krieg, der 1648 endete, bereicherten sich einerseits die protestantischen Schweden, indem sie aus verschiedenen europäischen Städten wie Prag, aber auch München die Kunstsammlungen der Herrscher mitnahmen. Andererseits wurde aus dem evangelischen Heidelberg die große Bibliothek der Universität ins katholische Rom verbracht. Diese *Biblioteca Palatina* befindet sich zu großen Teilen immer noch dort, nur die deutschen Handschriften kehrten nach Heidelberg zurück – aber nicht etwa 1648 nach dem Westfälischen Frieden, sondern erst nach dem Wiener Kongress, der nach den Napoleonischen Kriegen 1814/15 vor allem die Grenzen Europas neu ordnete, sich aber auch mit der Beutekunst beschäftigte, vor allem mit den Napoleonischen Aneignungen.

Denn Napoleon verbrachte während seiner Eroberungen Kunstwerke aus ganz Europa, vor allem aus Italien und Deutschland, nach Paris. Darunter befanden sich nicht nur die *Pferde von San Marco* (!), die auf dem Arc de Triomphe aufgestellt wurden, sondern auch die *Quadriga* vom Brandenburger Tor in Berlin, die auf einem der Pariser Stadttore aufgestellt werden sollte, wozu es aber nicht mehr kam. Beide *Quadrigen* und viele der anderen Kunstschätze kehrten nach der Niederlage Napoleons an die Orte zurück, an denen sie sich zuvor befunden hatten, die aber auch nicht unbedingt die ursprünglichen waren – wie eben Venedig für die *Pferde von San Marco*.

Trotz der Haager Landkriegsordnung von 1899, die auch den Schutz von Kulturgütern in bewaffneten Konflikten umfasste, wurden in beiden Weltkriegen des 20. Jahrhunderts Kunstwerke zur Kriegsbeute, wobei die des Zweiten Weltkriegs enorme Ausmaße annahm – und zwar sowohl erst von den Aggressoren, sprich den deutschen Nationalsozialisten, als auch von den alliierten Siegern. Aus diesem Grund wurden mit der Haager Konvention zum Schutz von Kulturgut in bewaffneten Konflikten 1954 sehr viel klarere Bestimmungen verabschiedet. Allerdings hatten viele Staaten zu Anfang Bedenken, diese zu unterschreiben. So fürchteten die USA während des Kalten Krieges, bei Ratifizierung keinen Atomkrieg mehr führen zu können. Sie traten erst 2009 dem Abkommen bei.

Raubkunst

Im Unterschied zu dieser Beutekunst bezeichnet man die von den Nationalsozialisten enteigneten Sammlungen aus jüdischem Besitz oder von aus anderen Gründen Verfolgten als Raubkunst. Dieser Begriff wird inzwischen auch auf die Kunstwerke angewandt, die von den Kolonialmächten aus den von ihnen regierten Ländern abtransportiert wurden und sich dann in den Völkerkundemuseen befanden. Die Restitution sowohl der einen als auch der anderen geraubten Kunst wird seit wenigen Jahrzehnten debattiert, eine Rückgabe erfolgt häufig nur nach zähen Verhandlungen und Prozessen. Zu dieser Raubkunst zählt aber auch das aus verschiedenen archäologischen Stätten entwendete Kulturgut, das sich dann schlimmstenfalls in europäischen oder US-amerikanischen Museen wiederfindet.

Um ihre Herkunft sicher bestimmen zu können, hat sich für all diese Bereiche inzwischen die Provenienzforschung etabliert, die lange Zeit nur als ein Hilfsmittel galt, um durch die Rückverfolgung der einzelnen Stationen, an denen sich ein Kunstwerk befunden hat, die Herkunft eines Werkes genauer bestimmen zu können und damit bestenfalls auch die Zuschreibung an einen bestimmten Künstler sicherzustellen. Inzwischen haben viele Museen besondere Stellen eingerichtet, die sich ausschließlich um die Provenienz fraglicher Werke kümmern, an Universitäten wird die Provenienzforschung mittlerweile als eigenes Fach gelehrt.

Trotzdem wird die Rechtmäßigkeit von Forderungen der Erben von Verfolgten häufig bezweifelt. Beweise werden verlangt, die aufgrund von Verfolgung und Tod nicht erbracht werden können, Gerichte bemüht. Über die Schwierigkeit bei der Restitution von Kunstwerken, die von den Nationalsozialisten geraubt wurden, sind inzwischen zahlreiche Publikationen erschienen. Außerdem gibt es mit der Lost-Art-Datenbank die Möglichkeit, gezielt nach Werken zu suchen. Sie wird vom Deutschen Zentrum für Kulturgutverluste in Magdeburg betrieben. Filme wie die *Monuments Men* von 2014 und *Die Frau in Gold* von 2015 widmen sich ebenfalls diesem Thema. Ein gerade wieder aktueller Fall ist der sogenannte *Welfenschatz*, den die Welfen 1929 an mehrere Kunsthändler verkauften, die ihn 1935 an den preußischen Staat veräußerten. Ob dies rechtens war, wie die Stiftung Preußischer Kulturbesitz behauptet, oder die Kunsthändler unter Druck (und unter Wert) verkauften, um als verfolgte Juden das Land verlassen zu können, wie deren Erben argumentieren, ist strittig. Im Februar 2021 hat der Supreme Court in Washington entschieden, dass US-amerikanische Gerichte für den Fall nicht zuständig seien, nachdem die mündliche Anhörung beider Seiten am 8. Dezember 2020 stattgefunden hatte. Damit wird der *Welfenschatz* im Berliner Kunstgewerbemuseum verbleiben.

Noch schwieriger stellt sich die Restitution im Bereich der in der Kolonialzeit geraubten Werke dar. Hier steht die Restitution ganz am Anfang. Zwar gab der Französische Präsident 2018 das Versprechen, noch in seiner Amtszeit werde es viele Restitutionen geben, passiert ist seither allerdings sehr wenig. Die Eröffnung des Humboldtforums in Berlin im Dezember 2020, in dem das Ethnologische Museum eine neue Heimat finden soll, führte auch zu Versprechungen über Rückgaben von den berühmten *Benin-Bronzen*. Im April 2021 wurde die Restitution beschlossen, das genaue Procedere wird mit Nigeria abgestimmt.

Um auf die Problematik hinzuweisen, wird auch mal zur Selbsthilfe gegriffen wie im Juni 2020 in Paris. Dort besuchte der Kongolese Emery Mwazulu Diyabanza, Sprecher der panafrikanischen Bewegung, mit vier Freunden das Musée Quai Branly. Der Besuch wurde live auf Instagram gestreamt. Diyabanza erzählte von der kulturellen Enteignung, die das Museum symbolisiert, und nahm einen Begräbnispfosten an sich, der aus dem heutigen Tschad stammt. Natürlich kam er nicht bis zum Ausgang, sondern wurde von einem Museumsaufseher aufgehalten. Er argumentierte, dass er nur Diebesgut zurückholen wolle, und bat dann die alarmierte Polizei um Hilfe bei der Bestimmung der Provenienz der einzelnen ausgestellten Werke, um sie nach Afrika zurückführen zu können. Natürlich half ihm die Polizei nicht. Er landete vor Gericht und wurde bestraft, doch nutzte er auch dieses Forum, um auf die Verbrechen der Kolonialmächte aufmerksam zu machen. Damit überzeugte er zwar die Richter nicht – er und seine Freunde wurden zu einer Geldstrafe verurteilt –, aber immerhin erreichte er, dass die Presse ausführlich über den Fall berichtete und die Dominanz der europäischen Perspektive in der Restitutionsdebatte von einigen Medien in Frage gestellt wurde.

Ebenfalls per Video dokumentierte im Oktober 2020 die Gruppe von Künstlerinnen und Künstlern «Frankfurter Hauptschule» den Raub der *Capri-Batterie*, eines Multiples von Joseph Beuys, aus einer Ausstellung im Theater Oberhausen. Von dort wurde das Objekt nach Tansania gebracht, in das ethnologische Museum von Iringa Boma. So jedenfalls berichteten es die Medien, die Polizei ermittelte. Doch nur wenig später stellte sich die Aktion *Bad Beuys goes to Africa* als eine gut inszenierte Performance heraus, an der der Kurator des Museums in Tansania mitgewirkt hatte, um die Forderung nach Restitution geraubter Kunstgegenstände zu bekräftigen. Die *Capri-Batterie* in Tansania war eine Nachbildung, das ausgestellte Werk hatte das Theater Oberhausen nicht verlassen. Auch durch diese Aktion wurde die Diskussion in den Medien intensiviert.

Fast unmöglich gestaltet sich die Auffindung von geraubten Gegenständen aus archäologischen Grabungsstätten, weil sie ja nicht erfasst wurden. Sie lagerten noch in der Erde. Und auch die Plünderung von archäologischen Stätten in Krisengebieten stellt für die Täter kaum ein Risiko dar. Denn durch Krieg und Vertreibung ist es meistens unmöglich, Kulturgüter zu schützen. Der spätere Nachweis ihrer Herkunft kann zwar gelingen, nicht aber, die Täter ausfindig zu machen. Lediglich die Hehler können ab und zu dingfest gemacht werden.

Kunstdiebstahl

Und schließlich der Kunstdiebstahl, bei dem einzelne Personen oder Banden aus bestehenden Sammlungen (seien sie privater oder öffentlicher Natur) und aus Gotteshäusern Kunstwerke entwenden. Diese werden dann entweder weiterverkauft oder aber nach hohen Geldforderungen zurückgegeben. In Einzelfällen verlangen die Diebe kein Geld, sondern stellen politische oder soziale Forderungen. Und noch viel seltener tun sie es aus dem Wunsch heraus, das oder die Werke selbst zu besitzen.

Der Kunstdiebstahl als spektakuläre Aktion ist ein relativ junges Phänomen, was mit verschiedenen Faktoren zusammenhängt. Kunstwerke waren lange vor allem Kultobjekte, bevor sie zu Sammelstücken wurden. Diese verschwanden in den Schatz- und Kunstkammern der Herrschenden und waren dadurch nicht so präsent wie heute. Sie waren also weder öffentlich zugänglich noch durch massenhaft reproduzierte Postkarten bekannt. Begehrlichkeiten wurden meistens nicht durch Diebstahl realisiert, sondern indem Wünsche formuliert wurden. Diese Form war durch die Etikette der höfischen Gesellschaft legitimiert, führte allerdings nicht immer zum gewünschten Erfolg.

Der französische König Franz I. verlangte 1515 nach der Skulpturengruppe des *Laokoon*, die 1506 in einem Weinberg in Rom gefunden worden war und sich seitdem im Besitz des Papstes befand. Für Julius II. bildete sie den Grundstock seiner Antikensammlung, für die damals gerade ein Skulpturenhof gebaut wurde, der sich auf dem Gelände des Vatikan zwischen Papstpalast und Villa Belvedere befindet. Nachdem Franz I. 1515 Mailand eingenommen hatte, fanden Friedensverhandlungen mit dem Papst statt, inzwischen Leo X. Dieser konnte den Wunsch des Königs abmildern, indem er ihm eine Kopie zusicherte und den Bildhauer Baccio Bandinelli mit dieser Aufgabe betraute. Als Bandinelli 1525 sein Werk vollendet hatte, gefiel es dem nächsten Papst, Clemens VII., so gut, dass er es nicht nach Frankreich schicken ließ, sondern in seine Heimatstadt Florenz, wo es sich bis heute in den Uffizien befindet. Franz I. hatte das Nachsehen. 1540 schickte er dann den Bildhauer Francesco Primaticcio nach Rom, um vom *Laokoon* und anderen Antiken im Belvedere-Hof Abgüsse in Bronze zu fertigen. Dieser *Laokoon* steht heute noch in Fontainebleau im Museum.

Dem Verlangen der Päpste und des Königs haben wir es also zu verdanken, dass sich die antike *Laokoon-Gruppe* nach wie vor im Belvedere-Hof des Vatikan befindet und es darüber hinaus mehrere Kopien gibt, die bis heute die verschiedenen Zustände der Rekonstruktion der nicht mehr oder nur bruchstückhaft erhaltenen Teile dokumentieren.

Solche Begehrlichkeiten konnten aber auch ganz anders enden. Kurfürst Maximilian I. von Bayern war von den Bildern Albrecht Dürers so begeistert, dass er sie am liebsten alle gehabt hätte. Sowohl auf die Stadt Nürnberg als auch auf die Dominikaner in Frankfurt konnte er so viel Druck ausüben, dass sie ihm die verlangten Bilder geben mussten. Aus Nürnberg erhielt er den *Paumgartner Altar* und die *Vier Apostel*, heute Glanzstücke der Alten Pinakothek. In der Frankfurter Dominikanerkirche hing der von dem Kaufmann Jakob Heller gestiftete große Flügelaltar, dessen Mittelteil mit der *Himmelfahrt Mariens* die Frankfurter nun nach München schickten. Sie ließen allerdings eine Kopie anfertigen, damit ihr Altar wieder vollständig sei. Die Kopie hat sich erhalten, das Original verbrannte jedoch 1729 bei einem der zahlreichen Residenzbrände in München. Wenn die Frankfurter Dominikaner genauso durchtrieben gewesen wären wie der Florentiner Staatsmann Ottaviano de' Medici, wäre die von Dürer ausgeführte Tafel wahrscheinlich noch erhalten.

Raffael hatte um 1517/18 das Bild *Leo X. mit den Kardinälen Giulio de' Medici und Luigi de' Rossi* gemalt, das sich der Herzog von Mantua als Geschenk erbat, als er Papst Clemens VII. 1524 in Rom besuchte. Der vormalige Kardinal Giulio de' Medici kam dieser Bitte nach und beauftragte Ottaviano, das Bild aus Florenz nach Mantua zu schicken, vorher aber eine Kopie anfertigen zu lassen. Diese führte Andrea del Sarto aus. Ottaviano schickte jedoch die Kopie nach Mantua, ohne dies zu offenbaren. Und so glaubten die Florentiner und die Mantuaner lange, sie besäßen das Original Raffaels. Das Mantuaner Bild kam im 18. Jahrhundert erst nach Parma, dann nach Neapel, wo es sich auch heute noch befindet und inzwischen zweifelsfrei als die Kopie von Andrea del Sarto gilt. Raffaels Original kann man nach wie vor in den Uffizien bewundern.

Die Reihe an Beispielen gelungener und missglückter «Wünsche» ließe sich beliebig fortsetzen, wobei das Beispiel der Dürer-Bilder einem Diebstahl schon sehr nahekommt.

Geklaut wurde natürlich schon immer. Dafür gibt es sogar in der Mythologie genug Beispiele. Programmatisch ist die Geschichte vom Goldenen Vlies, das Jason nur mithilfe Medeas stehlen konnte. Auch in frühen Gesetzestexten wird der Diebstahl geahndet. Er findet sich in denen der Babylonier, der Assyrer und natürlich auch im Alten Testament bei den Zehn Geboten. «Du sollst nicht stehlen» lautet das siebte Gebot. Bestimmt wurden auch damals schon Kultgegenstände aus Gotteshäusern entwendet, vor allem wenn das kostbare Material lockte. Und das war auch später noch so – wahrscheinlich überall auf der Welt. Im 16. Jahrhundert berichten Quellen, dass bei Banketten gerne vom silbernen Tafelservice das eine oder andere Stück mitgenommen wurde. Um dem sichtbaren Verlust auf den Tischen vorzubeugen, sorgte man dafür, dass es genug Ersatzteile gab.

Trotz aller höfischen Etikette kam es aber auch bei den fürstlichen Sammlungen zu Verlusten. Verbrieft ist, dass 1582 die numismatische Sammlung von Fulvio Orsini aus dem Palazzo Farnese in Rom verschwand. Auch bei den vom Vatikan organisierten Ausgrabungen antiker Stätten verschwanden silberne und goldene Münzen und andere Gerätschaften. Sammler und Händler beschuldigten sich manchmal gegenseitig des Diebstahls. Doch auch Gemälde wechselten zuweilen heimlich den Besitzer und nach einem Einbruch in Dresdens Kunstkammer im Jahr 1623 musste diese völlig neu geordnet werden. Das traf die Besitzer schwer, denn es zeigte, dass sie nicht genügend Sorgfalt darauf verwendeten, ihre Schätze zu sichern.

Diebstähle unter Künstlern fanden vor allem dann statt, wenn es ums Kopieren ging. So ist für mehrere Künstler verbrieft, dass sie Zeichnungen ihrer Lehrer stahlen, um damit zu üben. In einem Fall prozessierten Vater und Sohn gegeneinander, da der Vater den Sohn beschuldigte, ihm ein Skizzenbuch gestohlen zu haben, und der Sohn umgekehrt den Vater anklagte, dass er ihm dieses nicht zur Verfügung gestellt habe, um damit zu üben.[1] Der berühmteste Dieb ist in dieser Hinsicht Michelangelo, von dem Giorgio Vasari berichtet, dass er die Zeichnungen verschiedener Alter Meister, die sich in der Werkstatt seines Lehrers Domenico Ghirlandaio befanden, genau kopierte und die Kopien anschließend so präparierte, dass man Originale und Kopien nicht mehr auseinanderhalten konnte. Das tat er nur, um die Originale behalten zu können, die Kopien jubelte er seinem Lehrer unter. Ob diese Geschichte nun stimmt oder nicht, sie beweist jedenfalls, dass solche Vorkommnisse damals denkbar waren.[2] In diesem speziellen Fall ist das natürlich auch ein Beweis für das unglaubliche Können des «göttlichen» Michelangelo, wie Vasari ihn nannte. Später soll der alte Michelangelo erzürnt darüber gewesen sein, dass er bestohlen wurde, noch dazu von Kollegen. Vasari jedoch nahm die Diebe in Schutz, weil sie sich aus Liebe zur Kunst die Zeichnungen angeeignet hätten und nicht, um ihm zu schaden oder sich zu bereichern.

Dem Diebstahl von Kunstwerken scheint man lange Zeit jedoch keine größere Bedeutung beigemessen zu haben. So wird von dem italienischen Künstler Pietro Francesco Garoli berichtet, dass ihm aus seiner römischen Werkstatt einige Bilder gestohlen wurden. Er brachte den Diebstahl zur Anzeige, mehr scheint sich daraus nicht ergeben zu haben. Erstaunlich liest sich die Geschichte von Robert Dighton, einem britischen Maler, Zeichner, Graphiker, Karikaturisten, aber auch Schauspieler und Sänger. Mit seinen Karikaturen hatte er einen so großen Erfolg, dass er um 1800 ein Geschäft gründete, in dem er eigene Drucke, aber auch diejenigen anderer Künstler verkaufte. Ein Kunsthändler, der einige Drucke bei Dighton erworben hatte, wurde 1806 misstrauisch und wandte sich ans British Museum, wo man feststellte, dass es sich tatsächlich um Blätter aus deren Besitz handelte. Dighton hatte das Vertrauen des Bibliothekars im British Museum gewonnen, der für die Drucke zuständig war. So konnte er unbeobachtet in größerem Stil Blätter entwenden, die er dann kopierte und weiterverkaufte. Da er die Blätter, die sich noch in seinem Besitz befanden, umgehend zurückgab und sich darum bemühte, die bereits verkauften aufzuspüren und zurückzuerwerben, wurde ihm verziehen. Der Skandal hatte sich allerdings herumgesprochen und bis sich die Wogen geglättet hatten, verließ Dighton London und kehrte erst 1810 zurück. Heute hätte ihn trotz Kooperation vermutlich eine Gefängnisstrafe erwartet, zumindest jedoch wäre ihm der Prozess gemacht worden.

1840 wurde das von Ludovico Urbani signierte Altarbild mit der *Muttergottes und den Heiligen Antonius Abbas und Nikolaus* gestohlen, das der Kirche Santa Maria del Castelnuovo in Recanati, einem pittoresken Städtchen in den italienischen Marken, 1480 gestiftet worden war. Ob das Bild damals aus der Kirche entwendet wurde oder sich bereits im Besitz einer Familie in Recanati befand, lässt sich heute nicht mehr rekonstruieren. Als dieses Bild 1913 auf dem römischen Kunstmarkt zum Kauf angeboten wurde, kam offensichtlich niemand auf die Idee, es der Kirche wiederzugeben. Es wechselte stattdessen mehrfach den Besitzer und befindet sich auch heute noch in einer Privatsammlung.

Andererseits erfuhr der 1876 stattgefundene Raub des Porträts *Georgiana, Duchess of Devonshire,* das Thomas Gainsborough um 1785 malte, große Aufmerksamkeit. Die Times widmete diesem Diebstahl am 27. Mai 1876 einen ausführlichen Artikel, der auch zeigt, wie außergewöhnlich damals ein solcher Diebstahl war. Der letzte Absatz lautet übersetzt: «Sehr selten hat man bisher wertvolle Gemälde auf diese Weise zu stehlen versucht, und selten, wenn überhaupt jemals, glauben wir, ohne am Ende entdeckt zu werden.»[3]

Der Kunstdiebstahl scheint also tatsächlich erst in der zweiten Hälfte des 20. Jahrhunderts ein einträgliches Geschäft geworden zu sein. Das hängt mit Sicherheit auch mit den explodierenden Preisen auf dem Kunstmarkt zusammen. Ein Beispiel mag dies verdeutlichen. Das Gemälde *Madonna mit der Nelke* von Leonardo da Vinci wurde 1886 im bayerischen Günzburg bei der Versteigerung eines Nachlasses zum Kauf angeboten und von einem Arzt für 47 Mark und 50 Pfennig erworben. Er hängte das Gemälde in den «Stiegenaufgang zu seiner Wohnung»[4], also ins allgemein zugängliche Treppenhaus. Durch einen Freund des Arztes erfuhr der Restaurator der Alten Pinakothek in München von dem Bild. Er begutachtete es und gelangte gemeinsam mit dem Kurator und dem Direktor des Museums zu dem Schluss, dass es womöglich von Leonardo stammen könnte. Den damaligen geschätzten Wert des Bildes von 10 000 Mark erfuhr der Besitzer des Bildes nicht. Ihm wurden 800 Mark dafür geboten, die er auch akzeptierte. Außerdem wurde ihm der Ritterorden vom hl. Michael verliehen, da man befürchtete, er würde Nachforderungen geltend machen, nachdem die Zuschreibung an Leonardo immer sicherer erschien.

Natürlich hatte der Arzt ein Vielfaches von dem erhalten, was er selbst in das Gemälde investiert hatte. Und legt man die heutige Kaufkraft zugrunde, dann entsprachen die 800 Mark ungefähr dem zehnfachen in Euro. Nimmt man den damals geschätzten Wert von 10 000 Mark, dann entspräche das heute also 100 000 Euro. Das ist eine lachhafte Summe, vergleicht man sie mit den exorbitanten Preisen, die heute auf dem Kunstmarkt für Bilder bezahlt werden. 2017 erzielte der *Salvator Mundi*, der eher nicht oder nur in wenigen Teilen von Leonardo stammt, 450 Millionen Dollar. Noch 1958 war das Bild für 45 Britische Pfund gehandelt worden, das entsprach damals 5000 D-Mark und heute vielleicht 15–20 000 Euro.

Es gab zwar auch schon im ausgehenden 19. und beginnenden 20. Jahrhundert einige wenige Kunstwerke, die höher gehandelt wurden, wie die *Madonna Ansidei* von Raffael, die die National Gallery in London 1885 für 350 000 Dollar erwarb, oder die *Madonna Benois* von Leonardo, für die 1914 die Eremitage in Sankt Petersburg 1,5 Millionen Dollar bezahlte. Die Zehn-Millionen Dollar Grenze wurde erstmals 1985 überschritten: vom Getty Museum für die *Anbetung der Könige* von Andrea Mantegna. 2004 folgte dann die Hundert-Millionen Grenze, als Picassos *Junge mit Pfeife* von einem Unbekannten ersteigert wurde. Bis heute ist der Standort des Bildes nicht bekannt. Unsicher ist auch, wem das Bild von Paul Gauguin mit dem Titel *Nafea faa ipoipo?* (*Wann beira-*

test Du?) gehört, das 2015 den Besitzer wechselte. Über die Kaufsumme wird spekuliert, 300 Millionen Dollar stehen im Raum.

Diese Preise lassen einen schwindeln, erklären aber auch die Begehrlichkeiten, denn wenn Kunstdiebe nur einen Bruchteil dieser Summen erhalten, haben sie schon ausgesorgt. Ein Kunstmarkt mit Kunsthändlern entwickelte sich zwar spätestens im 17. Jahrhundert und schon davor waren Kunstagenten in verschiedene Länder gereist, um für die Schatzkammern ihrer Herren einzukaufen, doch dieser Kunstmarkt ist mit der heutigen Situation nicht zu vergleichen. In den Niederlanden entstand durch das Erstarken des Bürgertums ein freier Markt, wobei sich den Künstlern verschiedene Verkaufsmöglichkeiten boten. Immer mehr Kunsthändler nahmen Künstler unter Vertrag und beauftragten sie, Sujets zu malen, die bei den Kunden gefragt waren. Sie vermittelten «ihre» Künstler aber auch an Kunden, die ein Porträt von sich gemalt haben wollten. Außerdem organisierten die Lukasgilden, in denen die Maler organisiert waren, Verkaufsausstellungen für ihre Mitglieder. Hinzu kam das weit verbreitete Lotteriewesen, bei dem der Risikofaktor wohl einen gewissen Kitzel darstellte. Solche Lotterien wurden von Privatpersonen und Institutionen organisiert, Gemälde machten nur einen geringen Teil der Gewinne aus, rentierten sich aber offensichtlich für die Künstler. Für die Lotterien und die Verkaufsausstellungen produzierten sie also ohne Auftrag.

Die Entwicklung des Kunstmarkts wurde außerdem durch die Nachlassauktionen befördert, die jede Woche stattfanden und bei denen es auch immer wieder Bilder zu ersteigern gab. Hier waren häufig Kunsthändler anzutreffen, die diese Bilder weiterveräußerten. Ihre Kunden waren unter anderem die Herrscherhäuser Europas. Langfristig entstanden aus dem Zusammenspiel von Auktionen und Kunsthändlern die großen Kunstauktionshäuser. Die beiden berühmtesten, Christie's und Sotheby's, eröffneten Mitte des 18. Jahrhunderts in London. Wenig später folgte dort die Kunsthandlung und Galerie Colnaghi. Auch in Paris existierten mehrere Auktionshäuser, bis sich die Auktionatoren 1806 zusammenschlossen und 1850 mit dem Bau des Hôtel Drouot (s. S. 54) begannen, in dem sie seit 1852 residierten. Jetzt konnten alle Geschäfte an einem Ort getätigt werden. Mit dieser Zentralisierung wurde das Hôtel Drouot zu einem Haus, in dem sämtliche französische Kunstauktionen abgehalten wurden. Diesem Monopol wurde erst im 21. Jahrhundert ein Ende gesetzt.

Ergänzend zu den Auktionshäusern gründeten sich im 19. Jahrhundert überall in Europa Kunstgalerien, hinzu kamen Kunstvereine und die öffentlichen Museen, die in vielen Fällen aus den Sammlungen der Herrscherhäuser hervorgegangen waren. Das Sammeln von Kunstwerken breitete sich immer weiter aus, was von den Kunstvereinen befördert wurde. Sie waren vom Bürgertum gegründet worden, um das Sammeln von zeitgenössischer Kunst zu erleichtern und auch, um zur Überwindung des Ständestaates beizutragen. Als Mitglied konnte man zeitgenössische Kunst günstig erwerben. In Deutschland wurde der erste Kunstverein 1792 in Nürnberg gegründet, es folgte derjenige in Hamburg 1817. Dort ging auch die Gründung des großen Kunstmuseums nicht aus einer herrschaftlichen Sammlung hervor, sondern war eine Stiftung der Bürger. Der Grundstock der Sammlung stammte aus Spenden und Vermächtnissen von Hamburger Kaufleuten. Eröffnet wurde die Hamburger Kunsthalle 1869, in Frankfurt wurde das von Bürgern der Stadt gegründete Museum bereits 1815 eröffnet. Der Kunstverein folgte erst 1829. Auch wenn die Kunstvereine mit ihren Ausstellungen und Jahresgaben keine Profitunternehmen waren und sind, so gaben sie sicher auch einen Anstoß für die Gründung privater Kunstgalerien, die aus den Kunsthandlungen hervorgingen und ebenfalls als Vermittler zwischen Künstlern und Käufern bezeichnet werden können.

Im Gegensatz zu den Kunstvereinen wollen Galeristen mit der Kunst natürlich auch Geld verdienen. Sie bekommen also eine Provision, das heißt, Galeristen und Künstler teilen den Preis, den ein Kunstwerk erzielt, untereinander auf. Der Prozentsatz, den der Galerist erhält, lag früher bei 30%, inzwischen sind es mindestens 50%. Das heißt aber auch, dass die Preise für die Kunstwerke steigen müssen, damit sich der Verkauf über eine Galerie für die Künstler noch lohnt. Wenn ein Künstler einen gewissen Bekanntheitsgrad erlangt hat, steigt der Wert seiner Werke, ein Besitzer trennt sich von einem wenige Jahre zuvor erworbenen Bild und veräußert es durch eine Galerie oder auf einer Auktion. Das Kunstwerk wird zur Ware, der freie Markt bestimmt den Preis, die hohen Preise schaffen Begehrlichkeiten, die dem Diebstahl Vorschub leisten.

Der Diebstahl ist natürlich nicht nur ein Begriff, der im Wörterbuch definiert ist, sondern auch ein im Strafgesetzbuch verankerter Strafbestand. Der bezieht sich allerdings auf alle Diebstähle, egal um was es sich im Einzelnen handelt. Im Strafgesetzbuch findet lediglich eine Unterscheidung der Art des Diebstahls statt, die in elf Paragrafen unterteilt ist: Diebstahl (§ 242), besonders schwerer Fall des Diebstahls (§ 243), Diebstahl mit Waffen (§ 244), Unterschlagung (§ 246), Raub (§ 249) schwerer Raub (§ 250), Raub mit Todesfolge (§ 251) und räuberischer Diebstahl (§ 252). Allerdings betrifft das nur deutsches Recht, nicht das der anderen Staaten. Da die hier behandelten Kunstdiebstähle aber in vielen verschiedenen Ländern stattgefunden haben, werden all diese Worte in diesem Buch nicht im juristischen Sinne verwendet.

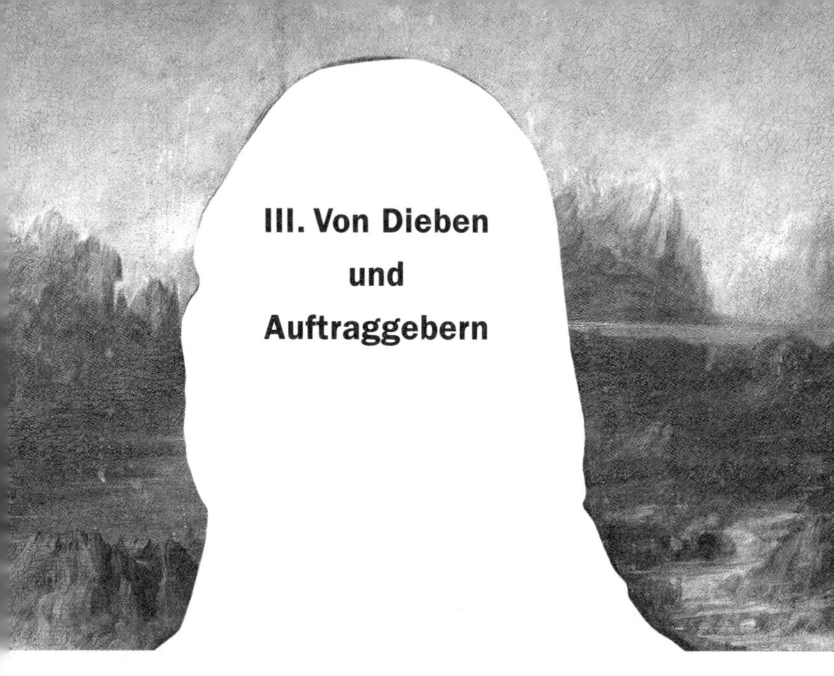

III. Von Dieben und Auftraggebern

Arsène Lupin ist der Gentleman-Einbrecher schlechthin. Er ist nicht nur scharfsinnig, kühn und besitzt eine lebhafte Phantasie, mit seinem (vielleicht nicht ganz legal) erworbenen Reichtum weiß er jederzeit dort Hilfe zu leisten, wo es ihm nötig erscheint. Er kämpft sowohl gegen seine Berufskollegen als auch gegen die Polizei, schlüpft dabei in immer neue Verkleidungen und damit auch Identitäten. Er lehnt Gewalt ab und vermeidet deshalb, wo immer er kann, unnötiges Blutvergießen. Mit seinem Charme wickelt er jede Frau um den kleinen Finger. Natürlich besitzt er auch eine großartige Kunstsammlung, in der die wichtigsten Werke der europäischen Kunstgeschichte vertreten sind – angefangen bei der *Mona Lisa* über die *Sixtinische Madonna* von Raffael bis hin zu den wertvollsten und bekanntesten Gemälden von Botticelli, Tizian, Rembrandt, Velázquez … bei ihm befinden sich die Originale, in den Museen hängen gut gemachte Fälschungen.

Arsène Lupin hat es nicht wirklich gegeben. Er wurde erdacht von Maurice Leblanc und trieb bereits 1907 sein Unwesen. Seine Kunstsammlung präsentierte er 1909 – in dem Kriminalroman «L'Aiguille creuse». Da stahl er auch vier Gemälde von Peter Paul Rubens aus einem Schloss in der Normandie. Er soll literarisches Vorbild für Arsène Goedertier gewesen sein, den belgischen Geschäftsmann und Börsenmakler, der in den Diebstahl um eine der Tafeln des *Genter Altars* verwickelt war. Bei den schriftlichen Verhandlungen um die Rückgabe der Gemälde spielte eine Zeitungsannonce eine Rolle. Eine solche Zeitungsannonce hatte es auch im Zusammenhang mit den gestohlenen Gemälden von Peter Paul Rubens im Roman gegeben. Möglich, dass hier Arsène Lupin Pate gestanden hatte. Mit Zeitungsannoncen hatte aber auch schon Adam Worth operiert. Und dieser Adam Worth war möglicherweise auch ein Vorbild für Arsène Lupin.

Adam Worth, der Gentleman-Dieb

In der Nacht vom 25. auf den 26. Mai 1876 wurde das Porträt der Herzogin von Devonshire, Georgiana Cavendish, einer Urahnin von Prinzessin Diana, aus der Londoner Galerie Agnew and Sons gestohlen. Das um 1785 von Thomas Gainsborough gemalte ganzfigurige Bild mit dem Titel *Georgiana, Duchess of Devonshire* war relativ bald nach seiner Vollendung verschwunden (vermutlich entledigte sich der Duke des Porträts, als die Beziehung zur Herzogin an einem Tiefpunkt angekommen war) und tauchte erst in den späten 1830er Jahren bei einer Lehrerin wieder auf, die die Herzogin um ihre Beine gebracht hatte, damit das Bild über ihren Kamin passte. 1841 verkaufte sie das Bild für 56 Pfund an einen Kunsthändler, der es an einen Sammler weitergab. Erst 1876 kam es zu einer Auktion und wurde nun für 10 000 Guineas (Pfund) von dem Kunsthändler und Galeristen William Agnew ersteigert.

Das war eine Sensation, denn so viel Geld war auf einer Auktion noch nie für ein Gemälde bezahlt worden. Natürlich berichteten die Zeitungen darüber. Sie wussten allerdings nicht, dass sich Agnew bereits mit dem US-amerikanischen Banker Junius Morgan handelseinig geworden war, der es für 50 000 Pfund erstehen wollte, um es seinem Sohn John Pierpont Morgan zu schenken. Das sollte bis zur Übergabe absolut geheim bleiben. Doch bevor es Morgan in Besitz nehmen und die exorbitante Summe zahlen konnte, war das Bild weg und blieb die nächsten 25 Jahre verschwunden.

Bereits 1899 meldete sich Adam Worth bei William Pinkerton. William Pinkerton besaß zusammen mit seinem Bruder die vom Vater gegründete Pinkerton Agentur, eine der bekanntesten und erfolgreichsten Privatdetekteien Amerikas mit Sitz in Chicago. Adam Worth hingegen war ein Krimineller, der international agiert hatte, auf dessen Konto viele Raubüberfälle der letzten Jahrzehnte gingen, auch wenn er sich selten selbst die Finger schmutzig gemacht hatte, also andere für sich arbeiten ließ. Jetzt aber wollte er offensichtlich reinen Tisch machen. Er erzählte Pinkerton, der ihm mehrmals auf die Schliche gekommen war, seiner aber nie hatte habhaft werden können, seine Lebensgeschichte und erreichte, dass dieser ihm half, das Gemälde zurückzugeben. Ob Worth tatsächlich 25 000 Dollar Lösegeld (oder Finderlohn) erhalten hat, oder sehr viel weniger, wird nicht mehr in Erfahrung zu bringen sein. Die Übergabe fand Ende März 1901 in Chicago statt, Anfang April war das Bild wieder in London in der Galerie Agnew and Sons, wo es von J. Pierpont Morgan für 150 000 Dollar gekauft wurde. Es blieb bis 1994 im Besitz der Familie. Dann kaufte es auf einer Auktion der Herzog von Devonshire, damit es endlich wieder in Chatsworth House beheimatet sei. Dort gehört es jetzt zu den Meisterwerken, nicht nur wegen seiner wechselvollen Geschichte, sondern auch aufgrund der schillernden Persönlichkeit der Dargestellten.

Die Herzogin schrieb nicht nur Gedichte und Dramen – ein Umstand, der damals nicht außergewöhnlich war –, sondern war auch politisch interessiert und beschäftigte sich darüber hinaus mit Naturwissenschaften wie der Mineralogie. Sie hatte allerdings auch eine Schwäche: die Spielleidenschaft. Das war zu der damaligen Zeit eine durchaus übliche Beschäftigung in adligen Kreisen, nahm aber bei der Herzogin Suchtcharakter an und brachte sie dazu, große Teile ihres Vermögens zu verschwenden und hohe Schulden anzuhäufen. Aber das Ungewöhnlichste an dieser Frau war ihr Liebesleben. Sie lebte gemeinsam mit dem Herzog und deren gemeinsamer Freundin Lady Elisabeth Hervey ab 1782 in einer Dreiecksbeziehung. Die Herzogin gebar zwischen 1783 und 1790 drei Kinder, Lady Elisabeth zwischen 1785 und 1788 zwei. 1792 bekam die Herzogin eine weitere Tochter – diesmal aus einer anderen Liaison. Das scheint dann allerdings die Beziehung zum Herzog nachhaltig gestört zu haben, der seiner Frau nicht zubilligte, was er selbst praktizierte.

Doch was hatte Adam Worth dazu veranlasst, das Bild zu stehlen?

Adam Worth kam aus ärmlichen jüdischen Verhältnissen. Er war irgendwo im Osten Preußens geboren, bald aber in den USA aufgewachsen, wohin seine Familie 1849 ausgewandert war und sich der Vater mehr schlecht als recht in Cambridge, Massachusetts, als Schneider durchschlug. Adam hielt diese Situation nicht lange aus und ging früh seiner eigenen Wege. Er fälschte sein Geburtsdatum, um siebzehnjährig als Soldat am US-amerikanischen Bürgerkrieg teilnehmen zu können. Bereits hier begann er eine Karriere als Kleinkrimineller, die er dann mit Taschendiebstählen in New York fortsetzte, Chef einer Bande wurde und zu größeren

Überfällen wechselte. 1869 raubte er gemeinsam mit seinem Komplizen, dem berüchtigten Safe-Knacker Charley Bullard, in einer spektakulären Aktion (sie gruben einen Tunnel von einem Nachbargeschäft aus) den Safe der Boylston National Bank in Boston aus. Dieser Coup brachte die Pinkerton-Agentur auf den Plan. Von der Bank beauftragt, kamen die Privatdetektive Worth und Bullard gefährlich nahe, die sich aber noch rechtzeitig nach England absetzten. Dort etablierten sie sich als wohlhabende US-Amerikaner erst einmal in Liverpool und lernten Kitty Flynn kennen. Auch hier kam es zu einer Dreiecksbeziehung. Bullard und Flynn heirateten, Worth blieb über Jahre ihr Liebhaber. Gemeinsam gingen sie nach Paris, wo sie 1871 eine «American Bar» eröffneten, in der sich im Erdgeschoss eine Art Clubhaus für amerikanische Gäste befand, ein idealer Treffpunkt für Reisende, wohin man sich seine Post schicken und sich Cocktails servieren lassen konnte. Kitty betätigte sich als Animierdame.

Oberhalb dieses ehrbaren Ortes befand sich eine illegale Spielhalle, die so konstruiert war, dass auf Knopfdruck alle Spieltische in der Versenkung verschwanden. In der Bar tauchte 1873 einer der Pinkerton-Brüder auf. Worth erkannte ihn und befürchtete, dass sie enttarnt worden seien. Bullard und Worth brachen ihre Zelte in Paris ab und kehrten nach London zurück. Vor allem Worth lebte jetzt ein Doppelleben. Als Henry Raymond gehörte er zur High Society, besaß schöne Häuser, eine Wohnung am Piccadilly, eine große Yacht und einen Stall mit Rennpferden. Als Adam Worth verstand er es andererseits, ein international agierendes kriminelles Netzwerk aufzubauen. Er legte dabei großen Wert darauf, dass die Raubüberfälle ohne Waffengewalt ausgeführt wurden, keine Menschen physisch zu Schaden kamen. Das führte letztendlich auch zur Trennung von Bullard, der aufgrund seiner Alkoholexzesse immer gewalttätiger wurde.

Trotz aller Vorsichtsmaßnahmen von Worth kam ihm irgendwann Scotland Yard auf die Schliche, konnte ihm aber nie etwas nachweisen. 1876 stahl er dann das Gainsborough-Bild, und zwar eigenhändig. Er hatte nur zwei Komplizen als Aufpasser dabei, deren Schweigen er später mit Geld erkaufen musste. Pinkerton gegenüber behauptete Worth später, er habe das Gemälde gestohlen, um damit seinen Bruder freizupressen, der bei einem Scheckbetrug aufgeflogen war und nun im Gefängnis saß. Doch Worth (oder besser Raymond) gelang es mithilfe eines guten Anwalts, den Bruder auf legalem Weg freizubekommen. Das Gemälde hatte damit ausgedient.

Kurz nach dem Diebstahl fuhr Worth zum ersten Mal wieder in die USA. Von dort aus verhandelte er mit Agnew und forderte ihn auf, eine Anzeige mit einem bestimmten Wortlaut in die Londoner Times zu setzen. Das geschah auch, doch Agnew weigerte sich, nach New York zu kommen, wie Worth es forderte. Denn er hatte die Befürchtung, bei einer Übergabe in London von Scotland Yard enttarnt zu werden. Und so verlief diese Verhandlung im Sande. Worth behielt das Bild. Er nahm es sogar in einem Koffer mit doppeltem Boden auf Reisen mit. Was ihn dazu antrieb, ist nicht bekannt, gibt aber natürlich zu mannigfaltigen Spekulationen Anlass. Hatte er Angst, dass ihm das wertvolle Stück abhanden kam oder hatte er sich in die Dame verliebt?

Der Dandy Henry Raymond, als der er in London bekannt war, heiratete in den 1880er Jahren. Aus der Ehe gingen zwei Kinder hervor. Seine Kontakte in der Unterwelt begannen allerdings langsam zu bröckeln, sei es, weil die Komplizen in die USA zurückgekehrt waren, im Gefängnis saßen, oder sich mit ihm verkracht hatten. Deshalb sah er sich genötigt, wieder selbst zu «arbeiten». Doch das gute Leben war nicht spurlos an ihm vorübergegangen. Als Adam Worth 1892 in Belgien einen Geld-

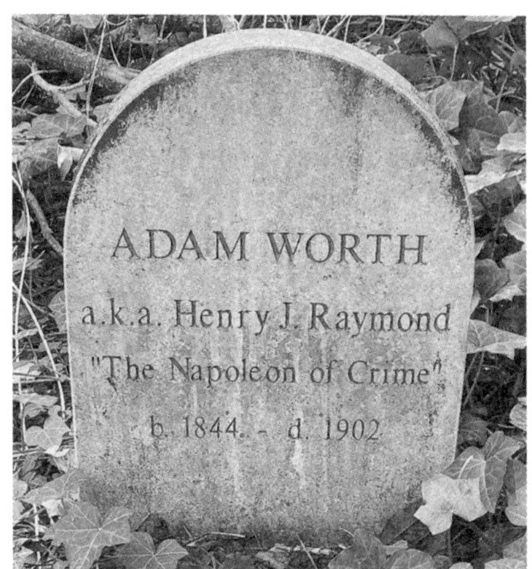

Der 1997 von der Jewish American Society for Preservation aufgestellte Gedenkstein für Adam Worth, London, Highgate Cemetery

transporter überfiel und dabei mit zwei relativ unprofessionellen Kriminellen zusammenarbeitete, wurde er verhaftet und seine Identität entlarvt. Einer seiner Konkurrenten, der ebenfalls in Belgien im Gefängnis saß, verriet der Polizei alles, was er von Worth wusste. Dieser konnte das meiste davon glaubhaft entkräften und kam 1897 vorzeitig frei. Seine Frau brach zusammen, als sie erfuhr, dass ihr ehrbarer Henry Raymond in Wirklichkeit Adam Worth war. Als sie dann noch von einem Komplizen von Worth missbraucht und ihres gesamten Besitzes beraubt wurde, musste sie in eine psychiatrische Anstalt eingewiesen werden. Die Kinder ließ Worths Bruder nach New York kommen und nahm sie bei sich auf. Nach seiner Freilassung fuhr Worth ihnen nach, suchte aber auch den Kontakt zu William Pinkerton, dem er den Diebstahl gestand. Nach der gelungenen Rückgabe des Gemäldes kehrte Worth 1901 mit seinen Kindern nach London zurück, starb allerdings nur kurze Zeit später. Er wurde als Henry J. Raymond in einem Armengrab auf dem Highgate Cemetery beigesetzt. 1997 spendete die Jewish American Society for Historic Preservation einen Gedenkstein, auf dem beide Namen stehen sowie der Zusatz «The Napoleon of Crime» (S. 51). Der Sohn Henry trat nicht in die Fußstapfen seines Vaters – im Gegenteil. Er wurde Ermittler bei der Pinkerton-Agentur.

Kaum war Adam Worth enttarnt, diente er auch schon Arthur Conan Doyle als Vorbild für Professor James Moriarty, den Gegenspieler von Sherlock Holmes, der in der 1893 erschienenen Geschichte «The final Problem» seinen ersten Auftritt hatte. Arthur Conan Doyle nannte ihn den «Napoleon of Crime». Vom damaligen Leiter der Kriminalpolizeilichen Ermittlungsstelle ist überliefert, er habe Worth als den «Napoleon der Unterwelt» bezeichnet. Wer von den beiden der Urheber dieser Formulierung war, oder ob sie unabhängig voneinander diesen Beinamen kreierten, muss dahingestellt bleiben. Die Redewendung, der Napoleon von diesem oder jenem zu sein, war damals in aller Munde. Sie kann deshalb kein sicherer Beleg dafür sein, dass Worth das Vorbild für Moriarty war, wie vielfach behauptet wird. Dafür gibt es andere Ähnlichkeiten zwischen den beiden Figuren.

Es liegt auf der Hand, dass auch Leblanc von Worth wusste und das 1903 von der Pinkerton Agentur publizierte Buch über Adam Worth kannte. Sein Arsène Lupin, der kriminelle Sympathieträger, besitzt einige der Charaktereigenschaften von Worth.

Diebstahl am laufenden Bande

Adam Worth und Arsène Lupin gehören zur Spezies der Gentleman-Diebe. Beide waren kultiviert und kannten sich in der Kunstwelt aus. Beide lehnten die Anwendung von Gewalt bei ihren

Diebeszügen ab und legten sich verschiedene Identitäten zu. Ähnliche Figuren tauchen zwar in Kriminalromanen und Filmen immer wieder auf und heißen dann Edoardo di Valfierno, Dr. No oder Thomas Crown. Ausnahmsweise entpuppt sich auch ein realer Täter ganz unerwartet als höflich und kultiviert wie der Dieb der *Saliera* in Wien, nachdem er sich 2006 gestellt hatte. Doch die Wirklichkeit sieht meist anders aus.

Sie ist allerdings auch facettenreich, denn Kunst wird aus den unterschiedlichsten Beweggründen gestohlen. Der häufigste ist dabei natürlich, sich zu bereichern.

Wie bereits mehrfach erwähnt, begannen sich die Kunstdiebstähle in den 1950er Jahren zu mehren. Das lag einerseits wohl an den steigenden Kunstpreisen, aber auch an den schlecht gesicherten Kunstwerken. 1964 erschien dazu im «Spiegel» eine für damalige Verhältnisse reich bebilderte, über elf Seiten reichende Reportage, in der spektakuläre Diebstähle der letzten Jahre dokumentiert wurden. Dort wurde auch festgestellt:

«Noch nie zuvor wurden in Friedenszeiten so viele Kunstschätze entwendet wie in den letzten Jahren und Monaten. Die Kunstdiebe, die wie Stubenmäuse durch Ausstellungen und Kunstgalerien huschen, haben schon so viele Kollektionen angenagt, daß man mit der Beute ein Museum füllen könnte. Seit 1960 wurden allein in Westeuropa Kunstwerke im Werte von 130 bis 150 Millionen Mark gestohlen. Die Kriminologen sprechen von einem neuen Modedelikt und deuten diese Diebstahlsepidemie als Zivilisationskrise.»[1]

Es folgten einzelne Fälle, gelöste und ungelöste, bei denen immer mal wieder Schließfächer an Bahnhöfen bei den Übergaben eine Rolle spielten. Doch da es sich in den meisten Fällen nicht um Spitzenwerke handelte, verschwanden die meisten Werke spurlos, besonders dann, wenn es von einem Sujet mehrere Varianten gab. Ohne die heutigen Mittel wie Datenbanken, auf die international zugegriffen werden kann, hatten die Hehler häufig leichtes Spiel.

Bereits damals luden offene, unbewachte Kirchen auf dem Land ebenso dazu ein zu stehlen wie schlecht gesicherte Museen und private Sammlungen. Die Diebe schlossen sich häufig zu Banden zusammen, zu denen auch Restauratoren gehörten, die leichte Veränderungen an den Werken vornahmen, und Hehler, die sie dann wieder an private Kunden verkauften. Gerieten sie an bekanntere Stücke wie beispielsweise die *Volkacher Madonna*, wurde mit Lösegeldforderungen operiert. Dieses Artnapping ist zwar bis heute beliebt, und in vielen Fällen zahlen die Versicherungen, ohne dass davon viel Aufhebens gemacht wird (plötzlich findet sich ein Kunstwerk in einem Schließfach, einem Heuhaufen, einem Auto wieder, ob Lösegeldforderungen bedient wurden, erfährt die Öffentlichkeit nicht), manchmal gelingt es aber auch verdeckten Ermittlern, die als Käufer getarnt auf die Forderungen eingehen, zumindest die Hehler dingfest zu machen wie bei Leonardos *Madonna mit der Spindel*. Das kann aber auch schiefgehen wie bei dem Diebstahl in Rotterdam 2012, wo zwar die Täter gefasst wurden, die Gemälde aber wahrscheinlich unwiederbringlich verloren sind.

Das Hôtel Drouot

Ein Diebstahl ungeheuren Ausmaßes wurde 2009 publik. Er bestand aus vielen Vergehen, die sich über Jahrzehnte hin zugetragen hatten und an denen sich viele Menschen bereichert hatten. Als die Geschichte 2009 ans Licht kam, sprach man von mafiösen Zuständen. Tatort war das Hôtel Drouot in Paris, das seit Mitte des 19. Jahrhunderts existierende Versteigerungshaus, in dem bis 2002 sämtliche Pariser Kunstauktionen stattfanden. Das hat sich seitdem aufgrund von Liberalisierungen geändert, dennoch spielt das Haus nach wie vor bei Auktionen mit in der obersten Liga.

Ein Haus mit mehreren Auktionssälen braucht zuverlässige Transporteure und Lagerarbeiter, die wissen, wie man mit Kunstwerken umgehen muss. Im Hôtel Drouot waren das von alters her die sogenannten «Roten Kragen», benannt nach diesem Accessoire an der schwarzen Uniform. Sie hießen auch die «Savoyarden», weil sie alle aus Dörfern in Savoyen stammten. Dieser Umstand ging auf ein Dekret von Napoleon III. zurück, das nie angetastet wurde. Die 110 in einer Kooperative zusammengeschlossenen Arbeiter vererbten ihre Stellen an Söhne und Enkel oder sie verkauften ihre Lizenz an ein anderes Mitglied der Dorfgemeinschaft.

Die «Roten Kragen» waren die Seele des Auktionshauses, sie wurden von den Auktionatoren geachtet, vor allem aufgrund ihrer selbständigen Arbeit. Zu ihren Aufgaben gehörte es, Nachlässe aus Häusern abzuholen, sie sorgsam zu verpacken und zu lagern und dann bei den Auktionen zu präsentieren. Im Auftrag von Kunden durften sie aber auch mitsteigern. Wie selbständig sie arbeiteten, wurde allerdings erst 2009 offenbar, als die französischen Kunstfahnder von einem Informanten den Hinweis bekamen, nach einem Bild von Gustave Courbet zu suchen. *Paysage marin sous ciel d'orange* (um 1869 entstanden) gehörte zum Nachlass eines 2003 verstorbenen Sammlers, dessen Erbe den gesamten Besitz des Toten in eine Auktion gegeben hatte. Das Bild Courbets und noch ein paar andere Dinge aber waren in der Versteigerung nicht angeboten worden. Nachdem die Ermittler etliche Telefongespräche des vom Informanten benannten «Roten Kragen» abgehört hatten, wurde klar, dass es sich hier nicht nur um dieses eine Bild handelte und auch nicht um das Vergehen eines Einzelnen, sondern dass hier jahrzehntelang systematisch Kunstwerke beiseitegeschafft worden waren. Ganze Container voll mit Hehlerware (es soll sich um 250 Tonnen Diebesgut gehandelt haben) konnten sichergestellt werden, darunter auch das Gemälde von Courbet. Zu den insgesamt 50 verdächtigen Lagerarbeitern kamen auch noch mehrere Auktionatoren, denen schließlich 2016 der Prozess gemacht werden konnte. So lange dauerten die Recherchen, bei denen auch ein Computer sichergestellt wurde, in dem sich die Dateien befanden, die genau darüber Auskunft gaben, was wann von wem geklaut worden war, was wann wieder zu welcher Summe veräußert worden war und wer alles am Gewinn beteiligt werden musste.

Seit September 2009 ist es den «Roten Kragen» untersagt, das Hôtel Drouot zu betreten. Eine andere Transportfirma hat deren Arbeit übernommen. Durch das ständig wechselnde Personal funktionieren die Abläufe nicht mehr so problemlos wie früher. Doch dafür verschwindet nun auch nichts mehr.

Inzwischen weiß man durch die Geständnisse Einzelner, dass die Fähigkeit zu stehlen eine Voraussetzung dafür war, eine der heiß begehrten Stellen zu bekommen. Es war also eine Art Mutprobe, die zum Aufnahmeritual gehörte. Die verschwiegenen, umsichtig arbeitenden 110 Angestellten hatten sich zu einer kriminellen Gemeinschaft zusammengeschlossen, die von ihren Strukturen her an die Mafia erinnerte. Wie lange dies schon so gehandhabt wurde, ist allerdings nicht bekannt.

Von Wohltätern und Erpressern

Auf den Tag genau fünfzig Jahre nach dem Raub der *Mona Lisa*, am 21. August 1961, verschwand das Porträt des *Duke of Wellington*, das Francisco Goya um 1812–1814 gemalt hatte, aus der National Gallery in London. Dort befand sich das Bild erst seit 19 Tagen. Bei einer Versteigerung hatte es ein US-amerikanischer Öl-Magnat erworben. Jedoch stellt das Bild für die Engländer so etwas wie ein Nationalheiligtum dar, da Arthur Wellesley, der 1815 die Truppen Napoleons bei Waterloo vernichtend geschlagen hatte, als Held gefeiert wurde. Der amerikanische Käufer erklärte sich schließlich bereit, das Porträt für die 140 000 Pfund (das entsprach damals etwa 1,5 Millionen D-Mark), die er dafür bezahlt hatte, in England zu belassen.

Über die Transaktion, die Versteigerung und den Verbleib des Bildes sowie die enorme Summe, die dafür aufgewendet werden musste, hatte die britische Presse ausführlich berichtet. Und nun war das Bild weg. Grenzen wurden geschlossen, Flughäfen kontrolliert – das Bild blieb verschwunden. Am 31. August schickte der Dieb einen Brief. Er verlangte, dass für 140 000 Pfund, und damit für dieselbe Summe, die für das Bild aufgebracht worden war, eine Stiftung für wohltätige Zwecke eingerichtet werden solle. Dem wurde allerdings nicht stattgegeben. Es folgten in unregelmäßigen Abständen weitere Briefe, in denen immer wieder Wohltätigkeit für die ärmere Bevölkerung gefordert wurde. Das zog sich bis 1965 hin. Im Mai des Jahres erhielt dann die Redaktion der Tageszeitung «Daily Mirror» einen Brief mit einem Gepäckschein des Bahnhofs von Birmingham, wo 16 Tage vorher ein Paket zur Aufbewahrung abgegeben worden war. Darin befand sich das Gemälde, wenn auch ohne Rahmen.

Im Juli stellte sich dann der 61-jährige arbeitslose LKW-Fahrer

Kempton Bunton der Polizei. Niemand wollte ihm glauben, doch hatte er so viel Insiderwissen, dass es irgendwann zum Prozess kam, er aber nur wegen des fehlenden Rahmens zu einer dreimonatigen Gefängnisstrafe verurteilt wurde. Das Bild hatte er ja zurückgegeben. Bis zum Schluss kam es den Polizisten von Scotland Yard und den Richtern merkwürdig vor, dass es diesem schon etwas älteren und schwergewichtigen Mann gelungen sei, durch ein Toilettenfenster und über eine Leiter das Bild entwendet zu haben.

Kempton Bunton hatte schon seit Jahren dafür gekämpft, dass ärmeren Menschen die Fernsehgebühren erlassen werden sollten, zumal, wenn sie gar nicht die BBC empfingen, sondern nur das Werbefernsehen. Er selbst war schon mehrfach wegen «Schwarzsehens» verurteilt worden. Um ärmeren Menschen, die sich die Gebühren nicht leisten konnten, das Fernsehen zu ermöglichen, habe er das Bild gestohlen und die Stiftung gefordert. Jahre später gestand einer der Söhne, der eigentliche Dieb gewesen zu sein. Doch das interessierte niemanden mehr. Die Akte war geschlossen. Deshalb wird man heute auch nicht mehr in Erfahrung bringen können, ob das Datum des Diebstahls nur Zufall war oder als Jubiläumsakt verstanden werden sollte.

Als das Bild noch verschwunden war, tauchte es im ersten James-Bond-Film auf. Dort befindet es sich in den Privatgemächern des Dr. No. Das ist einer der Gründe, weshalb bei Kunstdiebstählen immer wieder ein reicher, exzentrischer Auftraggeber aus dem Hut gezaubert wird, der einen bestimmten Kunstgegenstand unbedingt besitzen möchte. An der tatsächlichen Existenz solcher Auftraggeber wird allerdings schon lange gezweifelt.

Am 4. September 2020 wurde ein Film mit Namen «The Duke» auf den internationalen Filmfestspielen in Venedig außer Konkurrenz gezeigt. Mit Helen Mirren und Jim Broadbent in den Hauptrollen erzählt er die Geschichte von Kempton Bunton und dem Diebstahl. Er sollte am 6. November 2020 in die englischen Kinos kommen, der Start wurde wegen der Covid Pandemie auf September 2021 verschoben.

Doch Bunton blieb nicht der Einzige, der Kunstwerke stahl, um gute Taten vollbringen zu können. 1971 wurde aus einer Ausstellung im Königlichen Museum der Schönen Künste in Brüssel das aus Amsterdam entliehene Gemälde von Jan Vermeer *Der Liebesbrief* von 1667–1670 entwendet. Der Dieb forderte Geld für Flüchtlinge in Ostpakistan, das er nicht erhielt. Nach einem Monat konnte ihn die Polizei ausfindig machen und verhaften. Das Bild befindet sich wieder in Amsterdam.

1974 verschwand der nächste Vermeer, diesmal aus dem Kenwood-House-Museum in Nord-London. Für die Rückgabe des Gemäldes *Die Gitarrenspielerin* von Jan Vermeer, das um 1669–1672 datiert wird, wurden diesmal Lebensmittel für die hungernde Bevölkerung der westindischen Inseln gefordert, aber auch – und damit wurde es politisch – die Verlegung der zu hohen Gefängnisstrafen verurteilten Mitglieder der IRA, die Schwestern Marian und Dolours Price, in ein irisches Gefängnis. Weder der einen noch der anderen Forderung wurde stattgegeben, das Gemälde fand sich wenig später auf einem Londoner Friedhof wieder, nachdem die Polizei einen Hinweis erhalten hatte. Hier wurden die Täter nie gefasst. Kurz darauf fand dann ein Überfall auf Russborough House statt, dem Landsitz von Alfred Beit und seiner Frau in Irland. Beit stammte aus einer reichen Familie. Zu dem Vermögen, das ihn zum Milliardär gemacht hatte, gehörte auch eine Kunstsammlung, für die er 1952 das aus mehr als 100 Zimmern bestehende Anwesen in der Nähe von Dublin erworben hatte. Bei dem Überfall wurden Beit, seine Frau und die Hausangestellten gefesselt, die Räuber – Anführerin war eine Frau – entkamen mit 19 Gemälden, darunter wieder ein Vermeer, diesmal *Briefeschreiberin und Dienstmagd* von 1670/71. Diese Diebe gehörten nun tatsächlich der IRA an, der illegalen Irish Republican Army, die für ein unabhängiges und vereintes Irland kämpfte. Wieder ging es um die Schwestern Price, diesmal um ihre Freilassung und die weiterer Gefangener. Doch der irischen Polizei gelang es, die Bilder binnen kürzester Zeit wiederzufinden.

Die Sammlung Beit wurde noch drei weitere Male überfallen – 1986, 2001 und 2002 –, allerdings nicht mehr aus politischen Motiven. Die Räuber kamen aus dem Drogenhandel. Bei dem Coup von 1986 war auch erneut der Vermeer betroffen, außerdem andere hochkarätige Bilder. Die meisten von ihnen wurden erst 1993 wiedergefunden.

Der Diebstahl von 1986 war der erste, bei dem die Polizei nachvollziehen konnte, wie wertvolle Kunstwerke beim Drogengeschäft und anderen Machenschaften wie Diamantenhandel eingesetzt werden. Doch das System war noch nicht perfekt, die Polizei konnte schließlich nicht nur die Bilder sicherstellen, sondern auch mehrere Tatverdächtige festnehmen.

Russborough House ist schon seit 1978 für die Öffentlichkeit zugänglich und wird heute von einer Stiftung verwaltet. Immer noch können dort unglaublich viele Kunstgegenstände bewundert werden, die besonders wertvollen Bilder befinden sich aber schon länger in der National Gallery in Dublin. Der Vermeer ging 1987 sogar in den Besitz der National Gallery über – obwohl er erst 1993 wiedergefunden wurde.

Der Connoisseur

Eine andere Art Arsène Lupin als Adam Worth ist der Connoisseur, der Kunstliebhaber, der «nur» aus Leidenschaft stiehlt, nicht, um sich materiell zu bereichern. In diese Kategorie gehört Stéphane Breitwieser, der um alles in der Welt Kunstwerke besitzen wollte, dazu aber kein Geld hatte.

Der im Elsass im Haus seiner Mutter lebende Breitwieser stahl zwischen 1995 und 2001 Kunstwerke im Wert von etwa 1,4 Milliarden Euro, darunter die Elfenbein-Skulpturengruppe *Adam und Eva* von Georg Petel aus dem Rubenshaus in Antwerpen, die sich wieder dort befindet, und das Gemälde der *Sibylle von Kleve* von Lucas Cranach d. J., das wahrscheinlich unwiederbringlich zerstört ist. Jahrelang bereicherte er sich, unterstützt von seiner Freundin, und bunkerte die Kunstwerke in seinem Zimmer, das sich allmählich in eine Kunstkammer verwandelte. Dabei ging er immer umsichtig vor, zerstörte nichts, schnitt keine Leinwände aus Rahmen. Er stahl immer während der Öffnungszeiten der Museen, löste eine Eintrittskarte, dann öffnete er Vitrinen mit Schraubenziehern und anderem einfachen Werkzeug, beobachtete die Videokameras, die Besucherinnen und Besucher sowie das Aufsichtspersonal und wurde in all den Jahren nur zweimal erwischt: 1997 konnte er sich in Luzern noch glaubhaft herausreden, bis er dann 2001 in einem Vorort von Luzern verhaftet wurde. Um ihn zu schützen, versuchte die Mutter, die Kunstwerke zu vernichten, was ihr nur teilweise gelang. Das hatte er nicht gewollt und war verzweifelt. 102 der 239 Kunstwerke immerhin konnten aus einem Rhone-Kanal geborgen werden. Erst wurde Breitwieser in der Schweiz inhaftiert und zu einer Gefängnisstrafe verurteilt, 2005 dann in Frankreich zu weiteren drei Jahren Haft, von denen er aber nur gut zwei Jahre absitzen musste.

Die Geschichte ist mehrfach erzählt worden, Breitwieser schrieb seine Memoiren im Gefängnis, die 2006 unter dem Titel *Confessions d'un voleur d'art* erschienen, ein Jahr später auch auf Deutsch. Einige Jahre gelang es ihm, ohne Kunstwerke zu leben. Doch dann wurde er wieder rückfällig. 2011 wurden erneut Kunstwerke bei ihm gefunden, er wanderte wieder ins Gefängnis. 2019 folgte die nächste Festnahme. Seit 2017 steht der US-amerikanische Journalist Michael Finkel mit Breitwieser in Kontakt, da er an einem Buch über ihn arbeitet. Bereits im Frühjahr 2019 veröffentlichte er online einen ausführlichen Artikel, in dem er beschreibt, dass er bei Breitwieser ein Gefühl der Unbesiegbarkeit beobachtet hat, dass dieser süchtig danach sei, Kunstwerke zu stehlen und zu besitzen.

Drei Suizid-Versuche hat Breitwieser hinter sich, er wurde deshalb im Gefängnis auch psychiatrisch betreut. Sein Wunsch, als Museumsaufseher zu arbeiten, wurde ihm natürlich nicht gewährt – vielleicht wäre ihm aber gerade damit geholfen gewesen, auf die Dinge, die er liebt, aufzupassen, sie täglich um sich zu haben. Dann müsste er sie vielleicht nicht mehr stehlen. Dem Museum, bei dem er sich bewarb, war das Experiment aber aus verständlichen Gründen zu gefährlich.

Immer wieder wird betont, dass es sich bei Stéphane Breitwieser um einen Einzelfall handelt. Und es stimmt wahrscheinlich auch insofern, als er sich ja wirklich eine große Kunstsammlung zusammengeklaut hat. Doch gilt es zu bedenken, wie lange es gedauert hat, ihn zu enttarnen. Da nur 25 Prozent aller Kunstdiebstähle aufgeklärt werden, kann es durchaus sein, dass noch weitere Kunstdiebe existieren, die sich eine eigene Sammlung aufgebaut haben.

Zumindest ein Gemälde machte einen polnischen Bauarbeiter

zehn Jahre lang glücklich. Nach seiner Scheidung soll er einige Jahre in Paris auf dem Bau gearbeitet haben und dort auch ins Museum gegangen sein. Ihm gefielen vor allem die Impressionisten. Wieder in Polen besuchte er das Muzeum Narodowe in Poznań (Posen) und entdeckte ein Gemälde von Claude Monet: *La plage de Pourville* (Der Strand von Pourville) von 1882 war das einzige Bild des Malers, das das Museum besaß. Das wollte Robert N. für sich haben, es reichte ihm nicht, es im Museum zu betrachten. Er stellte als angeblicher Student unter falschem Namen einen Antrag beim Museum, dort kopieren zu dürfen, und saß nun häufig in dem Saal mit dem Monet. Die Aufseher gewöhnten sich an ihn und ließen ihn dort auch allein. An einem Tag im Sommer 2000 fasste er eine solche Gelegenheit beim Schopf, entrahmte das Bild, ersetzte es durch eine Kopie und verschwand.

Selbstverständlich fiel der Verdacht auf den netten Studenten … der natürlich nicht existierte. Robert N. versteckte das Bild und holte es nur manchmal hervor, um sich daran zu erfreuen. Doch war er der Polizei durch kleinere Delikte aufgefallen, seine Fingerabdrücke befanden sich an zentraler Stelle und als – zehn Jahre später – ein Kommissar die Fingerabdrücke, die man nach dem Diebstahl hatte sicherstellen können, durch das inzwischen installierte «Automatisierte Fingerabdruckidentifizierungssystem» laufen ließ, wurde er fündig. Robert N. war geständig.

Bei Stéphane Breitwieser wird immer wieder betont, wie vorsichtig er mit dem Diebesgut umgegangen ist, auch in dem Moment, als er es stahl. In den meisten anderen Fällen ist in den Medien sehr häufig zu lesen, dass die Diebe die Werke von der Wand rissen. Wie sie das im Einzelnen bewerkstelligen, wird nicht ausgeführt. Es scheint aber zu einem Topos geworden zu sein, dass Bilder dann, wenn sie gestohlen werden, gerissen werden, auch wenn das gar nicht möglich ist, sondern vielmehr Werkzeuge wie Kneifzangen oder Schraubendreher vonnöten sind, um die Aufhängung zu lösen und ein Abreißen außerdem das Bild beschädigen würde.

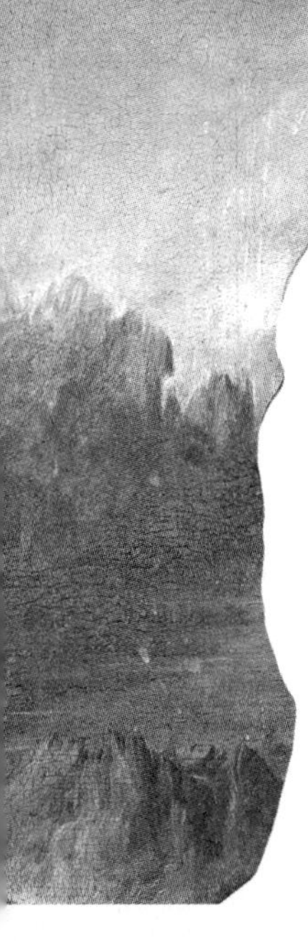

IV. … und keiner hat es gemerkt – vom Diebstahl zur Kunstikone schlechthin: die *Mona Lisa*

Im ersten Stock des Louvre in Paris, im Denon-Flügel, genauer gesagt in Raum 711, befindet sich das vielleicht berühmteste Bild der westlichen Welt: die *Mona Lisa*, die auf Italienisch *La Gioconda* genannt wird und auf Französisch *La Joconde*. Versteckt hinter dickem Panzerglas und durch eine Absperrung auf Distanz zu den Besuchern gehalten, teilt sie sich den Raum mit Gemälden von Jacopo Tintoretto, Paolo Veronese und vielen anderen. Die weiteren Bilder von Leonardo da Vinci, die sich im Louvre befinden, hängen in Raum 710, auch Grande Galerie genannt. An sie kann man dichter herantreten, sie aus der Nähe betrachten, vor ihnen stehen keine Besuchermassen wie vor der *Mona Lisa*, die außerdem noch durch eine Sonderbewachung des Aufsichtspersonals geschützt ist.

Der Diebstahl

Heute ist unvorstellbar, was am 21. August 1911 geschah: Die *Mona Lisa* war verschwunden – und keiner hatte es bemerkt. Der Montag war damals Ruhetag, doch auch dann schritt ein Kontrolleur die Räume ab. Ihm fiel das Fehlen des Gemäldes nicht auf. Erst der Maler Louis Béroud, der am Dienstag weiter an seiner Kopie der *Mona Lisa* arbeiten wollte, vermisste die Dame, die sich damals im sogenannten Salon Carré befand, in dem heute die italienische Malerei des 14. und 15. Jahrhunderts gezeigt wird. Béroud wunderte sich erst einmal nicht, weil die Museumsfotografen ja häufiger ein Bild in ihre Räumlichkeiten holten, um es dort professionell ausgeleuchtet abzulichten. Doch als die *Mona Lisa* mittags immer noch nicht an ihrem Platz hing, wurde bei den Fotografen angefragt, wie lange sie das Bild noch benötigten. Doch die Fotografen hatten das Bild nicht. Und auch sonst wusste niemand, wo es sich befinden könnte. Erst jetzt schaltete man die Polizei ein, und der Louvre wurde durchsucht.

In der Nähe des Salon Carré befand sich eine der vielen Abstellkammern, in denen die Kopisten ihre Malutensilien einschließen konnten. Hier oder auf einem Absatz der Treppe, die dem Personal vorbehalten war, fanden sich Rahmen und Glas. Die Tageszeitungen berichteten, die Grenzkontrollen wurden verstärkt, der Louvre für eine Woche geschlossen. Auf dem Rahmen oder auf dem Glas fanden sich Fingerabdrücke. Sie wurden mit all denen der Mitarbeiter verglichen, die im Louvre arbeiteten oder gearbeitet hatten. Doch das System war noch nicht ausgereift, hinzu kam, dass man bei der Überprüfung nur einen Daumenabdruck nahm, mal den rechten, mal den linken. Aus diesem Grund wurden keine Übereinstimmungen gefunden, die Polizei tappte weiterhin im Dunklen.

Als der Louvre wieder öffnete, bildeten sich erstmals lange Schlangen. Die Menschen kamen, um auf die nackte Wand zu schauen, auf die Lücke, die sich durch das Fehlen des Gemäldes ergeben hatte. Es war eine kleine Lücke, denn die *Mona Lisa* hing zwischen den großformatigeren Gemälden einer *Allegorie der Ehe* von Tizian, damals noch als *Porträt von Alphonso d'Avalos* bezeichnet, und der *Mystischen Vermählung der Heiligen Katharina* von Correggio. Der Platz dazwischen war nicht besonders groß und wurde dennoch mit den vier Haken magischer Anziehungspunkt für die interessierte Öffentlichkeit – oder auch die erste, wenn auch unfreiwillige konzeptuelle Installation der Kunstgeschichte, vor der das Publikum Blumen niederlegte.

Wie bereits erwähnt (s. S. 15), befanden sich unter diesen Besucherinnen und Besuchern auch Franz Kafka und Max Brod, die am 8. September in Paris angekommen waren und einen Tag später in den Louvre gingen. Kafka verglich die Anwesenden, die fassungslos vor der Lücke standen, mit den Jüngern vor dem leeren Grab Christi. Am 10. September gingen die Freunde dann gemeinsam ins Kino und sahen dort unter anderem eine Krimikomödie über den Diebstahl, in dem der Museumsdirektor verdächtigt wird, die Tat begangen zu haben. Während alle kreuz und quer durch den Louvre laufen, schleicht sich der Dieb mit dem Bild wieder ins Museum, hängt die *Mona Lisa* an ihren Platz und nimmt stattdessen unbemerkt das Gemälde der *Infantin* von Velázquez mit. Am Rahmen der *Mona Lisa* aber ist ein Zettel befestigt, auf dem zu lesen ist: «Pardon, ich bin kurzsichtig. Ich wollte eigentlich das Bild daneben haben.»

Der Kurzfilm mit dem Titel *Nick Winter et le vol de la Joconde* war in nur wenigen Tagen entstanden und spielte mit der Bekanntheit der *Mona Lisa*, nahm aber vor allem auch die Sicherheitsvorkehrungen im Louvre aufs Korn. Diese nicht vorhandenen Sicherheitsvorkehrungen hatte der Schriftsteller und Kunstkritiker Guillaume Apollinaire am 24. August 1911 in der Pariser Tageszeitung «L'Intransigeant» scharf kritisiert, was viele Franzosen dem unehelichen Sohn einer Italienerin mit polnischen Wurzeln übel nahmen. Als er und sein Freund Pablo Picasso dann auch noch zwei von Apollinaires ehemaligem Sekretär Honoré Joseph Géry Piéret aus dem Louvre gestohlene Figuren dem Direktor des «L'Intransigeant» übergaben, damit er sie möglichst unauffällig zurückgebe, nahm man Apollinaire am 8. September fest. Auch Picasso wurde verhört. Beide beteuerten ihre Unschuld (Picasso soll den Freund sogar verleugnet haben) und man ließ sie, nicht zuletzt wegen ihrer prominenten Fürsprecher, laufen.

Die Polizei tappte weiterhin im Dunklen. Aber die *Mona Lisa* erfreute sich einer wachsenden Popularität. Überall in Paris wurden Reproduktionen angeboten, so viele wie noch nie zuvor von einem Kunstwerk. Im Louvre selbst jedoch füllte man die Lücke irgendwann mit dem Porträt von *Baldassare Castiglione* von Raffael, später dann mit dem Gemälde *Frau mit einer Perle*, bei dem sich Camille Corot explizit die *Mona Lisa* zum Vorbild genommen hatte.

Im Katalog von 1913 war die *Mona Lisa* nicht mehr gelistet. Man hatte es aufgegeben, sie wiederfinden zu können. Doch dann geschah das Unglaubliche: Der Florentiner Kunsthändler Alfredo Geri erhielt im November 1913 einen Brief aus Paris von einem Vincenzo Leonardo (oder Leonard), der ihm die *Mona Lisa* für seine nächste Versteigerung anbot.

Die Rückkehr in den Louvre

Geri glaubte dem Briefeschreiber zwar nicht, zeigte den Brief aber sicherheitshalber Giovanni Poggi, dem damaligen Direktor der Uffizien. Die beiden einigten sich, zum Schein auf das Angebot einzugehen, und Geri schrieb an die postlagernde Adresse nach Paris, dass Italien bereit wäre, jeden Preis für das Gemälde zu zahlen. Nach einigem Hin und Her erschien am 10. Dezember der vermeintliche «Leonardo» in der Kunsthandlung von Geri. Sie vereinbarten ein Treffen am nächsten Tag im Hotel, in dem sich die *Mona Lisa* befinden sollte. Zu dem Treffen erschien Geri mit Poggi. Der Dieb zauberte aus einem Koffer mit doppeltem Boden eine Holzkiste hervor, in der er das Bild transportiert hatte. Ob Poggi das Gemälde sofort als Original erkannte oder erst bei eingehender Prüfung in den Uffizien sind zwei Varianten einer Geschichte. Ob Vincenzo Peruggia seine Identität gleich lüftete oder erst bei seiner Verhaftung, ebenso. Denn Peruggia erhielt nicht die geforderten 500 000 Lire, eine damals exorbitante Summe Geldes, die heute in etwa 1,5 Millionen Euro entspricht, sondern kam in Untersuchungshaft.

Die Nachricht von der wieder aufgefundenen *Mona Lisa* verbreitete sich in Windeseile. Die Dame wurde auf eine kurze Ausstellungstournee durch Italien geschickt, bevor sie im Triumphzug nach Paris zurückkehrte und im Januar 1914 wieder ihren angestammten Platz im Louvre einnahm. Erst jetzt, nach ihrem Verschwinden und wieder Auftauchen, begann ihre Popularität ein Ausmaß anzunehmen, das bislang keinem anderen Kunstwerk widerfahren ist und was häufig dazu geführt hat, in der *Mona Lisa* das überschätzteste Gemälde der Welt zu sehen.

Dieser Meinung waren auch etliche Künstler. So verschönerte Marcel Duchamp auf einer Postkarte das Porträt der Dame 1919, zum 400. Todestag Leonardos, durch Schnurr- und Kinnbart und schrieb darunter in Großbuchstaben «L. H. O. O.Q». Schnell buchstabiert hört sich das an wie «Elle a chaud au cul», was übersetzt bedeutet: «Sie ist heiß am Arsch» oder freier: «Sie ist scharf». Und 1963, bei ihrem vorletzten Ausflug nach Washington, wo

1,7 Millionen Besucherinnen und Besucher jeweils ein paar Sekunden vor dem Bild verweilen durften, schuf Andy Warhol ein Bild, auf dem die Mona Lisa dreißig Mal reproduziert war. Der Titel lautete *Thirty are better than one.* 1973 durfte sie dann ihre letzte Tour nach Tokio und Moskau antreten. Seither ist Schluss mit Reisen. Und so war es der Dame auch nicht gestattet, nach Duisburg zu fahren, wo man ihr zu Ehren 1978 in einer Ausstellung mit dem Titel «Mona Lisa im 20. Jahrhundert» die unterschiedlichen künstlerischen Beschäftigungen und Aneignungen zusammengetragen hatte, der Katalog im Textteil aber auch auf frühere künstlerische Auseinandersetzungen mit dem Thema einging.

Die *Mona Lisa*

Vermutlich handelt es sich bei der Porträtierten um Lisa Gherardini, die Frau des Seidenhändlers Francesco del Giocondo. Sie heirateten 1495. Als 1502 ein Sohn geboren wurde und die Familie 1503 ein neues Haus bezog, sollte Leonardo da Vinci die junge Frau malen. Doch der Künstler lieferte das Gemälde nie ab, sondern behielt es, vollendete es wahrscheinlich spät und nahm es mit nach Frankreich, als er 1516 der Einladung von König Franz I. folgte. Ob dieser das Porträt der *Mona Lisa* bereits vor 1518 erwarb oder erst aus dem Nachlass von Leonardo ist strittig. Sicher ist, dass sich das Bild 1542 in Fontainebleau befand, wo es die nächsten zwei Jahrhunderte in der Gemäldesammlung der französischen Könige blieb. Von dort kam es nach Versailles in ein Depot, anschließend in die Tuilerien in Paris und von dort aus möglicherweise 1797 in den Louvre. 1800–1804 schmückte es das Schlafzimmer Napoleons. Seitdem befindet es sich im Louvre.

Schon der Künstler und Kunstschriftsteller Giorgio Vasari hatte in seinen «Lebensbeschreibungen» auf das Lächeln der *Mona Lisa* hingewiesen: «Und in diesem Gemälde Leonardos sah man ein Lächeln, so anmutig, dass es eher göttlich als menschlich anzuschauen war, und man hielt es für etwas Wunderbares, da es so lebendig schien wie im Leben.»[1] Dieses Lächeln war auch zwingend notwendig, denn Lisa hatte ja einen Signore Giocondo, also einen Herrn Fröhlich, geheiratet. Leonardo hatte auch andere Damen mit sprechenden Namen mit passenden Attributen gemalt, also *Ginevra de' Benci* mit einem Wacholder (ginepro) und *Cecilia Gallerani* mit einem Hermelin im Arm (der Hermelin ist eine Wieselart, die auf Altgriechisch γαλέη, «galée», heißt). Solche Wortspiele erfreuten sich in der Renaissance großer Beliebtheit, und so musste die *Mona Lisa* mit dem Nachnamen Fröhlich zwangsläufig lächeln. Vasari beschrieb deshalb auch, dass Leonardo die junge Frau mit Musikanten und Narren versuchte, bei guter Laune zu halten, damit sie fröhlich aussehe. Von Vasari stammt also die Behauptung, dass die *Mona Lisa* lächelt.

Er bezeichnete das Bild als ein Meisterwerk der Vollkommenheit, obwohl er es nie gesehen hatte. Und er identifizierte die Dame mit Lisa Gherardini. Diese Identifizierung ist immer wieder in Zweifel gezogen worden, und es gibt zahlreiche Hypothesen, wen die Dame darstellen könnte: Sie sollte die Mutter Leonardos ebenso abbilden wie seinen in eine Frau verwandelten Geliebten. Vielleicht handelte es sich aber auch um Caterina Sforza oder gar um die Geliebte von Giuliano di Lorenzo de' Medici. Alle diese Identifizierungen überzeugen meistens so lange, bis sie von der nächsten abgelöst werden. Und dazwischen finden sich immer wieder neue Hinweise darauf, dass es sich eben doch um Lisa Gherardini handelt.

Bei ihrer Wiederentdeckung im 19. Jahrhundert wurden der

Mona Lisa die unterschiedlichsten Charaktereigenschaften unterstellt. Sie wurde zur Sphinx und zum Monster, zum Vamp, zur männerverschlingenden Femme fatale, zur Hure, aber auch zur Mutter oder gleich zur Madonna, andererseits zu einem androgynen Wesen, zum Liebhaber im weiblichen Gewand. Und sie wurde immer bekannter. Diese Bekanntheit war es auch, die Maurice Leblanc dazu veranlasste, seinem Meisterdieb Arsène Lupin in dem 1909 erschienenen Buch «L'Aiguille creuse» die Worte in den Mund zu legen: «Das Wunder der Wunder, das Meisterwerk, der Gedanke eines Gottes, hier, die Mona Lisa von Leonardo da Vinci, die echte»[2], als er seinem Besuch seine Schatzkammer zeigte, in der er die Perlen seiner Sammlung aufbewahrte. Im selben Jahr schrieb Tommaso Marinetti im «Manifest des Futurismus», in dem er Museen mit Friedhöfen verglich: «Einmal im Jahr mögt ihr einen Blumenstrauß vor der Mona Lisa niederlegen, … das gestatte ich euch».[3] Zwei Jahre später bewahrheitete sich beides: der Diebstahl und die Blumensträuße, allerdings vor der Lücke.

Vincenzo Peruggia

Weder den Kriminalroman und das Manifest noch die verschiedenen Theorien über die *Mona Lisa* dürfte der einfache Anstreicher und Glaser, der sich selbst als Dekorationsmaler bezeichnete, gelesen haben. Vincenzo Peruggia aus der Lombardei kannte sich im Louvre aus, da er an der Verglasung von Gemälden, die als besonders schützenswert galten, beteiligt gewesen war. Ob er tatsächlich auch die *Mona Lisa* verglast hatte, sei dahingestellt. Ebenso ist unklar, ob er am 20. August 1911, einem Sonntag, den Louvre besuchte und sich dort in einer der Abstellkammern versteckte, die den Kopisten dazu dienten, ihre Utensilien aufbewahren zu können, oder ob er am nächsten Morgen um sieben Uhr in den Louvre spazierte. Wie bereits erwähnt, hatte der Louvre damals am Montag geschlossen. Peruggia zog sich den Kittel über, den alle Louvre-Arbeiter trugen, kam ohne Kontrolle hinein, betrat den Salon Carré, nahm das Bild von der Wand, entrahmte und entglaste es im Abstellraum oder im Treppenhaus für Mitarbeiter, versteckte es unter seinem Kittel und marschierte unbehelligt aus dem Museum, wobei er an einer verschlossenen Tür erst den Türknauf abschraubte und dann einen «Kollegen» bat, ihm aufzusperren (Abb. S. 74). Er versteckte das Bild anschließend in seinem armseligen Zimmerchen.

Auch seine Fingerabdrücke waren abgeglichen worden, doch hatte man nur die Finger der rechten Hand in der Kartei, die auf dem Rahmen oder dem Glas waren die der linken Hand. Man hatte ihn, wie alle in der letzten Zeit im Louvre tätigen Personen, sogar besucht, aber nichts Auffälliges bei ihm gefunden.

Mehr als zwei Jahre versteckte Peruggia das Bild unter seinem Bett. Erst im November 1913 schrieb er den Brief an den Florentiner Kunsthändler Alfredo Geri und reiste im Dezember mit der *Mona Lisa* im Koffer mit doppeltem Boden nach Florenz. Warum er so lange gewartet hatte, das Bild nach Italien zurückzubringen, weiß man nicht. Als ihm der Prozess gemacht wurde, gab er an, aus patriotischen Gründen gehandelt zu haben. Die *Mona Lisa*, wie so viele andere Kunstwerke von Napoleon geraubt, solle endlich wieder nach Italien zurückkehren, wo sie hingehöre. Er glaubte nicht nur, dass die *Mona Lisa* durch Napoleon nach Paris gekommen war, er wusste offensichtlich auch nichts von der Restitution der gestohlenen Kunstwerke. Aufgrund eines psychiatrischen Gutachtens erhielt er mildernde Umstände, die auf ein Jahr und 15 Tage festgesetzte Strafe wurde dann noch einmal auf sieben Monate verkürzt, genau die Zeit, die er bereits in Unter-

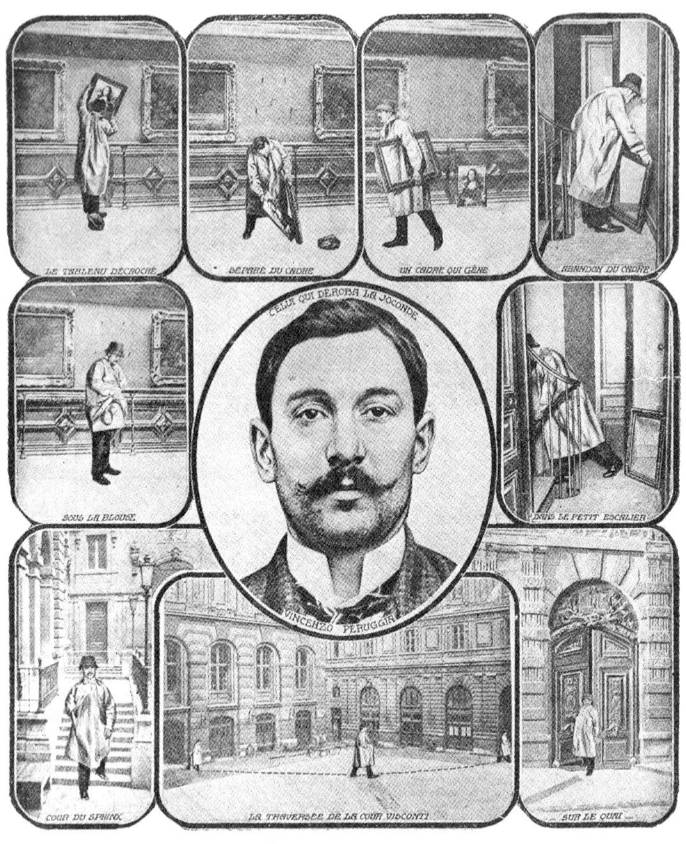

Vincenzo Peruggia stiehlt die *Mona Lisa*, Rekonstruktion, publiziert in der Zeitung Excelsior am 14. Dezember 1913

suchungshaft zugebracht hatte. Peruggia konnte nach dem Prozess das Gericht als freier Mann verlassen. In Italien wurde er zwar wie ein Nationalheld gefeiert, seine finanzielle Situation verbesserte sich aber nicht. Nach dem Ersten Weltkrieg, in dem er als Soldat diente, ließ er sich erneut in Frankreich nieder, eröffnete eine Lackiererei, heiratete, bekam 1924 eine Tochter, starb aber bereits 1925 an einer Bleivergiftung, die er sich durch die giftigen Lacke zugezogen hatte.

Die Vorstellung, dass ein kleiner Handwerker diesen Coup alleine geplant hatte, war so unwahrscheinlich, dass bald Geschichten von gerissenen Hintermännern die Runde machten.

Die angeblichen Strippenzieher

Am 25. Juni 1932 veröffentlichte der US-amerikanische Journalist Karl Decker in der Saturday Evening Post die «wahre» Geschichte über den Raub der *Mona Lisa* unter dem Titel: «Why and How the Mona Lisa Was Stolen». Darin berichtete er von einem argentinischen Betrüger, der sich Edouardo di Valfierno nannte und sich als Marques ausgab. Diesen wollte Decker 1914 in Casablanca getroffen haben, wo er ihm erzählt habe, dass er der Strippenzieher beim Raub der Mona Lisa gewesen sei. Decker habe Valfierno versprechen müssen, dass er die Geschichte erst nach dessen Tod publizieren dürfe. Valfierno hatte gemeinsam mit dem französischen Kunstfälscher Yves Chaudron den Plan ausgeheckt, sechs Kopien der *Mona Lisa* herzustellen und diese an vermögende US-Amerikaner als vermeintliche Originale zu verkaufen. Dafür aber musste das echte Bild natürlich publikumswirksam verschwinden. Zu diesem Zweck heuerte Valfierno Peruggia an, der mit zwei Helfern die Tat beging, nachdem Valfierno die Kopien in die USA gebracht hatte. Anschließend reiste Valfierno erneut in die USA und verkaufte die sechs Kopien. Peruggia aber hatte ihm das Original gestohlen und stellte sich in Italien als Patriot und Einzelkämpfer dar. Die reichen Amerikaner waren natürlich düpiert, aber keiner regte sich, denn sie konnten nicht zugeben, dass sie geglaubt hatten, die echte *Mona Lisa* als Hehlerware zu besitzen. Valfierno verschwand, lebte angeblich in Nordafrika, wo ihn Karl Decker 1914 traf, der damals diese unglaubliche Geschichte erfuhr, sie aber erst 1932 veröffentlichen durfte.

Recherchen verschiedener Journalistinnen, Historiker und Filmemacherinnen förderten keinen Beweis für die Existenz dieses Mannes zutage, ebenso wenig wie die eines Kopisten und Fälschers Yves Chaudron. Die Geschichte scheint Decker frei erfunden zu haben. Romane über den Stoff gibt es genug. So schrieb der Argentinier Martín Caparrós 2005 ein Buch über seinen angeblichen Landsmann *Valfierno*, das aus einem verschachtelten Lügengebäude besteht, in dem «nichts so ist, wie es scheint, und alles darauf ankommt, zu lernen, es umzuwandeln».[4] 2011 erschien auf Deutsch das Buch *Der Mona Lisa Schwindel* von einer US-Amerikanerin namens Deborah Dixon in der Übersetzung von Werner Fuld, einem ausgewiesenen Autor, Literaturkritiker und Kunsthistoriker, der unter anderem das *Lexikon der Fälschungen* geschrieben hat. Auch hier spielt Valfierno die Hauptrolle, es ist aber eine vollkommen andere Geschichte, bei der drei der (hier) vier Kopien der *Mona Lisa* mit der Titanic untergehen, das Original verbrennt und eine Kopie übrig bleibt. Das Personal dieses Buches besteht unter anderem aus Erich Maria Remarque, Orson Welles, Pablo Picasso, Guillaume Apollinaire und dem Fälscher Elmyr de Hory, Dichtung und Wahrheit werden kongenial miteinander verschränkt. Es ist anzunehmen, dass der eigentliche Autor dieses Buches Werner Fuld heißt und auch die vollkommen unbekannte Deborah Dixon nie existiert hat.

Zu den zahlreichen Romanen kommen Sachbücher, die die Existenz von Valfierno abwechselnd bestätigen und verneinen, zu Valfierno gesellt sich seit 2010 noch ein Deutscher namens Otto Rosenberg aus Köln, der, 1868 geboren, ein Betrüger, Falschspieler, dazu auch noch Jude, gemeinsam mit der Pinot-Bande operierte, die auf Kunstdiebstähle spezialisiert war und hier als Provokateur handelte. Warum die Pinot-Bande nicht selbst aktiv wurde, warum sie sich Peruggias bediente, bleibt offen. Logisch ist das alles nicht, zumal von der Pinot-Bande (auch Pinon-Bande) keine anderen (Kunst-)Diebstähle bekannt sind.

Die Kriminalromane und Sachbücher über dieses Ereignis werden ergänzt durch Filme wie die musikalische Komödie aus dem Jahr 1931 *Der Raub der Mona Lisa* mit Willi Forst und Gustav Gründgens. 1966 folgte *Der Dieb der Mona Lisa* (*Il ladro della Gioconda*) von Michel Deville und 2006 gab es den italienischen Fernsehfilm *L'uomo che rubò la Giocanda*. Bei der Dokumentation von Joe Medeiros von 2011, die *The Missing Piece: The Truth Behind The Man Who Stole The Mona Lisa* heißt, steht Vincenzo Peruggia im Vordergrund, sie ist im Internet als Blog mit dem Titel *Mona Lisa is missing* zu finden. Gespannt sein darf man auf den Film, den Jodie Foster dreht, wie den Nachrichten vom Februar 2020 zu entnehmen war. Als Vorlage dient ihr das Buch von Seymour Reit von 1981.

Fakt bleibt, dass der Raub der *Mona Lisa* der erste Kunstdiebstahl war, der weltweit zur Kenntnis genommen wurde, der einen nie vorher gekannten Presserummel auslöste ebenso wie eine Betroffenheit, die dazu führte, das Bild zu dem größten und bekanntesten Kunstwerk aller Zeiten zu stilisieren. Ob das seine Berechtigung hat oder nicht, sei dahingestellt.

Doch nur dadurch wird auch verständlich, warum für Kopien dieses Bildes enorme Summen ausgegeben werden. Bereits im Januar 2019 versteigerte Sotheby's in New York eine Variante aus dem 17. Jahrhundert für etwa 1,7 Millionen Dollar. Wenige Monate später kam in Paris eine andere Kopie für mehr als 500 000 Euro unter den Hammer. Am 18. Juni 2021 endete eine online-Auktion bei Christie's in Paris mit einer *Mona Lisa* aus dem frühen 17. Jahrhundert. Der Schätzpreis von etwa 300 000 Euro wurde um das Zehnfache überboten. Ein unbekannter Bieter zahlte 2,9 Millionen Euro. Der ehemalige Besitzer, ein US-amerikanischer Antiquar und Kunstliebhaber, hatte das Bild in den 1950er Jahren für ein paar Francs in Südfrankreich erworben und war anschließend davon überzeugt, dass es sich um das Original handelte und im Louvre nur eine Kopie hing.

Der Titel des Bildes, so wie er im Louvre verzeichnet ist, lautet *Porträt der Lisa Gherardini*. So wird das Gemälde aber nur selten genannt. Vasari bezeichnete die Dame als *Monna Lisa*, einer Kurzform von *Madonna Lisa*, auf Deutsch *Frau Lisa*. Irgendwann ging dann das zweite «n» verloren und es blieb bei *Mona Lisa*. Parallel dazu wurde sie aber auch schon im 16. Jahrhundert *La Gioconda*, die Fröhliche, genannt. Und so bürgerte sich in den romanischen Sprachen dieser Name ein, im angelsächsischen und deutschsprachigen Raum der andere.

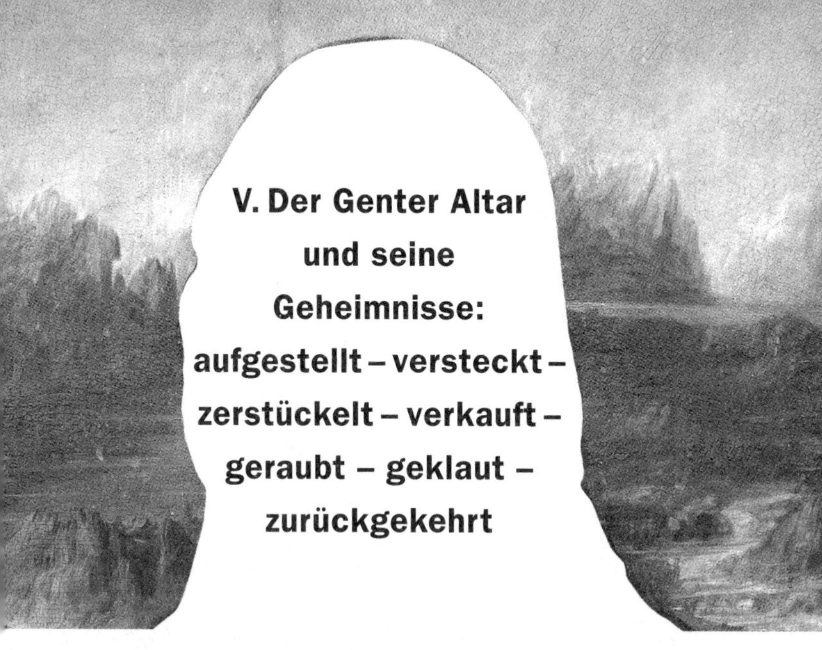

V. Der Genter Altar und seine Geheimnisse: aufgestellt – versteckt – zerstückelt – verkauft – geraubt – geklaut – zurückgekehrt

Der Genter Altar

Der *Genter Altar* befindet sich in der dem Heiligen Bavo geweihten Kathedrale in Gent. Ursprünglich in der Kapelle des Joos Vijd aufgestellt, ist er seit 2021 in einem neuen Besucherzentrum in der Kathedrale untergebracht, seinem vielleicht endgültigen Aufstellungsort. Denn auch wenn er für diese Kirche bestellt wurde, die damals – im 15. Jahrhundert – noch Johanneskirche hieß, so war er beileibe nicht die ganze Zeit dort, sondern hatte in den 600 Jahren seiner Existenz ein «bewegtes Leben».

Bei dem als *Genter Altar* bezeichneten Werk handelt es sich um einen spätgotischen Flügelaltar, der in geschlossenem Zustand in acht Tafeln unterteilt ist, die in drei Registern verschiedene Darstellungen zeigen (Abb. S. 80). Auf den vier unteren Tafeln sind außen die betenden Stifter dargestellt, innen Johannes der Täufer und Johannes der Evangelist und damit die beiden Heiligen, denen bei der Entstehung des Altars die Kirche geweiht war.

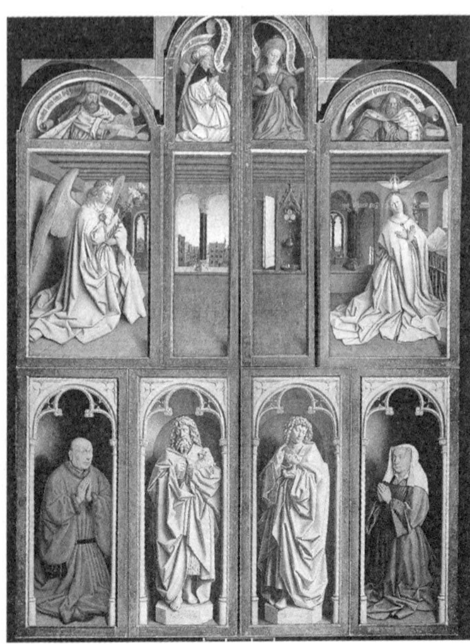

Jan van Eyck, *Genter Altar*, 1432/35, Gent, St. Bavo, geschlossener Zustand

Joos Vijd, der Stifter, betet den Täufer, seinen Namensparton an, der auch Schutzheiliger von Gent war, die dazugehörige Ehefrau, Elisabeth Borluut, den Evangelisten, Autor nicht nur des Evangeliums, sondern auch der Apokalypse (Offenbarung). Die beiden Johannes-Darstellungen sind in Grisaille gemalt, also grau in grau, und wirken wie steinerne Skulpturen. Die vier Tafeln darüber sind in zwei Register geteilt. Das Mittelfeld stellt über die Tafeln hinweg die Verkündigung an Maria dar, die sich im Innenraum eines Hauses abspielt. Darüber werden zwei Sibyllen (weissagende Frauen) von den Propheten Sacharja und Micha gerahmt.

Im geöffneten Zustand (Abb. S. 81), der nur an großen Feiertagen sichtbar war, zeigen zwölf Tafeln das in der Apokalypse beschriebene Weltgericht, allerdings nicht in herkömmlicher Form.

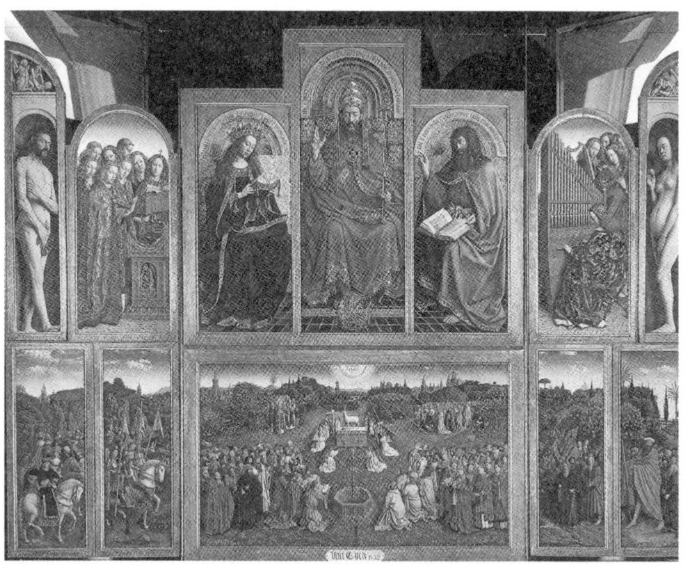

***Genter Altar*, geöffneter Zustand**

In der Mitte thront Christus, der Weltenrichter, flankiert von Maria und Johannes dem Täufer, den Fürbittern für die Menschheit. Sie werden auf zwei weiteren Tafeln von singenden und musizierenden Engeln begleitet. Den seitlichen Abschluss des oberen Registers bilden Adam und Eva, das erste Menschenpaar, bereits nach dem Sündenfall, da sie ihre Blöße, wenn auch nur notdürftig, bedecken. Über Adam sind, wieder in Grisaille, die Opfer von Kain und Abel, über Eva der Brudermord dargestellt. Das untere Register wird von der breiten Tafel mit der *Anbetung des Lamm Gottes* dominiert. Sie hat dem Altar seinen Namen gegeben. Inmitten einer prächtigen Landschaft ist ein Altar aufgebaut, auf dem das Opferlamm steht, dessen Blut in einen Kelch fließt. Umringt von Engeln, wird es von verschiedenen Menschengruppen angebetet, so wie es Johannes der Evangelist in der Apokalypse

(7, 9–10) beschreibt. Diese Tafel nimmt die Breite der über ihr befindlichen drei mittleren Tafeln ein. Die vier flankierenden Tafeln zeigen von links nach rechts *Die gerechten Richter*, *Die Streiter Christi*, *Die Eremiten* und *Die heiligen Pilger*.

Die Literatur über das komplexe Programm dieses Altars und seine Interpretationen füllt Regalmeter. Auch waren Datierung und Autorschaft lange strittig, weil die Inschrift, die sich auf dem Rahmen der Werktagsseite befindet, von den einen für authentisch gehalten wurde, von den anderen für eine spätere Hinzufügung. Bei der letzten Restaurierung wurde deutlich, dass sich die Inschrift bereits auf dem Originalrahmen befand, bevor dieser mit einer weiteren Farbschicht behandelt wurde, eine gewisse Skepsis bleibt jedoch, ob als Maler tatsächlich die als Brüder geltenden Hubert und Jan van Eyck in Frage kommen oder ob Jan der eigentliche Urheber ist, der mit seiner Werkstatt den Altar ausführte. Und wurde er tatsächlich am 6. Mai 1432 eingeweiht, wie die Inschrift nahelegt, oder erst um 1435 vollendet?

All diese Fragen beschäftigen Generationen von Kunsthistorikerinnen und Kunsthistorikern. Doch auch wenn man sie beiseitelässt, bleiben andere Geheimnisse. Versuchen wir, uns an die Fakten zu halten.

Das bewegte Schicksal des Altars

Für den seit 1422 als Hofmaler bezeugten Jan van Eyck, der spätestens ab 1431 wieder in Brügge lebte, war der *Genter Altar* sein größter Auftrag, unabhängig davon, ob der Bruder Hubert mitwirkte oder nicht. Dieser Auftrag kam aber nicht vom Hof, sondern von einem Bürger aus der nahe gelegenen Stadt Gent. Der wohlhabende Joos Vijd aus Beveren heiratete 1390 die aus einer alten Genter Familie stammende Elisabeth Borluut, wodurch ihm der Sprung in die Elite der Stadt gelang. Die Ehe blieb kinderlos, 1420 ließ das Ehepaar eine eigene Kapelle in der Johanneskirche von Gent errichten, in der dann 1432/35 der von ihnen gestiftete *Genter Altar* aufgestellt wurde. Er fand mehrfach in Reisebeschreibungen Erwähnung, unter anderem von Albrecht Dürer, der sich begeistert über ihn äußerte und als Werk von Jan van Eyck bezeichnete. Eine Inschrift erwähnte Dürer nicht.

Um 1550 wurde der Altar erstmals gereinigt, vielleicht davor bereits die eventuell vorhandene Predella zerstört. 1557 erhielt der Maler Michiel Coxcie von König Philipp II. von Spanien den Auftrag, den Altar zu kopieren. Nach ihrer Vollendung 1559 kam die Kopie des Altars in eine Kapelle des Escorial in Madrid. 1808 verbrachten die Franzosen sie nach Brüssel, wo die Tafeln einzeln verkauft wurden. Die Seitentafeln kamen über Umwege 1861 ins königliche Museum für Schöne Künste in Brüssel und ersetzten bis 1921 die verlorenen Tafeln am Genter Altar, die anderen Tafeln befinden sich in Berlin und München, Adam und Eva sind verloren.

Obwohl der protestantische Maler und Dichter Lucas de Heere 1559 eine Ode über den Altar verfasste, wurde dieser 1566 im Turm der Kirche versteckt, um vor dem damals beginnenden Bildersturm der Calvinisten geschützt zu sein. Nach zwanzig Jahren kehrte er an seinen angestammten Platz zurück. Zweihundert Jahre später mussten die Tafeln mit Adam und Eva entfernt werden. Die Legende berichtet, Kaiser Joseph II. habe sie für anstößig gehalten. Sie kamen zur Aufbewahrung wohl erst einmal in die Sakristei, dann verschwanden sie. Wenig später wurden die südlichen Niederlande, also das heutige Belgien, von den Franzosen eingenommen. Die vier Mitteltafeln der Festtagsseite nahmen die Sieger als Beutekunst mit nach Paris. Sie kehrten erst 1816 wieder zurück. Bis auf die verlorenen Tafeln von Adam und

Eva war der Altar jetzt wieder komplett, doch verkaufte der Generalvikar der Diözese 1821 unrechtmäßig die Seitentafeln der Festtagsseite, die gleichzeitig im geschlossenen Zustand die Werktagsseite zeigen. Über den Umweg eines englischen Sammlers kamen sie nach Berlin, wo die Vorder- und Rückseiten auseinandergesägt wurden, um alle Bilder präsentieren zu können. Dort stellten sie den ganzen Stolz des Museums dar. Nach dem Ersten Weltkrieg musste Deutschland die Tafeln an Belgien zurückgeben. Sie waren zwar rechtmäßig erworben worden, aber der Versailler Vertrag sah Reparationskosten vor, die auch in Kunstgegenständen abgegolten werden konnten und mussten.

1861 hatte man auch die beiden Tafeln mit Adam und Eva wiedergefunden. 1920 konnte der komplette Altar wieder in St. Bavo gezeigt werden. Doch dann wurde 1934 in die Kirche eingebrochen und eine Tafel gestohlen, die sich nur lose im Rahmen befunden hatte und bei der seit Berlin Vorder- und Rückseite voneinander getrennt waren. Es handelte sich um *Die gerechten Richter* sowie den in Grisaille gemalten *Johannes der Täufer*. Letzterer wurde zurückgegeben, der Lösegeldforderung für die *Gerechten Richter* allerdings nicht stattgegeben. Bis heute ist diese Tafel verschollen. Sie wurde später durch eine Kopie ersetzt.

Doch damit ist die Geschichte noch nicht zu Ende. Im Zweiten Weltkrieg wurde der Altar sicherheitshalber nach Südfrankreich ins Schloss Peau gebracht, wo ihn die Nationalsozialisten 1942 aufspürten und «heim ins Reich» brachten, wo er ihrer Meinung nach hingehörte, da ja Berlin die Seitentafeln rechtmäßig erworben hatte. Er wurde erst nach Schloss Neuschwanstein transportiert, dann zusammen mit anderen Kunstschätzen 1944 in das Salzbergwerk nach Altaussee in Österreich, wo er nach Kriegsende von den sogenannten Monuments Men gefunden wurde. Im Juli 1945 nach München verbracht, konnte er bereits im August nach Brüssel transportiert und dort im Palais Royal ausgestellt werden, bevor er nach Gent zurückkehrte.

1939 hatte der Restaurator, Kopist und Kunstfälscher Jef Van der Veken begonnen, die Tafel der *Gerechten Richter* zu kopieren. Als Vorlage diente ihm die Kopie von Coxcie, die sich im königlichen Museum für Schöne Künste in Brüssel befand. Er vollendete die Tafel 1945, die schon dadurch als Kopie zu erkennen war, dass er einem der Richter die Gesichtszüge des damaligen belgischen Königs, Leopold III., gab. Die Kirche zeigte Interesse an der Kopie, nur die Geldforderungen von Van der Veken waren ihr zu hoch. Erst 1957 einigte man sich auf einen Preis. Seitdem vervollständigt die Kopie den Altar.

Der geheimnisvolle Kunstraub

In der Nacht vom 10. auf den 11. April 1934 trugen zwei Männer einen größeren Gegenstand aus der Kirche Sankt Bavo in Gent und verfrachteten ihn in ein Auto. Sie wurden dabei von einem Taschendieb überrascht, dem sie einen Geldschein in die Hand drückten und ihn aufforderten, zu verschwinden. Am nächsten Morgen wurde der Diebstahl entdeckt: Die beiden Bilder, die ohne Gewaltanwendung entfernt werden konnten, weil sie nicht verschraubt waren, fehlten. Es handelte sich, wie bereits gesagt, um *Die gerechten Richter* und deren Rückseite, *Johannes der Täufer*. Bis die Polizei kam, dauerte es. Sie sperrte die Kirche nicht ab, sicherte keine Spuren, sondern ließ die Schaulustigen hinein, die den Altar umlagerten. Als die Experten von Scotland Yard zwei Tage später die Ermittlungen übernahmen, war es für eine detaillierte Spurensuche schon zu spät. Am 30. April/1. Mai erhielt dann der Bischof von Gent einen Brief mit einer Geldforderung: Eine Million belgische Franken verlangte der Briefschreiber, der mit dem Kürzel D. U. A. unterzeichnete. In einer Zeitungsannonce ging der Bischof auf die Forderung ein und erhielt daraufhin in einem weiteren Brief einen Gepäckaufbewahrungsschein für ein Schließfach im Brüsseler Nordbahnhof. Dort befand sich tatsächlich die Tafel mit dem Täufer. Es folgten weitere Briefe mit Lösegeldforderungen, doch dem Bischof wurde das Geld vom Staat nicht genehmigt. Und der war der Eigentümer des Altars.

Am 25. November brach der Geschäftsmann und Börsenmakler Arsène (oder Arseen) Goedertier bei einer Veranstaltung zusammen und starb kurz darauf. Seinem Anwalt, den er zu sich rufen ließ, raunte er zu, dass er der Einzige sei, der wisse, wo sich die Tafel mit den *Gerechten Richtern* befände. Anschließend konnte er gerade noch einige Worte stammeln, dann war er tot. Durch diese Worte, die unterschiedlich überliefert sind, fand man Durchschläge der 13 an den Bischof geschriebenen Briefe, einen 14. nicht abgeschickten und die dafür verwendete Schreibmaschine, die sich Goedertier unter dem Decknamen Arsène van Damme geliehen hatte.

Keiner begriff, wieso ein so wohlhabender, unbescholtener, frommer Mann, der in engem Kontakt zum Bischof von Gent stand, in diesen Raub verwickelt sein konnte. Doch auch sein seltsamer Tod wurde nicht hinterfragt, die Leiche nicht obduziert. Irgendwann war auch klar, dass er Komplizen gehabt hatte – entfernte Verwandte. Merkwürdigerweise starben auch sie sehr plötzlich, ohne Vorerkrankungen gehabt zu haben: Achille de Swaef nur vier Tage später, am 29. November 1934, Oscar Lievens am 5. März 1935. Und auch bei ihnen ging man von einem natürlichen Tod aus.

Ein paar Jahre später wurde die Akte des Diebstahls geschlossen.

Doch Karel Mortier, 1974–1991 Chef der Genter Polizei,

nahm die Untersuchungen wieder auf und kämpfte sich auch durch das Archiv der Kathedrale. 600 Seiten betrafen den Altar – Unterlagen über die Zeit von 1934–1945 enthielten sie nicht. Der Versuch, die gesamte Kirche auf ein mögliches Versteck mit Röntgenstrahlen zu untersuchen, schlug fehl. Die Tafel tauchte auch dadurch nicht wieder auf.

Neben dem *Mona Lisa*-Raub ist derjenige dieser Tafel des *Genter Altars* der einzige spektakuläre Kunstraub vor dem Zweiten Weltkrieg. Die schlampige Vorgehensweise der Polizei, die rätselhafte Beteiligung von Arsène Goedertier, sein seltsamer Tod wie der seiner Komplizen führten zu den unterschiedlichsten Theorien, wer alles in den Fall involviert sein könnte. Dabei spielten auch die Initialen D. U. A. eine Rolle, die abwechselnd als ein Kürzel für «Deutschland über Alles», «dans une armoire» (in einem Schrank) oder als die rückwärts gelesenen Initialen von «Arséne van Damme» gedeutet wurden, wobei in diesem Fall das V wie im Lateinischen mit dem U gleichgesetzt worden wäre. Alle drei Erklärungen scheinen an den Haaren herbeigezogen, ebenso wie die Theorie, dass die Diebe den Altar vor dem Zugriff der Nazis hätten retten wollen.

Dennoch bleiben Diebstahl und die anschließenden Verhaltensweisen vor allem der Polizei unerklärlich. Wer steckte hinter dem Diebstahl? Warum wurde er begangen? Hat Goedertier tatsächlich gesagt, dass sich das Bild immer noch in der Kirche befände? Da der Rechtsanwalt der Einzige war, der die Worte des Sterbenden gehört hatte, wurde auch er als Mittäter bezeichnet, der sich all die angeblichen letzten Worte nur ausgedacht habe.

Literarische Annährungen wie die von Albert Camus in seinem Roman *Der Fall* bieten keine Lösungen. Auch die Suche nach dem Gral ist obsolet, obwohl immer wieder behauptet wird, dass der

Kelch, in den das Blut des Lammes fließt, den heiligen Gral darstelle, es genügend Belege dafür gäbe und womöglich so auch das Bild wiedergefunden werden könne.

Tatsache bleibt, dass das Bild verschwunden ist und bis heute gerätselt wird, wo es sich befinden könnte. Natürlich ist der Stoff inzwischen auch in dem einen oder anderen Krimi verarbeitet worden wie zum Beispiel 2015 von Klaus-Jürgen Wrede.

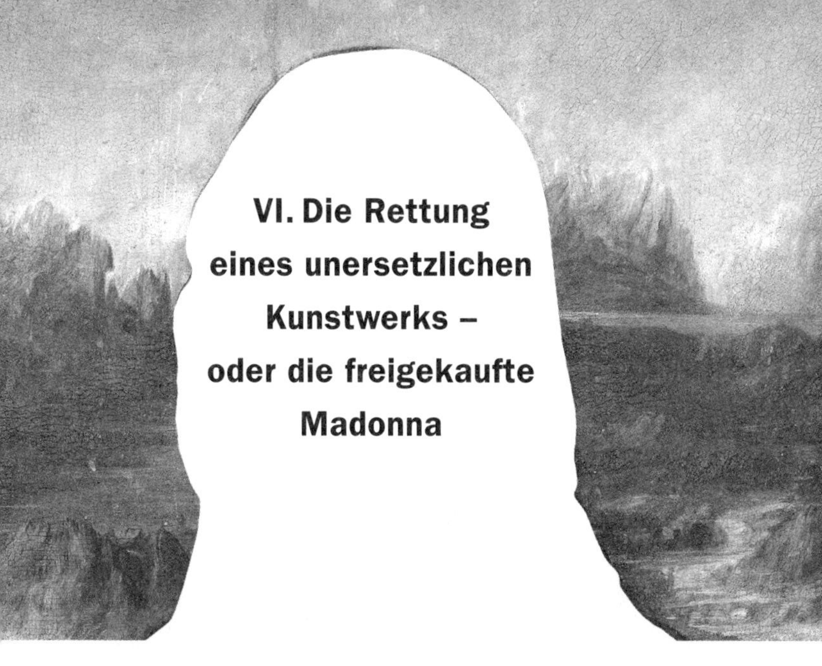

VI. Die Rettung eines unersetzlichen Kunstwerks – oder die freigekaufte Madonna

Die *Volkacher Madonna* von Tilman Riemenschneider

Die Wallfahrtskirche «Maria im Weingarten» liegt malerisch auf dem Volkacher Kirchberg und ist – wie der Name schon sagt – umgeben von Weingärten, auf denen die Trauben gedeihen, Grundlage für den berühmten Volkacher Weißwein. Von dem am Main gelegenen Volkach erreicht man das Ziel zu Fuß in zwanzig Minuten. Die Ursprünge der Kirche reichen wohl bis ins 10. Jahrhundert zurück, ein um 1370 geschnitztes *Vesperbild* (eine *Pietà*) begründete wahrscheinlich die Wallfahrt. Im 15. Jahrhundert wurde die alte Kirche durch eine neue ersetzt, in der das Gnadenbild wieder eine würdige Aufstellung auf dem Hochaltar fand. Die Arbeiten waren 1499 abgeschlossen. 1521 erging an den in Würzburg ansässigen Holz- und Steinbildhauer Tilman Riemenschneider der Auftrag, eine *Rosenkranzmadonna* zu schnitzen, die 1522 bis 1524 gefertigt und im Chorbogen über dem Altar aufgehängt wurde. Das etwa 280 x 190 cm große und circa 150 kg schwere Werk besteht aus Lindenholz und ist auf ein eisernes Gestänge montiert. Die Madonna mit Kind wird von einem Kranz aus Rosenblüten gerahmt und von Strahlen hinterfangen. Vier Engel und zwei Putten sind ihr zur Seite gestellt, in fünf den Rosenkranz gliedernden und unterbrechenden Medaillons sind Die *Verkündigung an Maria*, die *Heimsuchung* (also das Treffen zwischen Maria und Elisabeth, der Mutter von Johannes dem Täufer), die *Geburt Christi*, die *Anbetung der Heiligen Drei Könige* und der *Tod Mariens* zu sehen, auf den Rückseiten das Herz sowie die Hände und Füße Christi mit den Wundmalen.

Später wurde das Werk farbig gefasst. Diese Fassung wurde 1874 erneuert und die *Madonna* wanderte an die Langhausnordwand. 1952/53 wurde sie gründlich restauriert, von mehreren Farbschichten befreit und 1954 über dem rechten Seitenaltar an der Wand befestigt. Die als Gnadenbild verehrte *Pietà* musste ebenfalls ihren angestammten Platz auf dem Hochaltar verlassen und befand sich jetzt oberhalb des linken Seitenaltars an der Wand und damit in der Nähe einer *Anna Selbdritt* genannten Figurengruppe mit der Heiligen Anna, der Mutter Mariens, die diese und das Jesuskind auf den Knien hält. Um 1520 entstanden, stammt sie ebenfalls aus der Werkstatt Riemenschneiders. Denn auch die *Rosenkranzmadonna* wurde vermutlich von einem Mitarbeiter der Riemenschneiderwerkstatt nach einem Modell des Meisters geschnitzt, das sich heute in Washington (Dumbarton Oaks Collection) befindet.

Der Diebstahl

Die *Rosenkranzmadonna*, die *Pietà* und die *Anna Selbdritt* sowie die allegorischen Figuren der Tugenden *Glaube* und *Hoffnung*, die zu einem Epitaph (einem Grabdenkmal) von 1592 gehören, wurden in der Nacht vom 6. auf den 7. August 1962 gestohlen. Die Diebe nutzten die Abgeschiedenheit der Kirche. Nur der Mesner und seine Tochter wohnten im angrenzenden Haus. Sie wachten morgens um vier durch den Motor eines abfahrenden Autos auf, sahen aber nur noch die Rücklichter eines Pritschenwagens. In der Kirche, deren Tür weit offen stand, offenbarte sich ihnen der Raub. Der Mesner schwang sich aufs Fahrrad und fuhr zur Polizei im Ort, denn das Mesnerhaus besaß – heute unvorstellbar – keinen Telefonanschluss und der Mesner hatte kein Auto. Bis er bei der Polizei war und erste Maßnahmen ergriffen werden konnten, waren die Diebe über alle Berge.

In der Kirche bot sich ein trauriges Bild. Die Diebe hatten Größe und Gewicht der *Rosenkranzmadonna* offensichtlich unterschätzt. Auf dem Tisch des rechten Seitenaltars lagen der abgebrochene Arm eines Engels, ein Gewandstück und ein Stab aus dem Strahlenkranz. Andere Teile waren bei der Überwindung der Kirchhofmauer abgesplittert.

Die Volkacher Polizei bat die Kollegen in Würzburg um Hilfe. Dort wurde eine Sonderkommission eingerichtet, doch die Spurensicherung ergab keinen Anhaltspunkt, die Polizei tappte im Dunklen und verfolgte außerdem falsche Spuren. Der Mesner und seine Tochter wurden ebenso verdächtigt wie zwei britische Touristen, die mit einem vergleichbaren Pritschenwagen unterwegs waren und nach Volkach fahren wollten. Durch Presseberichte, nicht nur des Bayerischen Rundfunks, sondern auch des Fernsehens (damals gab es lediglich ein Programm), wurde den

Volkachern überhaupt erst die Dimension des Diebstahls bewusst. Für die Gläubigen hatte die *Pietà* einen viel höheren Stellenwert besessen als die *Madonna* von Riemenschneider. Über ihren Marktwert – mehr als eine Million Mark sollte sie wert sein – hatte in Volkach bislang niemand nachgedacht.

Henri Nannen greift ein

Sehr genau wusste das dafür der damalige Chefredakteur der Zeitschrift «Stern», Henri Nannen, dem die Bedeutung Riemenschneiders durch sein zeitweiliges (und nicht abgeschlossenes) Studium der Kunstgeschichte in München bekannt war und der die Möglichkeit erkannte, durch einen Coup die Auflage des «Stern» zu steigern. Mit der Begründung, dass die unverkäufliche *Madonna* womöglich zerstört werden würde und dann unwiederbringlich verloren sei, konnte er den Verleger von «Zeit» und «Stern», Gerd Bucerius, davon überzeugen, die damals enorme Summe von 100 000 DM als Lösegeld zur Verfügung zu stellen.

Nannen bat Mitte August die Redaktionen von fast 1000 Tageszeitungen, über seine Aktion zu berichten, und schaltete in etwa 100 Zeitungen im fränkischen Raum einen Aufruf an die Diebe, die *Madonna* gegen ein Lösegeld von 100 000 DM zurückzugeben, auch wenn sie beschädigt sei. Er wies darauf hin, dass die *Madonna* nicht versichert gewesen sei, die Diebe also keine Versicherung erpressen könnten. Da die Gefahr der Zerstörung bestünde, «kommt [es] jetzt nicht mehr darauf an, die Täter zu fassen, sondern einzig und allein darauf, daß Riemenschneiders ‹Madonna im Rosenkranz› gerettet wird. [...] Die Kirchenräuber von Volkach haben mein Wort, daß wir sie der Polizei nicht verraten werden.» Außerdem kündigte er für die nächste Ausgabe des «Stern» «einen erschütternden Bildbericht aus Volkach» an.[1]

Nannens Vorhaben, die Verkaufszahlen des «Stern» zu steigern, gelang. Das Heft vom 19. August fand reißenden Absatz, der Bildbericht erschien aber erst im nächsten «Stern» vom 26. August, der sich noch besser verkaufte. Darin beschrieb Nannen die Situation in Volkach, die Fahndung der Polizei und wies erneut auf die Unverkäuflichkeit des Werks hin. Er wiederholte, dass er mit seiner Aktion die Zerstörung der *Madonna* verhindern wolle, «auch wenn die Polizei dabei leer ausgeht. … Wir sichern den Tätern oder ihren Mittelsleuten absolute Verschwiegenheit zu.»[2] Er räumte ein, dass damit ein Verbrechen belohnt werde, wies aber darauf hin, dass die Rettung der unersetzlichen Kunstwerke dies legitimiere. Bereits am nächsten Tag fand der Mesner des Frankfurter Doms die Figuren von *Glaube* und *Hoffnung* des Epitaphs vor dem Portal, beklebt mit der Schlagzeile «Gebt die Madonna den Volkachern zurück» aus dem letzten «Stern». Es wird vermutet, dass die Figuren von einem Frankfurter Antiquitätenhändler angekauft worden waren, der die Hehlerware nun schnell und unbürokratisch loswerden wollte.

Hoffnung und auch Glaube waren in den nächsten Wochen die maßgeblichen Gefühle der Volkacher, doch die Diebe meldeten sich nicht. Nannen wiederholte erst sein Angebot an die Diebe, dann setzte er sie unter Druck, indem er ihnen ein Ultimatum stellte und das Geld danach in die Fahndung investieren wollte. Der Plan ging auf. Am 25. Oktober gegen 22:30 Uhr meldete sich erstmals einer der Diebe unter dem Namen «Leininger» und sprach mit dem stellvertretenden Chefredakteur Reinhart Hoffmeister, der ihn an den in München weilenden Nannen verwies. Nannen stellte «Leininger» eine Fangfrage: «Wie sieht die Madonna von hinten aus und wie ist sie von innen beschaffen?»[3]

Die Antwort zeugte von Insiderwissen und bewies ihm, dass er es mit einem der Täter zu tun haben musste. Noch in derselben Nacht dirigierte «Leininger» Hoffmeister zu einer einsamen Stelle in Hamburg-Altona, wo der Journalist die Figurengruppe der *Anna Selbdritt* und zwei der fünf Medaillons von der *Rosenkranzmadonna* fand. Nachdem ein Experte die Echtheit der Stücke geprüft hatte, wurde in der Nacht vom 26. auf den 27. Oktober die erste Hälfte des Lösegelds auf dem Rad einer Dampfwalze deponiert, so wie «Leininger» es angeordnet hatte. Eigentlich sollte kurz darauf die tatsächliche Übergabe stattfinden. «Leininger» und sein Kollege wollten dafür die Gegend um das Pressehaus auskundschaften. Dort war allerdings ein riesiges Polizeiaufgebot, das das Gebäude umstellt hatte und durchsuchte. Verständlicherweise bezogen die beiden Diebe diese Aktion auf sich und den «Stern» und verließen augenblicklich Hamburg. Doch hatte die Polizeiaktion gar nicht dem «Stern» gegolten, sondern dem «Spiegel», der sich ebenfalls in dem Pressehaus befand. Es war der Beginn der weite Kreise ziehenden «Spiegel-Affäre», die schließlich zum Rücktritt des damaligen Verteidigungsministers Franz-Josef Strauß führte und das Ende der Adenauer-Ära einleitete.

Das stand zu diesem Zeitpunkt natürlich alles noch in den Sternen, doch erfuhren «Leininger» & Co. aus dem Autoradio von der Durchsuchung der Redaktionsräume des «Spiegel» und meldeten sich noch einmal bei Hoffmeister, um die Geldübergabe zu bestätigen. Die Übergabe der *Madonna* selbst dauere noch und würde nach Franken verlegt. Tatsächlich wurden Nannen und Hoffmeister am Wochenende des 3. und 4. November nach Nürnberg beordert und fanden die *Madonna* und den Rest der Beute auf einem Acker hinter einer Krautmiete, wo sie dann den zweiten Teil der Lösegeldsumme hinterließen. Mit ihrer

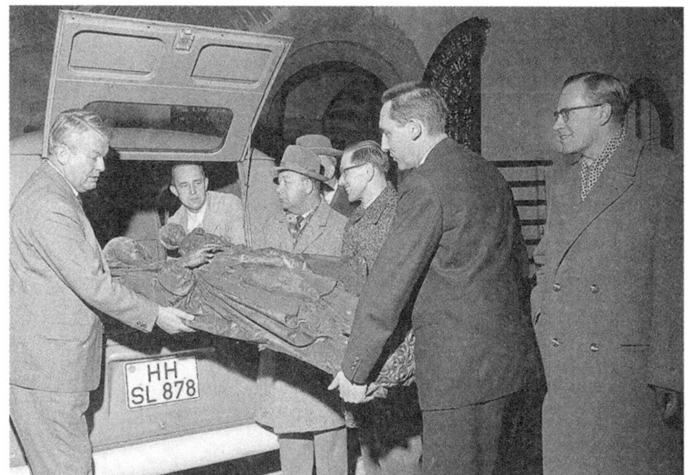

Henri Nannen bringt die *Volkacher Madonna* von Tilman Riemenschneider ins Mainfränkische Museum nach Würzburg

kostbaren Fracht fuhren sie zurück nach Hamburg. Gleichzeitig, am 4. November, erschien im «Stern»[4] die groß aufgemachte Mitteilung, dass sich die Täter nicht gemeldet hätten und die 100 000 D-Mark nun für die Ergreifung der Kirchenräuber genutzt würden (der Stern erschien damals sonntags, erst ab 1973 donnerstags). Diese Fehlinformation bot den Dieben die Gelegenheit, Spuren zu verwischen und sich eventuell mit dem Geld abzusetzen. Die angeblich versprochene Schweigefrist von 14 Tagen konnte Nannen nicht einhalten, weil die Polizei Wind von der Geschichte bekommen hatte. Am 11. November brachten Nannen und Hoffmeister in Polizeibegleitung die *Madonna* nach Würzburg, wo sie im Mainfränkischen Museum in Empfang genommen wurde, bevor sie kurz darauf ins Münchner Denkmalpflegeamt kam, um gesäubert, wieder zusammengesetzt und ergänzt zu werden (Abb. S. 95).

Nannen konnte jetzt im «Stern» von seinem Erfolg berichten und tat dies auch mit einer weiteren groß aufgemachten Story mit vielen Bildern am 25. November in Heft 47, denn trotz aller Angst, von der die Journalisten schrieben, hatten Nannen und Hoffmeister eine professionelle Kameraausrüstung mitgenommen und mit dieser so viele Fotos gemacht, dass es für eine beeindruckende Bildstrecke reichte. Mit dieser Aktion hatte Nannen den Stern noch einmal besser positioniert, die 100 000 Mark Einsatz dürften sich amortisiert haben.

Ein frühes Beispiel für Artnapping

Nannen war der Held der Stunde. Es gab aber auch kritische Stimmen, vor allem bei der Presse, die beanstandete, dass Diebe durch das Lösegeld belohnt und darüber hinaus als Ehrenmänner behandelt würden. So fasste «Die Zeit» vom 30. November 1962 das Für und Wider zusammen. Die von Nannen gestellte Frage, ob man Ganoven gegenüber sein Ehrenwort halten müsse, beantwortete der Autor des Artikels mit der berechtigten Gegenfrage: «Darf man Ganoven sein Ehrenwort geben?»[5] Bereits am 22. August hatte die «Welt» formuliert: «Ist es zu fassen? Räuber werden als Ehrenmänner behandelt, ihnen wird öffentlich quasi eine Belohnung für ihre Tat in Aussicht gestellt. Ja, es werden Wege gezeigt, wie sie ohne Risiko zu ihrer Belohnung für die Rückgabe gelangen können ...» Am 26.8.1962 legte das in Würzburg erscheinende katholische Sonntagsblatt nach: «Dieses Gebaren verstößt gegen die guten Sitten, weil es nicht dem Anliegen an sich, sondern in erster Linie dem Geschäft dient. Man spielt sich in der Öffentlichkeit als Anwalt der Gerechtigkeit auf, verbeugt sich aber in Wirklichkeit vor einem schnöden Mammonismus. Mit derlei Hilfe ist den Katholiken Volkachs kein Gefallen getan.»[6] Einige Juristen sahen den Strafbestand der Begünstigung erfüllt und stellten Strafanzeige. Mit der Begründung, Nannen sei es um die Wiederbeschaffung des Kunstwerks gegangen und nicht darum, den Tätern die Vorteile des Verbrechens zu sichern, wurde das Verfahren eingestellt. Der Frankfurter Generalstaatsanwalt Fritz Bauer verwies auf einen ähnlichen Fall im Städel und hielt das Verhalten von Nannen für rechtens. Dem widersprach der Jurist Gerhard Erdsiek, bis 1962 Ministerialdirektor im Bundesjustizministerium. Er warnte vor der Gefahr einer neuen erfolgversprechenden Art von Verbrechen, indem unverkäufliche Kunstwerke gestohlen würden, um anschließend Lösegeld zu erpressen.[7] Damit sollte er recht behalten, denn das damals noch in den Kinderschuhen steckende «Artnapping» ist heute gang und gäbe. Möglicherweise hat die hohe Summe Lösegeld, die Nannen bereitstellte, die Erkenntnis zementiert, dass es sich bei Kunstdiebstahl um eine lukrative Einnahmequelle handeln kann.

Den Tätern auf der Spur

Und die Täter? Sie stahlen weiterhin sakrale Kunstwerke, überfielen auch mal eine Bank oder ein Landratsamt, um an Ausweise zu kommen, schlossen sich mit anderen zu einer Bande zusammen, die mal größer, mal kleiner war. Einer der späteren Bandenmitglieder saß 1967 in Triest wegen eines Delikts ein und prahlte einem Hamburger Mitgefangenen gegenüber damit, dass er die Täter des Volkacher Madonnenraubs kenne. Dieser Mitgefangene ging, als er wieder in Deutschland war, zur Polizei. Und so konnte ein Teil der Täter verhaftet und der (vermeintliche) Tathergang rekonstruiert werden. Einer der Täter, der sich in die Türkei abgesetzt hatte, wurde erst zwei Jahre später zur Rechenschaft gezogen. Seine Kompagnons hatten den Hauptteil der

Schuld auf ihn abgewälzt. Nun stellte sich alles noch einmal anders dar, vor allem der auch in den Diebstahl involvierte Bildhauer, der viele der anderen gestohlenen Figuren verändert hatte, kam nicht mehr so glimpflich davon wie im ersten Prozess. Im Februar 1971 endete der zweite Prozess um die sogenannte «Madonnenräuberbande» aus Bamberg, die sich sehr viel mehr hatte zu Schulden kommen lassen als diesen einen Kunstdiebstahl. Doch nur durch ihn erlangte sie einen gewissen Bekanntheitsgrad.

Die *Volkacher Madonna* wurde aufwendig restauriert, die fehlenden Teile erneuert und, bevor sie im August 1963 zurückkehrte, in der Kirche eine Alarmanlage eingebaut. Nun hängte man sie hoch oben im Chorbereich auf, wo man nur schwerlich hinkommt. Erst 2002 gelangte sie wieder an ihren ursprünglichen Platz im Chorbogen. Volkach war schon lange als ein Weinort bekannt, prominent gelegen an der sogenannten Mainschleife. Nun kam ein weiterer Anziehungspunkt hinzu, denn erst durch den Raub und dann durch die medienwirksame Rettung wurde die *Volkacher Madonna* zu einem Anziehungspunkt für Touristen, die das Werk von Tilman Riemenschneider bewundern wollten – und nebenbei dann auch gerne fränkischen Wein kosteten.

Lösegeld – Angebot und Nachfrage

Auch wenn der Diebstahl der *Volkacher Madonna* ein spektakulärer Fall war, so war er doch nicht singulär. 1964 berichtete der «Spiegel» in seiner Nummer 29 unter dem Titel «Entflammte Liebe» ausführlich über zahlreiche Diebstähle der letzten Jahre. Einer dieser Fälle war derjenige, auf den der Generalstaatsanwalt Fritz Bauer im Zusammenhang mit der *Volkacher Madonna* Bezug genommen hatte. Im Dezember 1959 war die *Venus* von Lucas

Cranach dem Älteren aus dem Frankfurter Städel entwendet worden. Daraufhin hatte man 10 000 Mark Lösegeld angeboten und daran das Versprechen geknüpft, den Täter nicht anzuzeigen. Doch niemand meldete sich. Da das Bild zu bekannt war, um auf dem Kunstmarkt angeboten werden zu können, wurden nun Stimmen laut, die von «augenblicklich entflammter Liebe» als Tatmotiv ausgingen. Der damals auch als Theaterkritiker für die «Deutsche Zeitung» arbeitende Ivan Nagel schrieb, so der «Spiegel», von der «Faszination, die von diesem Frauenakt ausging, sobald das starke Licht ihn unverhüllt sehen ließ», und die mit dem Fall befasste Kriminalpolizei sprach von einem Triebverbrechen.

Doch hatte sich kein Triebverbrecher, kein in Liebe Entflammter der «nackten Venus» (so der «Spiegel») bemächtigt. Neun Monate nach dem Diebstahl erhielt die Frankfurter Polizei den telefonischen Hinweis, ein bestimmtes Schließfach im Keller am Hauptbahnhof zu öffnen. Dort fand man die Venus mit einer Art Bekennerschreiben: «Back from Guatemala. We paint the same. Many thanks for German people.» («Zurück aus Guatemala. Wir malen dasselbe. Dem deutschen Volk vielen Dank.»)

Obwohl in dem «Spiegel»-Artikel die *Volkacher Madonna* nicht erwähnt wurde, so befasste er sich durchaus mit dem Phänomen des «Kirchendiebstahls», der als neues Idiom galt, als ein «kurzer Ausdruck», der wie die Bezeichnungen «Kaufhausdiebstahl, Kameradendiebstahl oder Beischlafdiebstahl besonders in den letzten Jahren in den Sprachgebrauch der Polizei eingegangen» ist, wie die Bayerische Landpolizei vermeldete.

Im selben Artikel wurde auch von den schon in jener Zeit verbreiteten Formen der Lösegeldforderungen berichtet, bei denen entweder die bestohlene Institution selbst aufgefordert wurde, für die Rückgabe der Werke eine höhere Summe aufzubringen, oder aber man den beteiligten Versicherungen das Diebesgut anbot. Damals schienen mit diesem Trick vor allem Diebe in Frankreich erfolgreich zu sein. Doch nicht immer ging die Rechnung auf. Bei dem Kunsthändler Aimé Maeght wurde in seinem Anwesen in Saint Paul de Vence mehrfach eingebrochen. Und in einigen dieser Fälle klappte auch der Rückkauf, doch nicht immer, denn als eines Tages ein angeblicher Bankier Maeght sechs seiner gestohlenen Bilder anbot, verwies dieser auf seine Versicherung, weil er bereits von dieser ausbezahlt worden sei. Doch die Versicherung lehnte aus demselben Grund ab.

Über den Trick mit der Versicherung berichtete der «Spiegel» auch in den nächsten Jahren immer wieder. 1976 schrieb er in der Nummer 27 in einem ebenfalls großen Artikel mit der Überschrift «Wie im Schlaraffenland»: «Daß Versicherungen für Kompromisse mit Kunstdieben ansprechbar sind, gilt kaum noch als Geheimnis und ein Zehntel des offiziellen Marktwerts als fairer Satz. Aber auch unversicherte Privatleute, denen eher gängiges Gut abhanden kam, klagen, daß sie Löse- oder Schmiergelder investieren mußten, um den Recherchen der Polizei vom Fleck zu helfen.» In beiden Artikeln stand am Ende die Forderung nach dem Einbau von Alarmanlagen, die damals noch so neu waren, dass ihre Technik detailgenau erklärt wurde.

Das Problem gut funktionierender Alarmanlagen ist ebenso wie das des Lösegelds und der Rolle, die die Versicherungen dabei spielen, bis heute ein Thema beim Kunstdiebstahl.

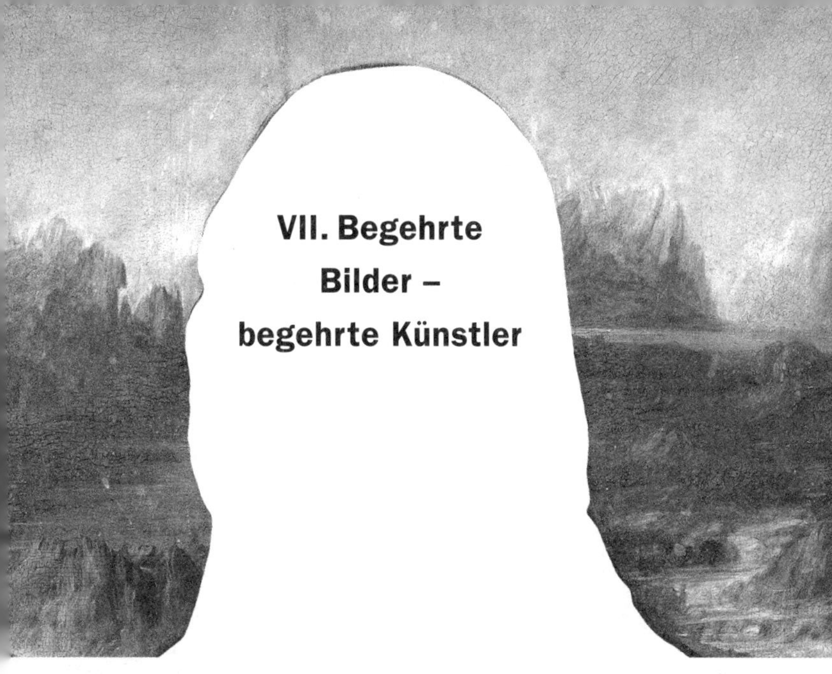

VII. Begehrte Bilder – begehrte Künstler

Im Guinness-Buch der Rekorde – Jacob de Gheyn

Ebenso wie es Künstler gibt, deren Werke besonders häufig gestohlen werden, gibt es Kunstwerke, die gleich mehrfach Opfer von Diebstählen werden. Ins Guinness-Buch der Rekorde schaffte es das *Porträt des Jacob de Gheyn III* von Rembrandt, das sich in der altehrwürdigen, 1814 in London eröffneten Dulwich Picture Gallery befindet (Abb. S. 103). Es wurde 1632 im Auftrag des Porträtierten als Freundschaftsbildnis geschaffen. Der Maler Jacob de Gheyn III und der Sekretär des Staatsrats in Den Haag, Maurits Huygens, bestellten bei dem gerade nach Amsterdam gekommenen und noch relativ unbekannten Rembrandt ihre Porträts, die, als Pendants konzipiert, dennoch jedes für sich alleine betrachtet werden sollten. Rembrandt löste das Problem, indem er die beiden Oberkörper schräg ins Bild setzte, damit sie einander zugewandt waren, er die Gesichter aber durch eine leichte Drehung des Kopfes fast frontal aus den Bildern herausschauen ließ. Die Bilder blieben bei dem jeweils Porträtierten, wurden aber testamentarisch gegenseitig vererbt. Das hieß, derjenige, der länger lebte, erbte das Pendant.

Und so geschah es auch: Das Porträt von Gheyn trägt auf der Rückseite eine lateinische Inschrift, die übersetzt lautet: «Jacob Gheyn der Jüngere (vermacht) dem Huygens sein Bildnis als letzte Pflicht des Sterbenden».[1] Die beiden Porträts blieben nicht lange bei Huygens, weil dieser den Freund nur um fünfzehn Monate überlebte. Über hundert Jahre später, 1764, wurden sie erstmals auf einer Auktion angeboten und dabei als zwei Mitglieder der Familie Huygens bezeichnet. Man wusste es wohl nicht mehr so genau. Bei einer weiteren Versteigerung in Paris, 1786, wurden sie getrennt und kamen nach mehrfachem Besitzerwechsel 1811 das eine in die Dulwich Picture Gallery, 1888 das andere in die Hamburger Kunsthalle. Erst 1943 wurde entdeckt, dass es sich bei dem Londoner Bild um das *Porträt von Jacob de Gheyn III* handeln müsse.

Die Diebe, die am 31.12.1966 in die Galerie eindrangen, werden sich solche Gedanken nicht gemacht haben. Sie öffneten eine kleine Tür, die nicht an die Alarmanlage angeschlossen war, und entwendeten acht kleinformatige Bilder, darunter eben auch das Porträt Gheyns, das mit 29,9 x 24,9 cm nur geringfügig kleiner ist als das Hamburger Bild, das 31,1 x 24,5 cm misst. Nach drei Tagen fand die Polizei das Fluchtauto mit Spuren der Gemälde und publizierte diesen Erfolg in der Presse. Einen Tag später meldete sich ein Paar, bei denen ein Bekannter ein Paket zur Aufbewahrung deponiert hatte, in dem sich drei der Gemälde befanden, darunter der Rembrandt. Am darauffolgenden Tag wurde die Polizei von einem anonymen Anrufer auf eine Wiese dirigiert, wo sie die weiteren Bilder in Zeitungspapier gewickelt in

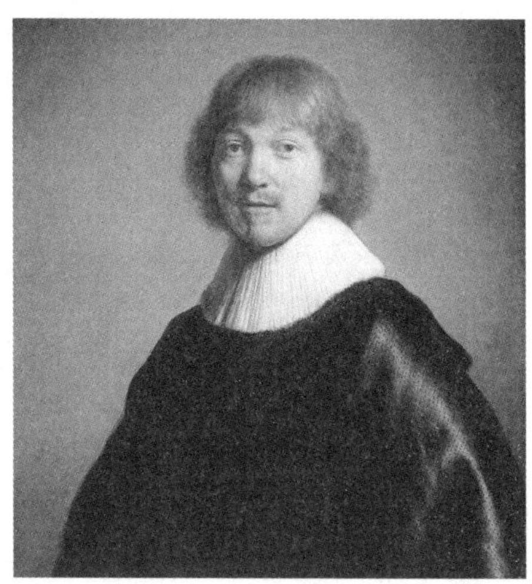

Rembrandt, *Jacob de Gheyn III*, 1632, Öl auf Leinwand, London, Dulwich Picture Gallery

Empfang nehmen konnten. Auf dem Zeitungspapier fand sich ein Fingerabdruck, der sie zu einem der Diebe führte, der dann zu fünf Jahren Gefängnis verurteilt wurde. Der Diebstahl wurde damals als der bis dahin größte in der Geschichte bezeichnet, denn auch die anderen mitgenommenen Bilder waren hochkarätige Werke. Insgesamt belief sich der Wert der gestohlenen Bilder wohl auf sieben Millionen US-Dollar (das waren damals 28 Millionen D-Mark), auch wenn die Polizei einen geringeren Wert (4,2 Millionen) schätzte.

Doch zurück zu unserem Bild. 1973 nahm es ein Besucher einfach von der Wand, steckte es in eine Plastiktüte, verließ das Museum, ging zu seinem Fahrrad und fuhr davon, wurde aber sofort von der Polizei gestoppt. Als Grund für den Diebstahl gab er an, ihm hätte der Blick des Porträtierten gefallen und er habe diesen zeichnen wollen. Zu welcher Strafe er verurteilt wurde, ist nicht überliefert.

Acht Jahre später, am 14. August 1981, verwickelte ein Besucher den Aufseher in der Galerie in ein Gespräch, während sein Komplize das Bild von der Wand nahm und verschwand. Elf Tage später wurden 100 000 Pfund Lösegeld verlangt, die Dulwich Gallery ging auf Anraten von Scotland Yard auf den Deal ein, obwohl sie das Geld nicht hatte. Durch gute Recherchen und eine Portion Glück konnte die Polizei am 2. September vier Personen in einem Taxi festnehmen, die das Bild bei sich hatten. Zwei von ihnen waren direkt am Diebstahl beteiligt gewesen, sie und eine dritte Person wurden verurteilt. Bei dem bislang letzten Diebstahl, der dem inzwischen sehr viel besser gesicherten Gemälde galt, stieg im Mai 1983 ein Dieb in der Nacht durch das von ihm zerstörte Oberlicht ein, bearbeitete die Bildbefestigung mit einer Brechstange und nahm das Bild mit. Die alarmierte Polizei war drei Minuten später an Ort und Stelle. Doch zu spät, der Dieb war verschwunden und hatte keine Spuren hinterlassen, die ihn hätten verraten können. Drei Jahre später erhielten die Ermittler einen Hinweis und flogen nach Deutschland, wo sie das Gemälde in einem Schließfach am Bahnhof in Münster fanden. Dort war damals eine Garnison der britischen Armee stationiert. Bis heute weiß man nicht, wer das Bild damals gestohlen hatte, das inzwischen den Namen «Takeaway Rembrandt» erhalten hatte und dem aufgrund der zahlreichen Diebstähle die zweifelhafte Ehre zuteil wurde, ins Guinness-Buch der Rekorde aufgenommen zu werden.

Im November 2019 wurde erneut ein Versuch unternommen, in der Dulwich Picture Gallery zu stehlen. Der oder die Einbrecher hatten es wieder auf von Rembrandt gemalte Bilder abgesehen, dieses Mal handelte es sich aber nicht wieder um das *Porträt von Jacob de Gheyn*, sondern um Leihgaben aus Paris und Washington. Seit dem 4. Oktober zeigte die Galerie die Ausstellung «Rembrandt's Light», in der großartige Werke zu sehen waren, unter anderem auch die *Jünger in Emmaus* von 1648 aus dem Pariser Louvre und *Philemon und Baucis* von 1658 aus der National Gallery in Washington. In der Nacht des 13. November gelangte ein Einbrecher in die Galerie, wurde aber vom Sicherheitspersonal überrascht, als er die Bilder abtransportieren wollte. Er ließ von seiner Beute ab, sprühte einem der Verfolger eine Flüssigkeit ins Gesicht und konnte so entkommen, allerdings ohne die Bilder. Sie hatten das Museum nicht verlassen und wurden sofort an die jeweiligen Institutionen zurückgegeben. Die Galerie blieb bis zum 28. November geschlossen.

Ob Diebe den Ehrgeiz haben, dass auch ein Bild von Frans Hals ins Guinness-Buch der Rekorde aufgenommen wird, ist nicht bekannt. Am 26. August 2020 wurde das Gemälde der *Zwei lachenden Jungen mit einem Bierkrug* von 1626 bereits zum dritten Mal aus dem Museum Het Hofje van Mevrouw van Aerden in Leerdam bei Utrecht gestohlen. Die Alarmanlage war zwar intakt, aber bis die Polizei eintraf, waren der oder die Diebe, die sich gewaltsam durch eine Tür Zutritt verschafft hatten, verschwunden – und mit ihnen das Bild. 1988 und 2011 wurde das Gemälde jeweils gemeinsam mit einer *Waldlandschaft* von Jacob van Ruisdael gestohlen, einmal dauerte es drei Jahre, das andere Mal ein halbes Jahr, bis sie wieder auftauchten, 2011 konnten auch die vier in den Diebstahl involvierten Täter verhaftet werden. Inzwischen gibt es zumindest über das Motiv Vermutungen, denn Anfang April 2021 nahm die niederländische Polizei einen Mann fest, der nicht nur verdächtigt wird, das Bild von Frans Hals gestohlen zu haben, sondern auch dasjenige von van Gogh aus dem Singer Laren Museum (s. S. 110). Wie der niederländische Privatdetektiv Arthur Brand annimmt, wurde der van Gogh von dem Verdächtigen für 150 000 Euro an einen Kriminellen verkauft, der ihn wiederum für 400 000 Euro weiterverkaufte – an einen wegen Drogenschmuggels inhaftierten Unternehmer, der sich im Tausch gegen das Gemälde Haftverschonung erhoffte. Als dann im Sommer 2020 die französische und niederländische Polizei bekannt gab, dass sie das von der organisierten Kriminalität verwendete Encrochat-Netzwerk gehackt hatte und so drastische Maßnahmen gegen den Drogenhandel ergreifen konnte, musste wohl auch noch das Bild von Frans Hals gestohlen werden, um eine größere Verhandlungsbasis zu schaffen. Doch der niederländische Staat lehnt es ab, sich auf solche Machenschaften einzulassen und damit den Diebstahl von Kunstwerken noch zu befördern. Ob die beiden Bilder jemals wieder auftauchen werden, ist deshalb ungewiss.

Der Schrei

In einem Fall aber wurde jedes Bild zwar nur einmal gestohlen, allerdings handelte es sich immer um Varianten eines Motivs. Die Rede ist von dem wohl berühmtesten Bild von Edvard Munch: *Der Schrei*.

Vom *Schrei* sind vier verschiedene Versionen bekannt. 1893 entstanden zwei der Bilder. Dasjenige, das sich heute in der Norwegischen Nationalgalerie in Oslo befindet (Öl, Tempera und Pastell auf Pappe, 91 x 73,5 cm) und eines der beiden im Osloer Munch Museum (Pastell auf Pappe, 74 x 56 cm). 1895 folgte das nächste Bild in derselben Technik (79 x 59 cm; Privatbesitz) und 1910 das letzte und zweite im Munch-Museum (Öl und Tempera auf Pappe, 83 x 66 cm).

Am 12. Februar 1994 wurde das Bild aus der Osloer Nationalgalerie gestohlen, das als das wichtigste gilt. Bereits am 7. Mai konnte es geborgen werden, die Täter wurden zu mehrjährigen Haftstrafen verurteilt. Am 22. August 2004 folgte ein bewaffneter Raubüberfall auf das Munch-Museum, bei dem die Täter nicht nur das Bild von 1910 entwendeten, sondern auch noch das *Madonna* bezeichnete Bild von 1894, von dem es ebenfalls mehrere Ausführungen gibt (eines war 1990 aus einer Galerie in Oslo gestohlen und drei Monate später wieder aufgefunden worden). 2006 wurde sieben Tätern, die in den Überfall auf einen Geldtransporter involviert waren, der Prozess gemacht. Einer von ihnen bot die Rückgabe der Bilder an, um einen Strafnachlass zu erhalten. Doch konnten die Bilder am 31. August 2006 ohne seine Hilfe bei einer Razzia der Polizei sichergestellt werden. *Der Schrei* hatte allerdings durch unsachgemäße Lagerung große Schäden davongetragen.

Stealing Rembrandt

Von Rembrandt wurden im Lauf der Zeit besonders viele Bilder gestohlen. In dem 2011 erschienenen Buch «Stealing Rembrandts» werden 81 aufgelistet, nicht bei allen kann die Geschichte rekonstruiert werden und nicht alle werden auch heute noch Rembrandt zugeschrieben. Neben dem Einbruch ins Isabella Stewart Gardner Museum in Boston 1990 (s. S. 116) sollen hier zwei weitere spektakuläre Fälle Erwähnung finden: zum einen der bewaffnete Raubüberfall ins Stockholmer Nationalmuseum zu Weihnachten 2000, bei dem ein *Selbstbildnis* von Rembrandt von 1630 und zwei Gemälde von Auguste Renoir gestohlen wurden. Die Täter flohen im Motorboot übers Wasser. Eins der Renoirbilder (*Conversation*) tauchte bereits nach einem Jahr bei einer Drogen-Razzia in Stockholm wieder auf, die anderen beiden blieben bis 2005 verschwunden. Dann wurde ein international agierender Verbrecherring ausfindig gemacht. Die *Junge Pariserin* von Renoir wurde in Los Angeles sichergestellt, ein halbes Jahr später gingen die vier Kunsträuber in Kopenhagen einem verdeckten Ermittler vom FBI, der sich als an dem Kunstwerk interessierter Käufer ausgab, ins Netz. Der Erfolg der Aktion war der Zusammenarbeit von FBI und dänischer Polizei zu verdanken.

Zum anderen der Einbruch im Januar 1999 in das Nivaagaard Museum in Kopenhagen, als die Porträts *Bildnis einer 39 Jahre alten Frau* von Rembrandt von 1632 und *Bildnis eines jungen Mannes* von Giovanni Bellini, das um 1490 entstand, gestohlen wurden. Ein gutes halbes Jahr später konnte man die Diebe fassen, die Bilder kehrten an ihren angestammten Platz zurück. Der Rembrandt-Klau inspirierte den dänischen Regisseur Jannik Johansen zu dem Film «Stealing Rembrandt – Klauen für Anfänger», der 2004 in die deutschen Kinos kam. In ihm wird die Geschichte von kleinen Ganoven erzählt, die ein unbedeutendes Bild aus einem Museum stehlen sollen, aus Versehen aber einen Rembrandt mitgehen lassen, der ihnen nun große Probleme bereitet und dazu führt, dass sie von Interpol gejagt werden.

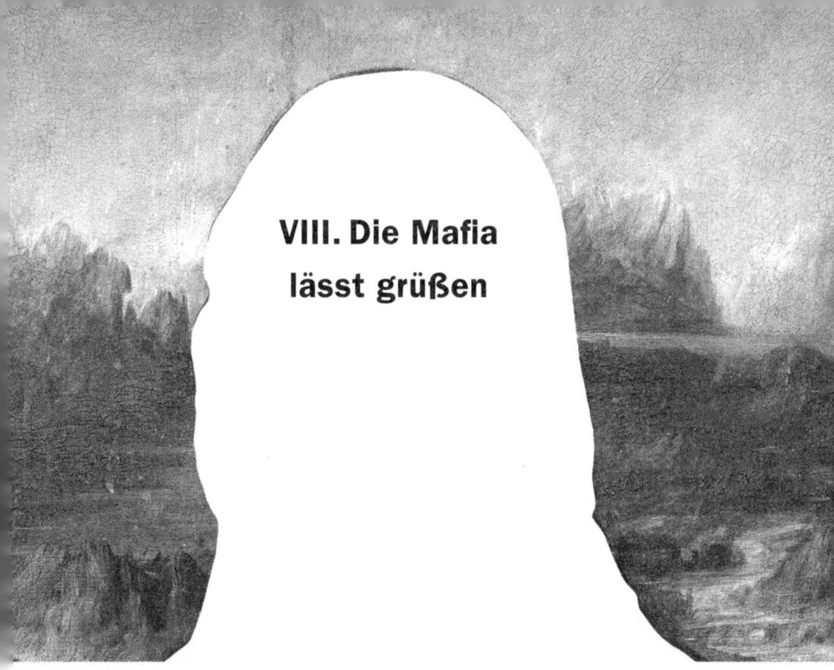

VIII. Die Mafia lässt grüßen

Vincent van Gogh

Vincent van Gogh ist wahrscheinlich der Maler, um den sich die meisten Mythen und Legenden ranken: Er verkaufte zu Lebzeiten nur ein Bild, er schnitt sich im Wahn ein Ohr ab, er wurde ermordet … All diese Geschichten halten einer Überprüfung nicht stand, werden aber trotzdem bis heute kolportiert. Seine Bilder werden seit Jahrzehnten so hoch gehandelt wie nur wenige andere. Die Preise schnellten bereits kurz nach seinem Tod in die Höhe, was auch dazu führte, dass Fälschungen den Kunstmarkt überschwemmten. Nimmt es da wunder, dass ganz besonders diese Bilder immer wieder gestohlen werden?

Seit den 1960er Jahren dürften es etwas mehr als 40 Gemälde gewesen sein, und bislang sind die meisten wieder aufgetaucht. Die einen verschwanden aus Privatsammlungen, die anderen aus Museen. Bei den einen dauerte es nur Stunden, bis man sie wieder einsammeln konnte, bei anderen weit über zehn Jahre. Der bislang letzte Diebstahl fand im März 2020 im Singer Laren Museum statt, in dem die Ausstellung «Spiegel der Seele – Symbolismus in den Niederlanden» gezeigt wurde. Das Museum in Groningen hatte das Werk *Frühlingsgarten. Der Pfarrgarten von Nuenen* von 1884 dem Museum in Laren, einer Kleinstadt in der Nähe von Amsterdam, für die Ausstellung leihweise zur Verfügung gestellt, die ab Mitte März bis auf weiteres wegen der Corona-Pandemie schließen musste. Am Morgen des 30. März, dem Geburtstag von van Gogh, wurde die Glastür des Museums eingeschlagen und dieses Werk gezielt entwendet. Die Ermittlungen liefen ins Leere, bis Fotos von dem Bild auftauchten, auf denen auch die New York Times Ausgabe vom 30. Mai zu sehen war sowie eine Ausgabe des Buches «Meesterdief» von Wilson Boldewijn von 2018. Sie waren dem auf Kunstdiebstähle spezialisierten niederländischen Detektiv Arthur Brand zugespielt worden. Kurz davor, am 27. Mai 2020, hatte die New York Times einen Bericht über Octave Durham veröffentlicht, der 2002 zwei Bilder aus dem Van Gogh Museum in Amsterdam gestohlen hatte. Ihm waren die Aufzeichnungen der Überwachungskameras gezeigt worden und er hatte sich über die Unprofessionalität des Täters geäußert, der noch nicht einmal schwarz gekleidet war, um unerkannt zu bleiben, sondern Jeans und Sneakers trug. Arthur Brand hingegen sah Übereinstimmungen in den Diebstählen, und es war ein Glück für Durham, dass er zu der Zeit im Krankenhaus lag und damit ein sicheres Alibi hatte. In dem Artikel wurde auch das Buch von Boldewijn erwähnt, das von Durham handelt. Hier sollte also wohl eine Parallele hergestellt und damit von dem eigentlichen Täter, der im April 2021 gefasst wurde (s. S. 105), abgelenkt werden.

Durham jedenfalls hatte zusammen mit einem Komplizen am 6. Dezember 2002 die Gemälde *Meer bei Scheveningen* und *Reformierte*

Kirche in Nuenen gestohlen, die van Gogh 1882 und 1884/85 gemalt hatte. Die beiden Diebe waren mithilfe einer Leiter über das Dach ins Museum eingestiegen und hatten eigentlich ganz andere Bilder mitnehmen wollen: *Die Sonnenblumen* und *Die Kartoffelesser*. Doch war das eine der Gemälde zu gut gesichert, das andere zu schwer. Und so schnitten sie zwei kleinere Bilder, die gerade neben dem Fenster hingen, durch das sie eingestiegen waren, aus ihren Rahmen. 2003 wurde Durham im spanischen Marbella gefasst, sein Komplize schon kurz davor in den Niederlanden. Sie wurden 2005 zu mehreren Jahren Haft verurteilt. Überführt werden konnten sie, weil sie ihre Mützen im Museum vergessen hatten – und an denen befanden sich Haare und damit ihre DNA. Besonders professionell waren also auch sie nicht vorgegangen. Dennoch leugneten sie damals beharrlich die Tat und verrieten nicht, wo sich die Bilder befanden.

Erst 2016 wurde die Polizei fündig: In Castellamare di Stabbia, einem Ort in der Nähe von Neapel, fanden sich die Bilder bei einer Razzia der Guardia di Finanza, einer auf Wirtschaftskriminalität spezialisierten Polizeitruppe. Sie waren inzwischen im Besitz eines der größten Drogenbosse der Camorra, Raffaele Imperiale, dem 1996 bis 2008 auch ein Coffeeshop in Amsterdam gehört hatte. Er hatte die Bilder von Durham und seinem Komplizen gekauft, nicht aus Liebe zur Kunst, sondern um sie auf die eine oder andere Weise bei seinen kriminellen Geschäften einzusetzen. Irgendwann hatte er sie mit nach Italien genommen und in der Villa in Castellamare aufgehoben – eingewickelt in ein Stück Stoff. Die Bilder kehrten 2017 nach Amsterdam zurück, da befand sich Imperiale längst in Dubai, um sein Drogengeld in Immobilienprojekte zu investieren und es so reinzuwaschen. Von dort aus soll er selbst auf die Bilder aufmerksam gemacht haben, um die italienischen Behörden zu besänftigen. Doch die ließen sich nicht durch die Funde beeindrucken und verurteilten Imperiale in Abwesenheit zu achtzehn Jahren Freiheitsentzug. Da er inzwischen international gesucht wurde, gab er sein Leben in einem Luxushotel auf und tauchte unter. Wo er sich heute aufhält, ist nicht bekannt.

Octave Durham hingegen hat sich als Dieb zur Ruhe gesetzt und die Seiten gewechselt. In einem Dokumentarfilm über den Raub der beiden Bilder, der im Februar 2017 im niederländischen Fernsehen ausgestrahlt wurde,[1] erzählte er erstmals, dass er die Bilder direkt an Imperiale veräußert hatte, nachdem ein anderer Verkauf geplatzt war, weil der potenzielle Käufer erschossen worden war. Wenig später erschienen mehrere Zeitungsartikel über Durham und die Biografie von Boldewijn. Heute gilt Durham offensichtlich als «Kunstdiebstahlsexperte» und wertet die Überwachungskameras aus, die beispielsweise die Diebstähle in Dresden und in Laren dokumentieren. In jedem Fall bescheinigt er den Dieben Unprofessionalität, wenn er die Videos der Diebstähle analysiert. Mit diesen Aktionen stilisiert er sich, ähnlich wie manche Kunstfälscher, aber auch zu einem Helden. Im Film inszeniert er sich als ungemein sympathisch. Einen Kleinkriminellen stellt man sich anders vor.

Durham war nicht der Erste, der ins Van Gogh Museum einbrach. Bereits 1991 hatten Einbrecher zwanzig Werke mitgenommen. Der Einbruch war gut durchdacht, scheiterte dann aber doch an einer gewissen Unprofessionalität. Es handelte sich vor Ort um insgesamt vier Komplizen. Mit von der Partie waren einer der Dienst habenden Wachmänner und ein Angestellter der Sicherheitsfirma. Dadurch konnte sich einer der Täter während der Schließzeit des Museums unbemerkt in der Toilette verstecken. Er sollte dann in der Nacht einen der beiden Dienst habenden

Wachmänner in eine Abstellkammer einsperren und anschließend die Alarmanlage ausschalten. Darüber wunderte sich niemand in der Zentrale der Sicherheitsfirma. Der Dieb ließ seinen Kompagnon ein und gemeinsam sammelten sie Hauptwerke van Goghs zusammen, die sie in mitgebrachte Kleidersäcke und eine Reisetasche packten. Nach einer Dreiviertelstunde verschwanden sie im Auto des einen Wachmanns, den sie inzwischen vorsorglich auch eingesperrt hatten. Sonst hätte ja auffallen können, dass sie gemeinsame Sache machten. Es dauerte eine Stunde, bis sich einer der beiden Wachmänner befreien konnte. Wenig später war die Polizei da und gab eine Fahndung nach dem gestohlenen Auto aus, dessen Kennzeichen ja bekannt war. Das fand sich wenig später am Stadtrand von Amsterdam, vollgepackt mit den Bildern. Die Täter hatten die Beute stehenlassen und waren geflohen.

Nachdem die Polizei zwei Verdächtige im Visier hatte und ihre Telefone abhörte, ließ sie in den Tageszeitungen die Mitteilung verbreiten, sie hätte die Ermittlungen im dem Fall eingestellt, die Diebe seien nicht auffindbar. Die gratulierten sich daraufhin gegenseitig in Telefonaten, lieferten so die Beweise für ihre Täterschaft und konnten festgenommen werden.

Nun löste sich auch das Rätsel um das stehengelassene Auto. Ein anderes Auto hätte an dem Ort die Fracht übernehmen sollen. Es verspätete sich wegen einer Reifenpanne, die beiden Einbrecher flohen und als die Mittäter eintrafen, war ihnen die Polizei schon zuvorgekommen. Die Täter, zwei junge Niederländer, gestanden nun auch, dass außer ihnen einer der Wachmänner und ein weiterer Angestellter des Sicherheitsdiensts in den Diebstahl involviert gewesen waren. Sie erhielten hohe Haftstrafen, doch das Motiv des Diebstahls behielten die Täter für sich.

Wie bereits erwähnt, vermutet man im Fall von van Gogh um die vierzig gestohlene Werke, etwa doppelt so viele Rembrandtbilder wurden bis 2011 gestohlen, von denen vielleicht zehn wiedergefunden wurden. Etwa die Hälfte der gestohlenen Bilder waren Ölgemälde, die anderen Druckgrafiken und Zeichnungen. Absoluter Spitzenreiter im Bereich gestohlener Werke ist Pablo Picasso, bei dem es sich 2011 um 550 Bilder handelte. Häufig war die Mafia involviert.

Dora Maar bei der Mafia

Eines dieser Bilder von Picasso verschwand 1999 von einer Yacht. Es handelte sich um das Porträt *Buste de Femme*, das Pablo Picasso am 26.4.1938 von Dora Maar, einer seiner damaligen Geliebten, gemalt hatte. Dieses Bild wurde nicht von Mitgliedern der Mafia bei «normalen» Kunstdieben gekauft, wie die beiden in Amsterdam gestohlenen Bilder von Vincent van Gogh. In diesem wie auch in anderen Fällen war die Mafia von Anfang an in den Diebstahl involviert. Die gestohlenen Werke, deren hoher Wert das Entscheidende ist, werden als eine Art Scheck oder Garantie benutzt, als illegales Zahlungsmittel, das nur selten eingelöst wird. So wandert das Werk (meistens handelt es sich um Gemälde) dann von Hand zu Hand, bis es zufällig bei einer Razzia wieder auftaucht. Kunstwerke dienen im Tausch gegen Drogen, gegen Waffen, zur Geldwäsche – und wenn man sie wieder los sein will, regelt man das mithilfe von Lösegeld.

Manchmal werden sie aber auch aufgespürt wie dasjenige von Picasso. Die Yacht, auf der sich noch weitere Kunstwerke befanden, gehörte einem saudischen Scheich. Es lag wegen Renovierungsarbeiten im Hafen von Antibes, als das Bild von Picasso 1999 verschwand. Seitdem war es unauffindbar, obwohl der

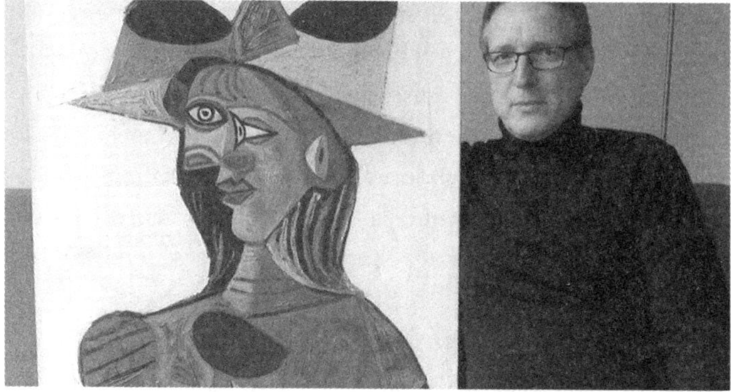

Der Privatdetektiv Arthur Brand mit Picassos *Buste de Femme* (1938) im März 2019

Scheich einen hohen Finderlohn aussetzte. Die Versicherung zahlte dem Scheich nach einiger Zeit den Schaden. Niemand glaubte mehr daran, dass das Bild jemals wieder auftauchen würde.

2015 erhielt der auf Kunstwerke spezialisierte niederländische Privatdetektiv Arthur Brand den Hinweis, dass sich ein von einem Schiff gestohlenes Bild in den Niederlanden befände. Es dauerte eine Weile, bis er herausgefunden hatte, um welches Bild es sich handelte, da auch andere Bilder aus Schiffen entwendet wurden. Jetzt konnte er gezielt danach suchen, indem er einigen seiner vielfältigen Kontakte von dem gestohlenen Picasso erzählte. Tatsächlich meldeten sich eines Tages zwei Vertreter eines Geschäftsmannes, der das Bild bei einer (legalen) Transaktion erhalten hatte. Nachdem er aber erfahren hatte, dass es sich um Diebesgut handelte, wolle er es so schnell wie möglich loswerden. Wenig später, am 14. März 2019, brachten die beiden Vertreter das Bild zu Brands Wohnung. Dort hing es eine Nacht an der Wand, bevor es von Spezialisten geprüft und für echt befunden wurde (Abb. S. 115). Anschließend nahm es die Versicherung in Verwahrung. Der Scheich, der ja bereits ausbezahlt worden war, bekam ein Vorkaufsrecht.

Brand weiß inzwischen, dass sich das Bild seit 2002 in den Niederlanden befand und dort als Scheck im Drogendealer- und Waffenhändlermilieu diente. Bevor er des Bildes habhaft werden konnte, wechselte es sicher zehnmal den Besitzer. Brands Aktivitäten ist eine eigene Serie im niederländischen Fernsehen gewidmet, «De Kunstdetektive». Die Folge am 1. September 2020 galt dem Picasso-Bild.

Man weiß zwar jetzt, nach zwanzig Jahren, welches Schicksal das Bild genommen hatte, nachdem es in den Niederlanden war. Doch wer es gestohlen hat und aus welchen Beweggründen heraus, bleibt im Dunkeln. Und das ist kein Einzelfall. Banden, die Mafia, organisierte Verbrecher sind diejenigen, die die meisten Diebstähle begehen.

Der Raub im Isabella Stewart Gardner Museum in Boston

Zumindest die beiden Bilder von van Gogh und dasjenige von Picasso wurden wie auch immer von der Mafia eingesetzt beziehungsweise können dem organisierten Verbrechen zugewiesen werden. Wie viele der noch nicht wiedergefundenen Bilder der beiden Maler sich im Besitz der Mafia befinden, ist ungewiss. Bei zwei Gemälden von Rembrandt ist man sich allerdings ziemlich sicher: *Christus im Sturm auf dem See Genezareth* und das *Porträt eines Ehepaars*, beide von 1633, gehören zu den insgesamt 13 Werken, die am 18. März 1990 durch Diebe, die sich als Polizisten verkleidet hatten, aus dem Isabella Stewart Gardner Museum in Boston entwendet wurden. Bis heute ist eine hohe Belohnung für die

Rückgabe der Werke ausgesetzt, im Herbst 2020 betrug sie zehn Millionen Dollar. Die Täter oder Strippenzieher können nicht mehr zur Verantwortung gezogen werden, der Diebstahl ist längst verjährt. Doch würde eine Aufklärung vielleicht dazu beitragen, die Werke doch noch wiederzufinden. Über die Täter und vor allem auch die Hintermänner gibt es zahlreiche Theorien, hinzu kommen Aussagen von Kriminellen, die mit dem Diebstahl meist Kollegen belasteten, die bereits gestorben waren, darunter Mitglieder verschiedener in Boston operierender Mafia-Clans. Ein anonymer Brief von 1994, der die Rückgabe der Bilder gegen die Summe von 2,6 Millionen Dollar in Aussicht stellte, hatte letztendlich keine Konsequenzen. Seitdem verfolgt das FBI immer wieder eine heiße Spur, nur um dann doch wieder ins Leere zu laufen. Solange sich aber kein Verdacht erhärtet, keine Täter ermittelt werden können, solange bleiben auch die Absichten, die hinter dem Raub steckten, im Dunklen. Im Moment steht das gestohlene Gut immer noch auf der Prioritätenliste des FBI – bei den zehn wichtigsten Kunstdiebstählen.

Der Diebstahl von Boston wurde in mehreren Büchern verarbeitet, sowohl in Sachbüchern als auch in Romanform. Im Fernsehen wurden sowohl die 2010 erstmals ausgestrahlte Folge der Simpsons «Jailhouse Blues» als auch eine Folge der Serie «Backlist» von 2013 von dem Fall inspiriert. Darüber hinaus beschäftigte sich der Dokumentarfilm *Stolen* von 2005 mit der Materie.

Caravaggios *Geburt Christi*

Bei dem Raub des Altarbilds von Caravaggio mit der *Geburt Christi* von 1609, der 1969 stattfand, tappte man lange im Dunklen. 1989, und damit ganze zwanzig Jahre später, wurden erste Vermutungen laut, dass die sizilianische Mafia, die Cosa Nostra hinter dem Diebstahl stecken könnte. Mehrere Kronzeugen bestätigten später diese Annahme, doch hielten sie die unterschiedlichsten Versionen parat, was mit dem Bild passiert sei (s. S. 19). Möglicherweise wurde es gar nicht von der Mafia selbst gestohlen, sondern erst später in ihren Besitz gebracht, so wie die beiden Gemälde von van Gogh. Das Rätselraten darüber, ob das Bild überhaupt noch existiert, ob es längst ins Ausland gebracht wurde und in einem Freeport, einem der berüchtigten Freihandelshäfen, sicher deponiert wurde oder ob es unwiederbringlich verloren ist, hält an, zumal wenn es neue Zeugenaussagen gibt. So berichtete die F. A. Z. in ihrer Ausgabe vom 9. Februar 2018, dass ein alter Kronzeuge jetzt bestätigt habe, dass das Gemälde von Kleinkriminellen gestohlen worden sei, sich die Mafia dann eingeschaltet und das Bild an sich genommen habe. Es sei bei einem Treffen der Mafiabosse Siziliens präsentiert worden, dann aber habe man es in mehrere Teile zerschnitten, um es besser ins Ausland bringen und auf dem Schwarzmarkt verkaufen zu können. Im Katalog der CTPC von 2019 ist auch davon die Rede, dass das Bild in vier Teile zerschnitten wurde und sich in der Schweiz befindet. Ob noch alle Teile gemeinsam an einem Ort versteckt sind, darüber kann natürlich spekuliert werden. Eine andere These besagt, dass das Bild erst dann wieder auftaucht, wenn der letzte der Mafia-Bosse gefasst sei.

Natürlich gibt es auch hier literarische Aufarbeitungen des Falls, so zum Beispiel Peter Watsons «The Caravaggio Conspiracy», dessen Untertitel «how five art dealers, four policemen, three picture restorers, two auction houses, and a journalist plotted to recover some of the world's most beautiful stolen paintings» zwar eine erfolgreiche Suche suggeriert, doch erschien das Buch erstmals 1983, und das Bild ist bis heute nicht aufgetaucht. Watson beschreibt in seinem Roman, wie er als der Kunsthändler A. John Blake versucht, den Weg zu verfolgen, den dieses, aber auch andere Kunstwerke genommen haben.

2006 erschien anlässlich der Ausstellung «Caravaggio. Auf den Spuren eines Genies» in Düsseldorf das Buch «Maler, Mörder, Mythos. Geschichten zu Caravaggio», in dem Florian Illies die These aufstellte, dass es sich «bei der Entwendung des Gemäldes eben nicht um einen Raub, sondern um eine Befreiung gehandelt habe.»[2] Das Gemälde zeige ein stilles Gebet, das nicht möglich sei, wenn Scharen von Touristen herbeiströmten, um das Bild zu betrachten. Jetzt aber wäre es diesen Blicken entzogen und würde nur manchmal, bei den heimlichen Treffen der Mafiabosse, zur Schau gestellt – wenn es denn stimmt, was einige der Kronzeugen berichtet haben.

Das ist eine etwas ungewöhnliche Sicht auf die Mafia. Doch dass die Mafiabosse den Wert der Kunstwerke kennen und sie teilweise möglichweise auch schätzen, ist vermutlich richtig. Sie dienen ihnen jedoch hauptsächlich als Scheck, als Garantie, und nur in zweiter Linie, um sich an ihnen zu ergötzen.

Verschwundene Werke von Paul Cézanne und Lucian Freud

Wer hinter dem Diebstahl des einzigen Gemäldes von Paul Cézanne aus dem Ashmolean Museum in Oxford steckt, weiß man bis heute nicht. Das Bild *Paysage d'Auvers-sur-Oise (Bei Auvers)* von 1879/80 befand sich seit 1979 im Ashmolean Museum. In der Milleniums-Silvesternacht wurde es gestohlen. Die Diebe machten sich den Rummel auf den Straßen zunutze, drangen unbemerkt mithilfe einer Leiter in das Museum ein, warfen eine Rauchbombe, damit ihre Gesichter nur unzureichend in den Videokameras zu erkennen waren, schnitten das Bild aus dem Rah-

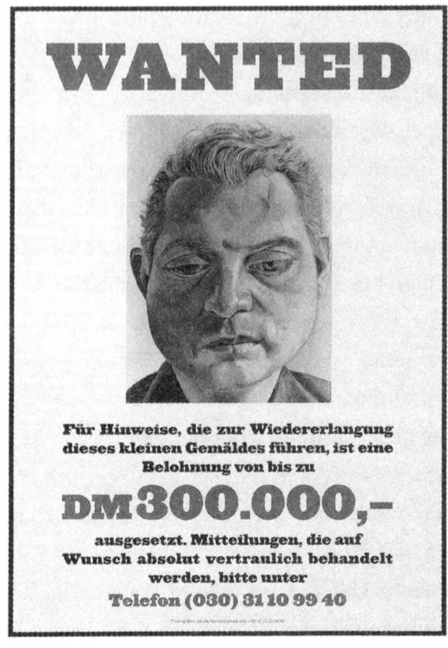

Lucian Freud, *Wanted*, 2001, Offsetdruck auf Papier, Frankfurt, Museum für Moderne Kunst

men und verschwanden auf demselben Weg, auf dem sie gekommen waren. Aufgrund der Rauchbombe setzten Sicherheitskräfte einen Alarm bei der Feuerwehr ab, doch bis diese eintraf, hatte sich der Rauch verzogen. Was blieb, waren ein Rahmen und eine leere Wand.

Doch warum nur den Cézanne und nicht noch andere Gemälde von bekannten Malern wie Auguste Renoir oder Henri Toulouse-Lautrec? Gab es einen Auftraggeber? Und wenn ja, wen? War es ein Liebhaber, war es die Mafia, wird der Cézanne als Zahlungsmittel, als Garant, eingesetzt? Immerhin wird ihm ein Wert von drei Millionen englische Pfund zugesprochen. So jedenfalls klassifiziert es das FBI, denn auch dieses Bild zählt zu den zehn meistgesuchten Kunstwerken der Welt (s. S. 25).

Die Liste der gestohlenen und nicht wiedergefundenen Werke, deren Diebe vollkommen unbekannt bleiben, ließe sich unendlich fortführen. Eines sei noch erwähnt, weil aus der späteren Suchaktion wieder Kunst wurde.

Um die Jahreswende 1951/52 malte Lucian Freud ein Porträt seines Freundes und Künstlerkollegen Francis Bacon. Das nur 17,8 x 12,8 cm messende Bild hing 1988 in der Berliner Nationalgalerie anlässlich einer Retrospektive des Malers. Dort wurde es am helllichten Tag abgeschraubt und aus dem Museum geschmuggelt. Die zusätzlich eingebaute Stellwand, an der das Bild hing, war nicht alarmgesichert. Als das Bild 2001 immer noch nicht wieder aufgetaucht war, startete die Londoner Tate-Gallery, die Eigentümerin des Bildes, zusammen mit dem British Council eine Plakataktion in Berlin. Im Zentrum des von Freud entworfenen Plakats befindet sich das vergrößerte Porträt in Schwarzweiß. Darüber steht in roten Lettern WANTED, darunter, dass eine Belohnung von 300 000 D-Mark für Hinweise zur Wiederbeschaffung ausgesetzt sei, gefolgt von einer Telefonnummer (Abb. S. 120).

2500 Plakate wurden in Berlin aufgehängt, verbunden mit der Hoffnung, das Bild dann auf der großen Ausstellung präsentieren zu können, die 2002 in der Londoner Tate-Gallery anlässlich des 80. Geburtstags des Künstlers gezeigt werden sollte. Die Hoffnung war vergebens, doch das Plakat wurde vorsichtig von den Litfaßsäulen abgelöst und nun selbst als Kunstwerk gehandelt. Ein Exemplar befindet sich beispielsweise im Museum für Moderne Kunst in Frankfurt.

Der *Salvator Mundi* wurde nicht vermisst

Im Januar 2021 wurde in Neapel ein Gemälde wiedergefunden, das noch gar nicht vermisst worden war. Dabei handelte es sich um ein durchaus wichtiges Bild, wie man der Website der Kirche San Domenico Maggiore entnehmen kann. Es befand sich ursprünglich in einer Familienkapelle der Kirche und kam von dort aufgrund seines Wertes in die Schatzkammer der Kirche, die Sala degli Arredi Sacri, in deren abschließbaren Wandschränken die Schätze aufbewahrt werden. Denn es handelt sich immerhin um den *Salvator Mundi*, wohl eine im frühen 16. Jahrhundert ausgeführte Kopie des Bildes, das 2017 für 450 Millionen Dollar verkauft wurde und möglicherweise von Leonardo da Vinci stammt. Seit der New Yorker Auktion, bei der es zum teuersten Gemälde der Welt avancierte, ist es allerdings verschollen und man vermutet, dass es sich auf der Yacht des saudischen Kronprinzen befindet und vor der Küste Arabiens kreuzt. Ob das daran liegt, dass inzwischen von kompetenter Seite bezweifelt wird, dass es sich wirklich um ein Bild von Leonardo handelt, oder ob der Prinz das Bild nur für sich haben möchte, ist ebenfalls nicht bekannt. Ein von Antoine Vitkine am 13. April 2021 im öffentlich-rechtlichen französischen Fernsehen (France 5) präsentierter Dokumentarfilm mit dem Titel *Salvator mundi – la stupéfiante affaire du dernier Vinci* zeigt, warum das Bild bei der großen Leonardo-da-Vinci-Ausstellung im Louvre 2019/20 nicht gezeigt wurde, kann aber über den jetzigen Standort auch keine Aussagen machen.

Von dem Bild gibt es etliche Kopien, doch nur zwei weitere Ausführungen scheinen zu Leonardos Lebzeiten und vermutlich in seiner Werkstatt entstanden zu sein. Eine davon ist das Bild in Neapel, das dem aus Messina stammenden Maler Gerolamo Alibrandi zugewiesen wird. Dieses Bild fand die Polizei von Neapel in der Wohnung eines 36-jährigen Mannes, nachdem sie einen Hinweis erhalten hatte und daraufhin in San Domenico Maggiore nachfragte. Dort hatte man es noch gar nicht vermisst, weil die Sala degli Arredi Sacri wegen der Corona-Pandemie über Monate geschlossen war und es offensichtlich auch keine Kontrollgänge gab. Erst durch die Anfrage der Polizei stellte man den Verlust fest. Deshalb weiß man auch nicht, wann dieser *Salvator Mundi* gestohlen wurde. Nun ist er in die inzwischen als Museum bezeichnete Kirche zurückgekehrt, und der Neapolitaner muss sich wegen Hehlerei vor Gericht verantworten. Er wurde vorerst festgenommen. Doch die Polizei recherchiert weiter. Denn in der Schatzkammer fanden sich keinerlei Einbruchsspuren. Und auch der Schrank war wohl einfach aufgeschlossen worden, was auf Insiderwissen schließen lässt. Es wird vermutet, dass es sich um einen Auftragsdiebstahl handelte und dahinter eine international agierende Organisation steckt.

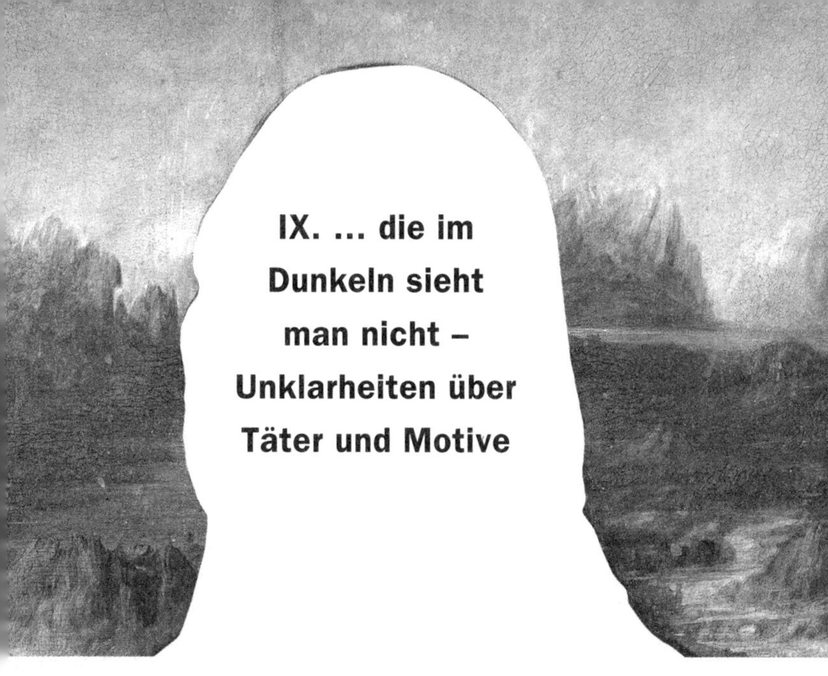

IX. ... die im Dunkeln sieht man nicht – Unklarheiten über Täter und Motive

Der Fall des Diebstahls von drei Gemälden aus der Frankfurter Schirn Kunsthalle am 28. Juli 1994 scheint zufriedenstellend gelöst: Etliche der Diebe und Hehler wurden verurteilt, die Bilder befinden sich wieder an ihren angestammten Plätzen in der Londoner Tate-Gallery und der Hamburger Kunsthalle. Und dennoch bleiben viele Fragen offen: Steckten hinter den Tätern andere Auftraggeber? Wurde der Diebstahl tatsächlich verübt, um an Geld zu kommen, handelte es sich also um Artnapping oder war ursprünglich etwas ganz anderes bezweckt? Wussten die Diebe, was sie da stahlen? Und welche Rolle spielte der Rechtsanwalt, der die Bilder wieder beschaffte? Hinzu kommt, dass immer wieder andere Geschichten erzählt werden. Befanden sich in der Schirn zwei oder vier Täter? Hatten sie sich dort versteckt oder besaßen sie einen Schlüssel? Bei den Summen, die gezahlt wurden (beziehungsweise den Versicherungswerten), werden auch immer wieder unterschiedliche Angaben gemacht, wobei die Zahlen meist übereinstimmen, nicht aber die Währungen.

Doch was war überhaupt geschehen?

Goethe und der Klau

Im Mai 1994 eröffnete die Schirn Kunsthalle eine große Ausstellung mit dem Titel «Goethe und die Kunst», in der 380 Werke präsentiert wurden. Da die Schirn über keine eigene Sammlung verfügt, bestand die Ausstellung ausschließlich aus Leihgaben teilweise hochkarätiger Werke wie die *Heilige Cäcilie* von Raffael, ein Bild, das Goethe in Bologna gesehen hatte. Unter den Gemälden befanden sich auch zwei Bilder des englischen Malers William Turner, der sich hier explizit auf Goethes Farbenlehre berufen hatte: *Schatten und Dunkelheit – Der Abend der Sintflut* und *Licht und Farbe (Goethes Farbenlehre) – Morgen nach der Sintflut* (Abb. S. 127), die von 1843 stammen und von der Tate Gallery in London nach Frankfurt ausgeliehen waren. Diese Bilder aus dem Spätwerk des Malers, in denen sich die Gegenständlichkeit aufzulösen scheint, gehören zum Nachlass, den dieser berühmteste Künstler Englands der Tate dedizierte. In der Schirn Kunsthalle wurden sie in einem Raum mit anderen Bildern gezeigt, die bestimmte Naturphänomene wie Wolkenbildungen aufzeigen, darunter das kleine Gemälde *Nebelschwaden* von Caspar David Friedrich, das um 1820 entstand und von der Hamburger Kunsthalle entliehen worden war.

Zur Ausstellung erschien ein opulenter Katalog, die Medien berichteten. Auf dem Plakat befand sich das Turner-Bild *Licht und Farbe* und damit dasjenige, das sich im Titel auf Goethes Farbenlehre bezog. Schon dadurch und natürlich auch durch die Berichterstattung konnte man den Wert dieses Bildes und seines

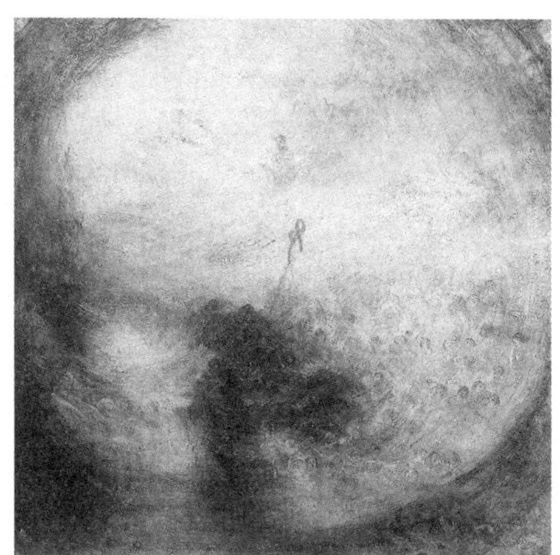

William Turner, *Licht und Farbe (Goethes Farbenlehre) – Morgen nach der Sintflut – Moses schreibt das Buch der Genesis*, 1843, Öl auf Leinwand, London, Tate Britain

Pendants ermessen. Ziemlich genau zwei Monate nach der Eröffnung wurden am späten Abend des 28. Juli die beiden Bilder von Turner und dasjenige von Friedrich gestohlen.

Die Schirn hat lange Öffnungszeiten, erst um 22 Uhr schließt sie ihre Tore. Nachdem sich das Aufsichtspersonal davon überzeugt hatte, dass alle Besucherinnen und Besucher gegangen waren, verließ es das Gebäude, nur ein Wachmann blieb, der dann nach einem letzten Kontrollgang die hochempfindliche Alarmanlage in Gang setzen sollte. Doch dazu kam es nicht. Er wurde überwältigt, gefesselt, geknebelt, man nahm ihm die Schlüssel ab und sperrte ihn in eine Abstellkammer. Dann schraubten die Diebe offensichtlich gezielt die drei Bilder von der Wand, benutzten den Lastenaufzug nach unten und verließen das Haus durch den Hinterausgang, wo bereits ein Kleinlaster auf sie wartete. Das beobachtete ein Paar, dem das sehr merkwürdig vorkam und das die Polizei verständigen wollte, doch die nahe gelegenen Telefonzellen waren belegt, weil die Polizei einige Falschparker abgeschleppt hatte, die sich nun wütend beschwerten und ihre

Autos suchten. Das Ehepaar resignierte und rief von zu Hause aus dic Polizei an, die inzwischen aber schon von dem Wachmann alarmiert worden war, der sich so weit hatte befreien können, um sein Notrufgerät zu betätigen. Eine sofort eingeleitete Suchaktion verlief ergebnislos, immerhin fanden sich Fingerabdrücke, durch die zwei der Diebe identifiziert werden konnten. Sie wurden später verhaftet, ebenso wie ein Hehler und zwei weitere Personen, die sich verdächtig gemacht hatten. Einer von ihnen, der bei einem Messebauunternehmen angestellt war, hatte in der Schirn für die Ausstellung Stellwände montiert, kannte sich dort also aus.

Inzwischen hatte sich eine weitere Spur aufgetan. Sie führte zu dem im Frankfurter Rotlichtmilieu agierenden Stevo V., der auch «der alte Stefan» genannt wurde, obwohl er 1994 gerade einmal 39 Jahre alt war. Ihm traute die Polizei diesen Coup zu. Bald kam der Polizei zu Ohren, dass es Verhandlungen mit einem Carlos F. im spanischen Marbella gab, der allerdings nur drei Millionen D-Mark bot, was Stevo offensichtlich zu wenig fand. Er lehnte ab. Jetzt versuchten verdeckte Ermittler, Kontakt zu Stevo aufzunehmen. Ein Unterhändler verlangte 10 Millionen US-Dollar. Es gab mehrere konspirative Treffen, der Deal scheiterte allerdings in letzter Minute daran, dass der Unterhändler plötzlich eine mehr als doppelt so hohe Anzahlung verlangte. Dieser Unterhändler (oder Hehler) wurde daraufhin festgenommen, ebenso wie weitere Verdächtige. Zwei von ihnen hatten ihre Fingerabdrücke in der Schirn hinterlassen. Auch Stevo wurde kurz darauf verhaftet, musste aber wieder freigelassen werden, da er einen exzellenten Anwalt besaß: Edgar Liebrucks, der später noch eine entscheidende Rolle spielen sollte.

Die Staatsanwaltschaft gab auf, die Versicherung zahlte an die Tate 24 Millionen Pfund und an die Kunsthalle Hamburg 3,9 Millionen D-Mark. Den fünf Tatverdächtigen, denen niemand den minutiös geplanten Diebstahl alleine zutraute, wurde der Prozess gemacht. Sie schwiegen beharrlich, was den Verbleib der Bilder und etwaige Auftraggeber oder Hintermänner anging. 1999 wurden drei von ihnen zu elf, neun und zweieinhalb Jahren Haft verurteilt, die anderen beiden mussten mangels Beweisen freigesprochen werden.

Inzwischen hatte die Tate mit der Versicherung einen weiteren Deal ausgehandelt. Sie erhielt das Eigentum an den beiden Gemälden von Turner durch Zahlung von acht Millionen Pfund zurück, konnte aber die restlichen 16 Millionen Pfund der ausgezahlten Versicherungssumme behalten. Das waren damals umgerechnet 50 Millionen D-Mark. Und nun begann eine Aktion, die mit dem Nannen-Rückkauf der *Volkacher Madonna* vergleichbar ist (s. S. 92–97), nur mit dem Unterschied, dass die Tate selbst, der High Court Ihrer Majestät und Scotland Yard involviert waren. Ein deutschsprechender Detektiv und Undercover Agent mit Namen Rocky war schon eine Weile in Deutschland unterwegs, als er den Frankfurter Anwalt Edgar Liebrucks ins Visier nahm, der nicht nur Stevo vertrat, sondern auch allgemein gute Kontakte zur Frankfurter Mafia pflegte, ohne sich selbst dabei strafbar zu machen. Außerdem war er ein Kunstliebhaber, der selbst sammelte. Liebrucks sicherte sein Handeln erst bei der Staatsanwaltschaft ab und forderte, dass es keine Ermittlungen und keine Informationen an Polizei und BKA gäbe sowie ein Zeugnisverweigerungsrecht. Erst als ihm all dies zugesichert wurde, begann er Ende 1999 die Verhandlungen über den Rückkauf der beiden Turner. Stevos Leute (so vermutet man heute) verlangten zehn Millionen Mark, davon eine Million sofort für Polaroids der Gemälde. Diese Summe verdoppelte Stevo kurz vor der Übergabe und Liebrucks streckte das Geld vor. Bei der Übergabe der drei weiteren Millionen auf einer Parkbank in Bad Homburg erhielt Liebrucks das erste Bild. *Schatten und Dunkelheit* befand sich im Juli 2000 wieder in London, allerdings unbemerkt von der Öffentlichkeit, um die Herausgabe des zweiten Bildes und des Friedrich nicht zu gefährden. Doch dann schien Stevo das Interesse verloren zu haben, die Verhandlungen stockten. Erst im Herbst 2002 meldeten sich ganz andere Leute bei Liebrucks: ein Autohändler aus dem Frankfurter Ostend, in dessen Werkstatt Stevo die Bilder wohl untergestellt hatte, und ein Freund von ihm. Sie verlangten zwei Millionen Euro für den zweiten Turner, die sie auch erhielten. Anschließend setzten sie sich damit erst einmal nach Kuba ab, wo sie einen ausgedehnten Urlaub machten. Als sie im Januar 2003 wieder in Frankfurt waren, hatten sie es sehr eilig, auch den Friedrich loszuwerden, und Liebrucks konnte sie von 1,5 Millionen Euro auf 250 000 herunterhandeln. Liebrucks, der inzwischen auch von der Hamburger Kunsthalle beauftragt worden war, zu vermitteln, streckte die Summe vor, versteckte das Bild in seinem Klavier und wartete auf das Geld aus Hamburg, das die Kunsthalle ihm nun verweigerte. Schließlich übergab er das Bild der Schirn und zeigte die Hamburger Kunsthalle an. In einem Prozess 2005 gab ihm das Gericht recht und er bekam nicht nur das Lösegeld zurückerstattet, sondern auch noch 20 000 Euro Vermittlungsgebühr. Der Autohändler und sein Freund waren inzwischen verschwunden, wurden aber 2007 in Brasilien aufgespürt und an Deutschland ausgeliefert, wo sie zu mehrjährigen Haftstrafen verurteilt wurden. Stevo hingegen wurde 2012 erschossen aufgefunden, angeblich hatte er Selbstmord begangen.

Ob nun tatsächlich Stevo allein bei diesem Diebstahl verantwortlich war, bleibt ungeklärt. In den Berichten der deutschen Medien spielt Stevo eine Hauptrolle als Drahtzieher und später als Verhandler. In dem Buch von Sandy Nairne, der als Programmleiter der Tate die ganzen Verhandlungen führte, wird er nur einmal erwähnt. Auch die Rolle von Edgar Liebrucks wird unterschiedlich bewertet. Denn es erstaunt, dass er mehrfach Geld vorstreckte. Was hatte er für ein Interesse daran, dass die Bilder zurück nach London und Hamburg kamen? War das wirklich reine Liebe zur Kunst? Oder war er tiefer in den Fall verstrickt, als bekannt wurde? Doch noch etwas ist bemerkenswert an dem Fall. Es wird immer wieder behauptet, es sei das erste Mal gewesen, dass auf solche Forderungen eingegangen worden sei. Das ist wissentlich falsch. Für die *Volkacher Madonna* war mehr als zwanzig Jahre früher Geld geflossen, und das war beileibe nicht das einzige Beispiel.

Eine weitere Frage wurde hin und her gewendet: Hatte es sich um eine Belohnung gehandelt oder um Lösegeld für eine kriminelle Bande?

Die Briten betonten immer wieder, es hätte sich nur dann um eine Lösegeldforderung gehandelt, wenn sie mit einer Drohung verbunden gewesen wäre, zum Beispiel damit, die Bilder zu verbrennen. So aber wurden dreieinhalb Millionen Pfund als Spesen und Ermittlungsausgaben deklariert, die schon deshalb gerechtfertigt waren, weil es im öffentlichen Interesse war, dass die Bilder dahin zurückkehrten, wohin sie gehörten, nämlich in die Tate. Die Deutschen, vor allem Tim Kistenmacher, der damalige Geschäftsführer der Hamburger Kunsthalle, hatten dazu eine ganz andere Meinung. Kistenmacher war sich sicher, dass Liebrucks auf eigene Rechnung gehandelt hatte und Kasse machen wollte. Die Versicherungssumme von knapp zwei Millionen Euro war längst reinvestiert worden, nun musste die Kunsthalle noch Liebrucks bezahlen. Bei der Tate hingegen hatte man noch so viel von den 16 Millionen Pfund übrig, dass man es für die Finanzierung der Tate Modern verwenden konnte.

Ein spektakulärer Raub in einem schottischen Schloss

Am 27. August 2003 lösten zwei Männer um elf Uhr vormittags Eintrittskarten für das in Südschottland gelegene Drumlanrig Castle, das dem Duke of Buccleuch gehört und in dem sich auch eine Kunstsammlung befindet. Zielstrebig gingen sie zu dem Raum, in dem sich das wertvollste Bild befand, die *Madonna mit der Spindel*, gemalt von Leonardo da Vinci oder einem seiner Schüler nach dem Entwurf des Meisters. Sie überwältigten die junge Aufseherin, bedrohten sie mit einem Messer und nahmen das Bild mit der Madonna von der Wand. Das Heulen der Alarmanlage ignorierend, verschwanden sie durch ein Fenster und nahmen den kürzesten Weg über die Schlossmauer. Dort standen zwei aus Neuseeland angereiste Touristen, denen sie fröhlich zuriefen, sie seien von der Polizei und übten für den Ernstfall. Dann stiegen sie zusammen mit einem weiteren Mann in einen wartenden weißen Golf GTI, der mit quietschenden Reifen davonfuhr. Den Touristen gelang es noch, ein Foto zu machen. Sie waren sich sicher, insgesamt vier Personen gesehen zu haben.

Natürlich kam die Polizei, doch eine erste Spurensuche ergab keinerlei Hinweise. Kurz darauf stellte sie fest, dass sich die Diebe nicht nur des Rahmens entledigt hatten, sondern auch des Autos und in ein anderes umgestiegen waren. Doch auch das half nicht weiter. Die im Schloss installierten Videokameras zeigten zwar die beiden Diebe, doch hatten die offensichtlich genau gewusst, wo sie nicht hingucken durften. Ihre Gesichter waren nicht zu erkennen.

Der 9. Duke of Buccleuch war untröstlich, war es doch sein liebstes Bild, auf das er ungeheuer stolz war. Seit dem 18. Jahrhundert befand es sich im Besitz der Familie auf Drumlanrig Castle. Doch natürlich war das Gemälde aus Kostengründen unterversichert und die Sicherheitsvorkehrungen im Schloss waren unzureichend. Die Versicherung des Duke setzte für die Wiederbeschaffung des Gemäldes eine hohe Summe Geld aus, die aber natürlich nicht annähernd an den tatsächlichen Wert heranreichte. Die Schätzungen fielen sehr unterschiedlich aus, je nachdem, ob das Bild nun als Werk Leonardos angesehen wurde, als Werkstattarbeit oder gar nur als spätere Kopie.

Die nächsten Jahre passierte – nichts.

Im September 2007 starb der 9. Duke of Buccleuch, sein Sohn wurde zum 10. Duke ernannt. Dann kam plötzlich Bewegung in die Sache. Am 5. Oktober 2007 meldeten verschiedene Zeitungen, dass bei einer Razzia in Glasgow das Bild sichergestellt worden sei. Mehrere Personen seien festgenommen worden. Kunstexperten hätten die Echtheit des Gemäldes bestätigt. Das Bild wurde nicht nach Drumlanrig Castle zurückgebracht, sondern nach Edinburgh in die National Gallery, wo es sich als Leihgabe bis heute befindet.

Doch wer waren die Täter?

Mehrere Verdächtige wurden dem Haftrichter vorgeführt, der Prozess begann aber erst im Frühjahr 2010. Angeklagt waren zwei selbst ernannte Privatdetektive aus Liverpool, ein Rechtsanwalt (solicitor) aus Skelmersdale und zwei Anwälte einer großen Kanzlei in Glasgow. Die beiden Privatdetektive hatten 2007, kurz vor Sicherstellung des Gemäldes, eine Internetplattform gegründet, mit deren Hilfe gestohlene Dinge an die ehemaligen Besitzer zurückgegeben werden sollten, wenn diese bereit wären, einen Finderlohn zu zahlen. Beide hatten Kontakte zur kriminellen Unterwelt in Liverpool, und so bekamen sie im Sommer 2007 einen Tipp, dass das gesuchte Gemälde für eine Summe von 350 000 Pfund oder 750 000 Pfund (schon hier gehen die Berichte auseinander) zu haben wäre, wenn man die Polizei nicht einschalten würde. Um sicherzugehen, in keine kriminellen Machenschaften verwickelt zu werden, kontaktierten sie einen befreundeten Anwalt für Privatrecht, dem sehr schnell klar war, dass er juristischen Beistand aus Schottland brauchen würde. Deshalb kontaktierte er einen ihm bekannten Rechtsanwalt in einer großen, angesehenen Kanzlei in Glasgow. Gemeinsam mit einem Kollegen informierte dieser den Versicherungsagenten. Dabei handelte es sich um niemand geringeres als den Kunstexperten Mark Dalrymple, und der war der Erste, der sich nicht an das Verbot hielt, mit der Polizei Kontakt aufzunehmen. Diese operierte undercover. Ein Ermittler gab sich als Versicherungsagent aus und erklärte, für die Wiederbeschaffung des Gemäldes zwei Millionen Pfund zur Verfügung zu stellen. Damit hätte man die Kosten sichergestellt und für die Akteure wäre auch noch etwas übrig geblieben. Wenig später verhandelte der Anwalt aus Skelmersdale mit dem Undercoverpolizisten nach, er wollte weitere zweieinhalb Millionen Pfund für sich allein.

Erst nachdem die Geldfrage geklärt war, fand am 3. Oktober in Liverpool die Übergabe des Bildes an die beiden Privatdetektive statt. Plastiktüten voller Banknoten wechselten auf einem Liverpooler Parkplatz den Besitzer. Vier Stunden später landete das Bild auf einem anderen Parkplatz im Auto der Privatdetektive. Sie wollten das Bild sofort nach Glasgow bringen, wurden allerdings von einem starken Regen daran gehindert und verbrachten auf dem Weg eine Nacht mit der Madonna in einem

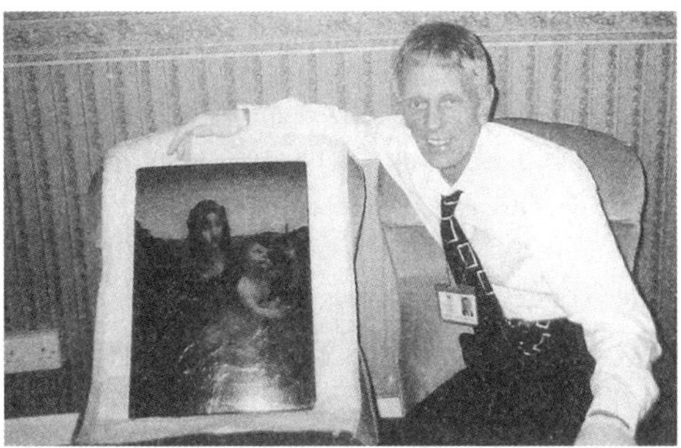

Die *Madonna mit der Spindel* von Leonardo (?) am 3. Oktober 2007 in einem Gasthof zw. Liverpool und Glasgow

Landgasthof. Das schilderten sie später als ein bewegendes Ereignis. Am nächsten Morgen fand dann die Übergabe in dem Glasgower Anwaltsbüro statt. Doch statt Dankeshymnen erwartete sie dort die Polizei und verhaftete sie.

So jedenfalls lautete die Story, die die Privatdetektive vor Gericht erzählten und später auch noch in einer englischen Zeitung wiederholten. Dort publizierten sie auch die Fotos, die sie in dem Landgasthof von sich zusammen mit dem Bild gemacht hatten (Abb. S. 135). Sie hatten damals erwartet, dass sie geehrt und zumindest nach Drumlanrig Castle oder zur Londoner Leonardo-Ausstellung 2011 eingeladen würden. Stattdessen wurden sie verhaftet, ihre Geschäftsgrundlage wurde ihnen entzogen, die Schulden wurden immer drückender und sie konnten auch ihren nächsten Angehörigen ihre Unschuld nicht beweisen.

Die Gerichtsverhandlung dauerte acht Wochen. Danach wurden die beiden Anwälte aus der Glasgower Kanzlei freigesprochen. Der andere Anwalt und die beiden Detektive wurden zwar auch nicht verurteilt, aber nur deshalb, weil man ihnen nichts nachweisen konnte. Es handelte sich explizit nicht um einen Freispruch.

Der Anwalt aus Skelmersdale jedoch legte Widerspruch ein und behauptete, er habe Anspruch auf über vier Millionen Pfund. 2015 wurde der endgültige Richterspruch gefällt, der Anwalt ging leer aus.

Die *Madonna mit der Spindel* ist wieder da. Sie hat noch nicht einmal viel Schaden erlitten. Doch weiß man bis heute nicht, von wem sie gestohlen wurde, welche Beweggründe dahinter steckten – und man weiß auch nicht, ob Geld geflossen ist. Denn es ist durchaus möglich, dass es erst einmal verdeckte Verhandlungen mit der Versicherung gab, bevor die Mittelsmänner sich an die Privatdetektive wandten. Oder waren diese gar an dem Diebstahl beteiligt? Gemeinsam mit dem Anwalt, der inzwischen längst seine Zulassung als Rechtsanwalt verloren hatte und nun wenigstens Geld sehen wollte? Er hatte von Anfang an ein schwieriges Verhältnis zum Geld an den Tag gelegt. Erst blieb unklar, welche Summe die Mittelsmänner verlangten, um das Bild herauszurücken. Dann gab er vor, das Geld vorzustrecken, nahm es aber von dem Konto eines Klienten, auf das er Zugriff hatte. Später verhandelte er alleine um weitere Millionen, und zum Schluss verlangte er für sich erneut die 4,25 Millionen Pfund.

Es bleiben also viele Fragen offen. Doch nicht nur das. Schon davor hatte es viele Rätsel um dieses und ein anderes, gleichnamiges Bild gegeben. Es scheint, als wolle diese Madonna ihre Geheimnisse für sich behalten.

Die *Madonna mit der Spindel* wurde von Florimond de Robertet, Staatssekretär der französischen Könige, wohl um 1500 an Leonardo in Auftrag gegeben. Das ist durch einen Brief bezeugt, den der Karmelitermönch Pietro da Novellara am 14. April 1501 an seine Herrin, Isabella d'Este, Herzogin von Mantua, sandte. Isabella wollte, dass Leonardo zumindest ein Bild für sie malte – oder besser – ganz in ihre Dienste trete. Ungeduldig fragte sie ihren Florentiner Agenten, wie die Dinge stünden. Leonardo hatte offenbar in Aussicht gestellt, falls er die Arbeiten für den König von Frankreich innerhalb eines Monats vollenden könne, ohne diesen zu brüskieren, er am allerliebsten für Isabella arbeiten wolle. Novellara erklärte weiter, dass Leonardo auf alle Fälle dann, wenn er ein kleines Bildchen für einen Roberteto, einen Günstling des Königs von Frankreich, fertiggestellt habe, das Bildnis Isabellas malen und es ihr zuschicken werde. Das Bild für Roberteto beschreibt er danach ganz genau: «Das Bildchen, das er malt, zeigt eine Madonna, die so sitzt als wolle sie Garn spinnen (oder aufhaspeln). Das Christuskind setzt seinen Fuß in den Korb mit den Spindeln, hat sich die Garnhaspel genommen und betrachtet aufmerksam die vier Strahlen in Form eines Kreuzes. Und als ob es sich nach dem Kreuz sehnt, lächelt es und hält das Kreuz fest, als wolle es dieses nicht seiner Mutter überlassen, die es ihm offenbar wegnehmen will.»[1]

Das von Novellara beschriebene Bild existiert in mehreren Fassungen, von denen zwei als die ältesten gelten, die sicher in der Werkstatt Leonardos entstanden sind. Allerdings wurde immer wieder bezweifelt, dass es sich um eigenhändige Arbeiten handelt. Vielmehr ging man lange davon aus, dass sich zwei Kopien eines verschollenen Originals erhalten hätten – oder von Leonardo nur ein verlorener Entwurf stamme. Denn Novellara hatte in einem ersten Brief an Isabella vom 3. April 1501 geschildert, dass Leonardo kaum einen Pinsel anrühre und nur ab und zu an den Bildern mitmale, die seine Gehilfen ausführten.

Die beiden Fassungen der *Madonna mit der Spindel*, die eigentlich – so wie auf englisch (in Frankreich und Italien werden beide Namen parallel benutzt) – *Madonna mit der Haspel* heißen müsste, sind schon länger bekannt. Die sogenannte Lansdowne-Madonna wurde 1809 von dem gleichnamigen Marquis erworben und danach einige Male verkauft, bis sie 1972 in den Besitz eines New Yorker Sammlers überging, der nicht bekannt werden will, das Bild aber mehrfach für Ausstellungen zur Verfügung gestellt hat, zuletzt 2019/20 in Paris. Dort wurde es direkt konfrontiert mit der sogenannten Buccleuch-Madonna, die aus dem Besitz des Duc d'Hostun et de Tallard 1756 in den von George Montagu wechselte. Durch Heirat gehört sie seit 1767 den Dukes of Buccleuch und befand sich in Drumlanrig Castle, bis sie am 27. August 2003 gestohlen wurde.

Auf beiden Bildern sitzt im Vordergrund eine Madonna auf einem Felsen, der einem Thron gleicht und eine Art Rückenlehne besitzt, an die sich das von ihr wegstrebende Kind anlehnt. Mit der einen Hand hält Maria ihr Kind fest, das in beiden Händen die Haspel in Form eines Kreuzes umgreift. Die andere Hand hat die Muttergottes erhoben, als wolle sie eine Bewegung ausführen, die allerdings nicht sicher zu deuten ist. Will sie dem Kind die Haspel wegnehmen? Will sie es auch noch mit der zweiten Hand halten?

Der Unterschied in den Figuren liegt im Gesichtsausdruck, der in der Lansdowne-Madonna natürlicher wirkt, allerdings kann von einem lächelnden Christuskind, von dem Novellara schreibt, nicht die Rede sein. Die große Differenz findet sich im Hintergrund, der in der Lansdowne-Madonna mit der Flusslandschaft und den aufragenden Bergen in weiter Ferne an denjenigen der *Mona Lisa* erinnert. Sogar dieselbe Brücke ist zu sehen, wenn auch links von der Madonna (bei der *Mona Lisa* befindet sich die Brücke rechts). Bei der Buccleuch-Madonna öffnet sich eine eher mediterrane Landschaft zum Meer hin, das im Hintergrund zu sehen und atypisch für die Hintergründe Leonardos ist.

Die beiden Versionen des Bildes wurden immer wieder untersucht, man röntgte sie und machte Infrarotaufnahmen von ihnen. Zu Beginn des 21. Jahrhunderts startete eine erneute groß angelegte Kampagne, bei der man sich erst die Lansdowne-Madonna vornehmen wollte. Kurz bevor sich das Team der Buccleuch-Madonna zuwenden konnte, wurde sie am helllichten Tag gestohlen und erst vier Jahre später wieder aufgefunden. Anschließend kehrte sie – wie bereits erwähnt – nicht mehr an ihren angestammten Platz in Drumlanrig-Castle zurück, sondern befindet sich seither als Dauerleihgabe in der National Gallery in Edinburgh.

Die Untersuchungen wurden wieder aufgenommen und es zeigte sich, dass beide Bilder eine sehr ähnliche Unterzeichnung besitzen. Bei beiden findet sich im Hintergrund links eine Figurengruppe mit einem Esel, einem Mann, der einen Laufstall für ein Kleinkind baut, sowie weitere Figuren. Es handelt sich um Joseph, der im fernen Ägypten, wohin die Familie geflohen war, diesen Laufstall zimmerte. Außer Joseph sind noch Maria und Jesus sowie eine weitere Frau zu erkennen. In der Unterzeichnung ähneln sich auch die Landschaften noch stark. Schon nach diesen Ergebnissen wurde vermutet, dass es sich um zwei Versionen handelt, die unter Beteiligung von Leonardo in dessen Werkstatt hergestellt wurden, und dass es vielleicht gar keine verschollene «Originalversion» gibt. Eine weitere, 2014 veröffentlichte Untersuchung der Lansdowne-Madonna ergab eine große Überraschung, weil durch die inzwischen verbesserte Qualität der Aufnahmen plötzlich der von Novellara beschriebene Spindelkorb sichtbar wurde, ebenso wie Fäden an der Haspel. Novellara muss das Bild in einem frühen Stadium gesehen haben. Später eliminierte Leonardo oder einer seiner Schüler dann die erzählerischen Momente zugunsten einer Konzentration auf Mutter und Kind und übermalte auch das bei Novellara erwähnte Lächeln des Kindes. Erstaunlicherweise taucht aber die Laufstallgruppe in fünf der fast vierzig Kopien und Varianten auf, die wir von dem Bild kennen. Eventuell existierten Zeichnungen, durch die diese Variante bekannt wurde, oder aber einer der Schüler Leonardos (möglicherweise Fernando Spagnolo, der wohl mit Fernando Llanos oder Fernando Yáñez de la Almedina identisch ist und 1505 bei Leonardo lernte) hatte eine Kopie angefertigt, ohne die finale Fassung zu kennen.

Ob mit noch besseren technischen Möglichkeiten irgendwann das Geheimnis der Madonna mit der Spindel vollkommen gelöst werden kann, bleibt ebenso offen wie die Frage, wer die Buccleuch-Fassung gestohlen hat und vor allem warum.

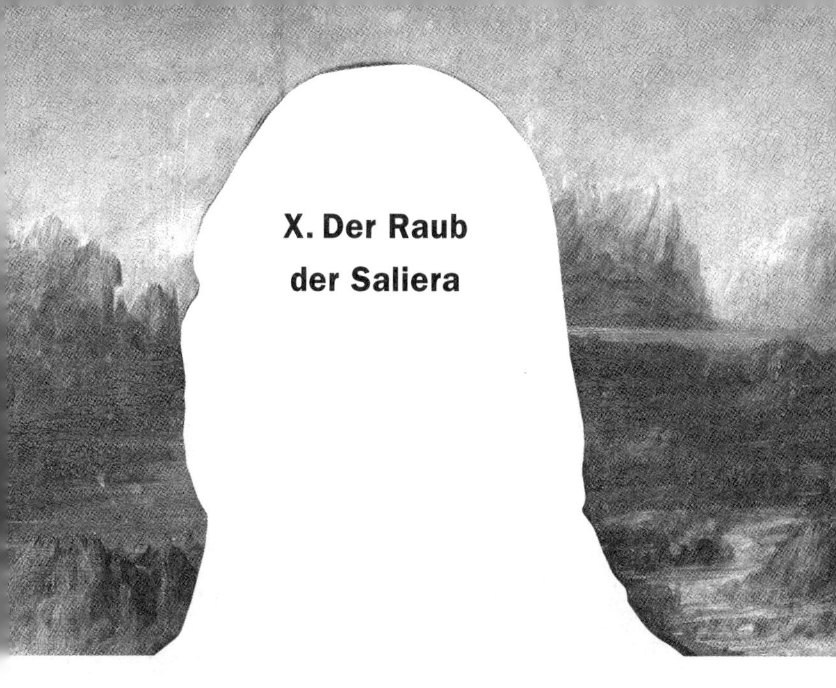

X. Der Raub der Saliera

Das Kunsthistorische Museum in Wien zählt zu den größten Kunstmuseen der westlichen Welt. 1891 eröffnet, beherbergt es mehrere Sammlungen, darunter eine Gemäldegalerie mit hervorragenden Bildern namhafter Künstler wie Pieter Bruegel der Ältere, Caravaggio, Albrecht Dürer, Giorgione, Raffael, Tizian, um nur einige wenige zu nennen. Hier befindet sich aber auch die Kunstkammer mit unermesslichen Schätzen der Habsburger, die seit 2013 in sanierten und erweiterten Räumlichkeiten präsentiert werden. 2002, nach der Schließung der Kunstkammer, wurden besonders wertvolle Stücke in den Räumen der Gemäldegalerie ausgestellt, darunter auch die sogenannte *Saliera* von Benvenuto Cellini (Abb. S. 142), einem der bedeutendsten Goldschmiede und Bildhauer seiner Zeit. Sie wurde in den Raum transferiert, in dem auch das Gemälde *Die Madonna im Grünen* von Raffael ausgestellt war. Doch ein Jahr später verschwand sie spurlos. Ungeheuerliches war geschehen.

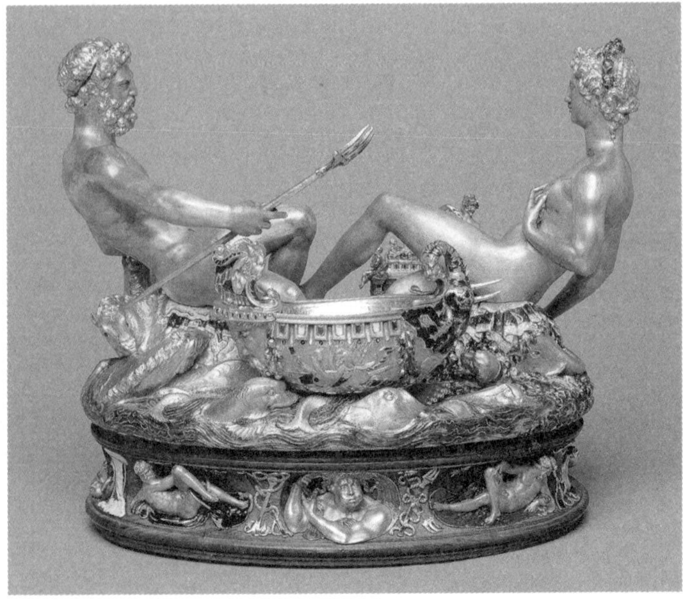

Benvenuto Cellini, *Saliera*, 1540–1543, Tischgerät aus Gold, Email, Ebenholz und Elfenbein, Kunsthistorisches Museum Wien, Kunstkammer

Eine lange Nacht – und ihre Konsequenzen

Am 10. Mai 2003 hatte in Wien die lange Nacht der Musik stattgefunden, das Kunsthistorische Museum hatte sich mit einem Jazzkonzert daran beteiligt. So lange war die Alarmanlage ausgeschaltet. Doch um zwei Uhr morgens war Schluss, die Besucher und Besucherinnen verließen das Haus, nur das Wachpersonal blieb zurück. Als sich dann um 3:55 Uhr die Alarmanlage meldete, registrierten die drei diensthabenden Wachen den Vorfall, warteten aber auf einen zweiten Alarm, der dann an die Polizei weitergeleitet worden wäre. Das war so Usus, weil der häufige

Fehlalarm sonst zu viele Kosten verursachte. Allerdings hätten sie wenigstens das Licht im sogenannten Raffael-Saal (Saal XIX) anmachen und die Videokamera aktivieren müssen. Dann wäre vielleicht schon bemerkt worden, was passiert war. Doch so sah erst die Reinigungskraft um acht Uhr morgens die zertrümmerte Vitrine und das Fehlen der so kostbaren *Saliera*. Die Einbrecher – ohne Frage musste es sich um mehrere handeln – waren auf das Gerüst an der dem Museumsplatz zugewandten Seite hochgestiegen, hatten ein Fenster im ersten Stock eingeschlagen und waren so ins Haus eingedrungen. Da sie nur und ausschließlich die *Saliera* mitgenommen hatten, und nicht das Gemälde Raffaels, schien es sich um einen Auftragsraub zu handeln.

Doch was wollten die Diebe damit bezwecken? Das Werk war viel zu bekannt, um verkauft werden zu können! Einschmelzen wäre einer Katastrophe gleichgekommen. Abgesehen davon, dass die *Saliera* nicht aus massivem Gold besteht, sondern aus dünnem Goldblech getrieben ist, der Materialwert also relativ gering ist, wäre damit eines der hervorragendsten Werke der Goldschmiedekunst unwiederbringlich verloren gewesen. Das aber würde gewissenlose Einbrecher sicher nicht aufhalten.

Waren die drei Wachmänner in den Einbruch involviert? Sie wurden erst einmal entlassen, das Kunsthistorische Museum versprach 70 000 Euro als Belohnung für die Wiederbeschaffung des Werks. Die Sicherheitsvorkehrungen wurden jedoch als ausreichend bezeichnet – lediglich das Gerüst sei nicht genügend gesichert gewesen. Dennoch wurden direkt nach dem Diebstahl zwei Millionen Euro in neue Sicherheitsvorkehrungen investiert, so die Wiener Zeitung am 8. September 2006.

Die Ermittlungen liefen auf Hochtouren – aber immer ins Leere. Die Polizei versuchte auf verschiedenen Wegen, Kontakt zu den Dieben zu bekommen. Zeitungen berichteten ausführlich über Artnapping und wie die Versicherungen in anderen Fällen diskret bezahlt hätten. Und endlich, im August 2003, schienen die Bemühungen zu fruchten. Die Versicherung bekam einen Brief mit Bröseln der *Saliera* und eine Lösegeldforderung über fünf Millionen Euro. Doch die Presse bekam Wind von der Sache und damit war eine fast schon geglückte Übergabe zunichte gemacht. Erst im Herbst 2005 wurde der Polizei der Dreizack geschickt, den der Meeresgott Neptun ursprünglich in der Hand gehalten hatte. Kurz darauf erhielt die Polizei eine SMS mit einer Lösegeldforderung, die inzwischen zehn Millionen Euro betrug. Es folgte eine Flut von SMS, mit denen die Polizei durch ganz Wien geschickt wurde. Ergebnislos. Der Kontakt brach wieder ab. Doch durch die SMS konnten die Daten der SIM-Karte ermittelt werden. In dem Geschäft, in dem sie gekauft wurde, hatte eine versteckte Videokamera alle Kunden aufgenommen. Und so kam die Polizei an ein Foto, das sie veröffentlichte. Am selben Tag meldete sich ein Mann, ein Alarmanlagen-Experte, der einen Tag später die Tat gestand und die im Wald vergrabene *Saliera* zurückgab. Am 31. Januar 2006 wurde die *Saliera* für kurze Zeit im Kunsthistorischen Museum gezeigt, bevor sie dann den Restauratoren übergeben wurde. Seitdem die Kunstkammer im Februar 2013 ihre Tore wieder geöffnet hat, ist auch die *Saliera* wieder zu sehen – prominent platziert, aber auch ganz besonders gesichert.

Da war der Dieb schon längst wieder auf freiem Fuß.

Der Alarmanlagenexperte und seine Motivation

Der Dieb, nicht mehrere Täter. Ein Alarmanlagen-Experte ohne kriminellen Hintergrund, ohne Geldnöte. Kein Auftrag hatte ihn geleitet. Alles, was die Polizei vermutet hatte, war falsch. Was aber war richtig?

Bereits in der Untersuchungshaft erklärte der Dieb sein Motiv. Das Interview erschien am 29. Januar 2006 in der österreichischen Kronenzeitung, hatte aber nicht von Journalisten geführt werden können, sondern vom Anwalt des Täters.[1]

Folgendes war von ihm zu erfahren: Bei einem Besuch des Kunsthistorischen Museums waren ihm die veralteten Sicherheitsvorkehrungen aufgefallen und er hatte die Lust verspürt, das Alarmsystem zu knacken – und dann war er am 10. Mai abends in einer Disco und hatte vielleicht ein bisschen zu viel Alkohol getrunken. Als er mitten in der Nacht am Kunsthistorischen Museum vorbeifuhr und das ungesicherte Gerüst sah, konnte er nicht widerstehen. Er parkte sein Auto und stieg hinauf. Nachdem ihm klar wurde, dass er für die Jalousie ein Werkzeug brauchte, kletterte er wieder hinunter und holte ein Messer aus dem Auto. Niemand hinderte ihn daran, ein zweites Mal auf das Gerüst zu steigen. Und dann ging alles ganz einfach. Weder beim Einschlagen der Scheiben noch beim Öffnen der Jalousie ertönte Alarm. Erst als er die Glasvitrine einschlug, die lediglich aus einfachem Glas bestand, nicht aus dem vom Sammlungsleiter geforderten Panzerglas, setzte der Alarm ein. Doch der Dieb wusste, dass das Wachpersonal einen ziemlich langen Weg zum Saal hatte. Also nahm er die *Saliera*, verstaute sie in einer mitgebrachten Plastiktüte und verschwand wieder über das Gerüst. Zu Hause angekommen, versteckte er die *Saliera* in einem Koffer unter seinem Bett. Er hatte sich vorgenommen, das Werk am nächsten Morgen zurückzugeben und damit zu demonstrieren, wie schlecht die Sicherheitsvorkehrungen im Kunsthistorischen Museum waren. Doch dann las er in der Zeitung, wie wertvoll das Salzfass war. Damit hatte er nicht gerechnet, denn er hatte schon deshalb nicht an einen so hohen Wert geglaubt, weil das Kleinod ziemlich ungesichert dastand, «hinter normalem Glas, mit einem völlig veralteten Bewegungsmelder, die Fenster frei begehbar»,[2] und er bekam es mit der Angst zu tun. Nachdem er die Saliera zwei Jahre lang bei sich verwahrt hatte, vergrub er sie im Wald.

In diesen zweieinhalb Jahren lebte er unter einem ungeheuren Druck. Irgendwann wurde es zu viel, er wollte das Ding einfach nur noch loswerden, und so spielte er nicht sehr erfolgreich den Erpresser. Und als sein Fahndungsfoto dann in der Zeitung erschien, wusste er, dass er sich melden musste. Er bereute seine Tat zutiefst.

Im September 2006 wurde der Dieb wegen schweren Einbruchdiebstahls zu vier Jahren Haft verurteilt, dieses Urteil aber wurde aus formalen Gründen im März 2007 aufgehoben. Im Sommer folgte dann das erneute Urteil: fünf Jahre Haft wegen des Erpressungsversuchs. Doch bereits im Oktober 2008 wurde er wegen guter Führung entlassen, wollte sich aber nicht mehr zu dem Fall äußern. Sein Geschäft für Alarmanlagen wollte und konnte er nicht wieder eröffnen, denn von der Elektroinnung hatte er die «Gewerbeberechtigung als Errichter von Alarmanlagen» nach seiner Verurteilung entzogen bekommen und auch trotz seiner Bemühungen nicht wiedererlangt.[3] Angeblich arbeitete er aber trotzdem in diesem Bereich, jedenfalls wurde das in der Presse verbreitet. Ob das tatsächlich stimmt, ist unklar, ebenso wie auch die Geschichte, die der Dieb und sein Anwalt erzählten, nicht der Wahrheit entsprechen muss. Die Staatsanwältin war von einer minutiösen Planung der Tat überzeugt.

Benvenuto Cellini – der Schöpfer der Saliera

Der Dieb war aber mit Sicherheit weniger kriminell als der Schöpfer der *Saliera*, Benvenuto Cellini, dem drei Morde, Diebstähle, Schlägereien und anderes zur Last gelegt wurden. Der spätere Goldschmied und Bildhauer wurde am 5. November 1500 in Florenz geboren. Sein Vater, ein Musiker, bestand auf einer musikalischen Ausbildung. Cellini gehorchte zwar, lernte aber heimlich in den Werkstätten der berühmten Florentiner Goldschmiede und Bildhauer auch deren Handwerk. Als er 16 Jahre alt war, wurde er wegen einer größeren Schlägerei für ein paar Monate nach Siena verbannt. Er nutzte die Zeit, um bei einem Goldschmied zu arbeiten. In den nächsten Jahren befand er sich in verschiedenen Städten und lernte weiter, bis er dann 1524 in Rom selbst eine Werkstatt eröffnete, in der er und seine Mitarbeiter Schmuckstücke, Kelche und Münzen herstellten. 1530 wurde sein Bruder in Rom ermordet. Cellini brachte daraufhin dessen Mörder um. Vier Jahre später tötete er einen Goldschmied, der ihm Konkurrenz machte. Beide Male wurde er nicht verhaftet, doch verließ er danach die heilige Stadt, um seinen Feinden zu entgehen, Gras über die Geschichte wachsen zu lassen und neue Kontakte zu knüpfen. 1537 gründete er eine neue Werkstatt in Rom, doch jetzt wurde ihm unterstellt, dass er die Juwelen des verstorbenen Papst Clemens VII. unterschlagen habe. Daraufhin kam er in den Kerker. Der Kardinal Ippolito d'Este half ihm bei der Flucht.

Cellini verließ 1540 Italien und ging nach Frankreich, wo er sich schon einmal kurz aufgehalten hatte. Dort stand er im Dienst von König Franz I., für den auch schon Leonardo da Vinci gearbeitet hatte. Die einzige erhaltene Arbeit für den König ist eben die *Saliera*, das Salzfass, das Cellini kurz vor seinem Weggang aus Rom bereits für den Kardinal Ippolito d'Este entworfen hatte. Doch dieser hielt das Wachsmodell für nicht realisierbar und zog den Auftrag zurück. Cellini vollendete die aus Gold, Email, Elfenbein und Ebenholz bestehende *Saliera* 1543. Auf dem hölzernen Sockel, der mithilfe von vier Elfenbeinkugeln in alle Richtungen gerollt werden kann, sind kleine goldene Figuren angebracht, Allegorien der Tages- und Jahreszeiten sowie Embleme menschlicher Tätigkeiten. Darüber beherrschen zwei goldene, einander gegenübersitzende Figuren die Szenerie. Der Gott der Meere, Neptun, hält den Dreizack in der rechten Hand. Auf dieser Seite befindet sich auch das namensgebende Salzfass in Schiffsform, das von den Neptun beigegebenen Hippokampen (Meerpferden) gezogen wird. Das sie umgebende Meer endet am Ufer der Erde, auf der ein Palast steht, der auch als Tempel oder Triumphbogen bezeichnet wird und in dem der Pfeffer aufbewahrt wird, der nicht wie das Salz aus dem Meer kommt, sondern auf der Erde wächst. Das Dach des Palastes und gleichzeitig der Deckel wird von einer Nymphe bekrönt, die den Deckelgriff bildet. Die Neptun gegenübersitzende Figur symbolisiert die Tellus oder Terra genannte Mutter Erde. Sie thront auf dem Kopf eines Elefanten, der zum Teil durch eine mit Lilien geschmückte Decke verdeckt ist, und wird von anderen auf der Erde lebenden Tieren begleitet, unter anderem dem Feuersalamander, dem Emblem von Franz I., das sich auch überall in dem für ihn erbauten Schloss Chambord findet.

In einem seiner Traktate, die er 1567 vollendete und die 1568 publiziert wurden, beschrieb Cellini, dass er die Figuren aus Goldblech getrieben hätte. Technische Untersuchungen haben gezeigt, dass dies tatsächlich der Fall war, er das Wachsmodell also nicht als Gussform verwendet hat.

Trotz dieser hervorragenden Arbeit musste Cellini zwei Jahre später Frankreich verlassen, weil er verdächtigt wurde, einen Diebstahl begangen zu haben. Er kehrte nach Florenz zurück und arbeitete die nächsten neun Jahre an seiner bekanntesten Skulptur, der *Perseus*-Gruppe, die der Großherzog der Toskana, Cosimo I. de' Medici, nach ihrer Vollendung im Jahr 1554 in der

Loggia dei Lanzi auf der Piazza Signoria in Florenz aufstellen ließ. Dort steht sie noch heute. Nach einer aufwendigen Restaurierung sind allerdings der Sockel und das Schwert des Perseus durch Kopien ersetzt worden.

Bis zu seinem Tod am 13. Februar 1571 wurde Cellini immer wieder wegen Diebstahl, Streitereien und homosexuellen Handlungen angeklagt. Zwischen 1558 und 1562 verfasste er eine umfangreiche Biografie, die Johann Wolfgang von Goethe später ins Deutsche übertrug.

Von Paris nach Wien: Stationen einer Reise

Und wie kam das Salzfass nach Wien? 1570 machte es der französische König Karl IX. dem Tiroler Erzherzog Ferdinand II. zum Geschenk als Dank dafür, dass der Erzherzog ihn bei seiner Hochzeit mit der Erzherzogin Elisabeth vertreten hatte. Seitdem befand es sich in Schloss Ambras und wurde Anfang des 19. Jahrhunderts zusammen mit den anderen Kunstschätzen der Tiroler Erzherzöge nach Wien transportiert. Doch niemand wusste mehr, wer dieses Kleinod geschaffen hatte, denn von Cellini hatten sich so wenige Werke erhalten, dass der Künstler in Vergessenheit geraten war, zumal ihm Giorgio Vasari keine eigene Biografie gewidmet hatte. Ein erster Nachdruck seiner Autobiografie erschien 1728 in Italien, eine englische Übersetzung folgte 1777. Aber erst durch die Übersetzung, die Goethe 1798 vollendete und 1803 publizierte, wurde die inzwischen im Unteren Belvedere in Wien ausgestellte Goldarbeit 1815 von einem Weimarer Freund Goethes als die *Saliera* des Florentiner Bildhauers und Goldschmieds erkannt, was Goethe dann im Anhang der zweiten Auflage der Autobiografie erwähnte, die 1818 erschien. Anschließend begann man sich mit dem Werk zu beschäftigen und erkannte, dass Cellini einer der wichtigsten Bildhauer seiner Zeit gewesen war. In Fachkreisen galt die *Saliera* seit geraumer Zeit als eines der Prunkstücke des Kunsthistorischen Museums, erlangte aber erst nach dem Diebstahl in der Nacht zum 11. Mai 2003 und seiner Wiederauffindung im Januar 2006 die heutige Berühmtheit. Nach der Restaurierung erschien 2018 ein opulentes wissenschaftliches Werk, das nur der *Saliera* gewidmet ist. Neben der Geschichte des Objekts, seiner Beschreibung und kunsthistorischen Einordnung sind auch die durch die Restaurierung gewonnenen technischen Erkenntnisse detailliert ausgeführt.

Seit ihrer Wiederauffindung und der Wiedereröffnung der Kunstkammer wird die *Saliera* in großem Stil vermarktet. Sie ziert nicht nur das Cover aller Publikationen der Kunstkammer, sondern auch ein großformatiges Plakat über dem Haupteingang zum Kunsthistorischen Museum. Eine Fotopoint-Saliera aus Styropor lädt in den Sommermonaten dazu ein, statt Neptun und Tellus Platz zu nehmen und sich so fotografieren zu lassen. So können die Besucherinnen und Besucher Teil der *Saliera* werden, die wahrscheinlich bald der *Mona Lisa* in nichts mehr nachstehen wird.

Eine stark verkleinerte Nachbildung der *Saliera* fand im Museumsshop in Wien offensichtlich so großen Zuspruch, dass sie nicht mehr erhältlich ist. Eine freie Nachbildung des Schmuckdesigners Gerold Fink fand ihren Weg in den Museumsshop über die Wiener *Kunstklappe*, die der Künstler Moussa Kone und der Schriftsteller Erwin Uhrmann im November 2004 in ihrer Wiener Galerie installierten. Das einer Babyklappe nachempfundene Kunstprojekt wurde tatsächlich genutzt, um Diebesgut zurückzugeben. Bald kooperierte das Art-Loss-Register (s. S. 24) mit den beiden Künstlern, die die Aktion 2007 beendeten und sich patentieren ließen. In der *Kunstklappe* landete auch der aus Knetmasse und Goldlack konstruierte Salzstreuer von Gerold Fink, der in zwei verschiedenen Ausführungen erhältlich ist. 2011 erschien außerdem eine Graphic Novel, die nicht nur den Diebstahl, sondern auch das Leben Benvenuto Cellinis in Bild und Text nachzeichnete.

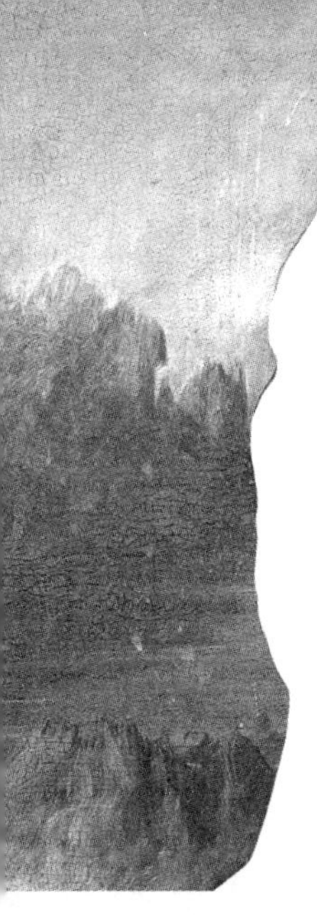

XI. Verschwundene Werke – gefasste Diebe

Der Raub in der Kunsthalle von Rotterdam

Am 7. Oktober 2012 wurde in der von dem Stararchitekten Rem Koolhaas entworfenen Kunsthalle in Rotterdam anlässlich ihres 20-jährigen Bestehens eine Ausstellung mit 150 Werken aus einer Privatsammlung eröffnet. Die Schwerpunkte dieser Sammlung liegen in der klassischen Moderne und der zeitgenössischen Kunst, größere öffentliche Präsentationen wurden bis dahin vermieden. Der Titel der Ausstellung lautete «Avant-Garde», der Ankündigungstext versprach eine Entwicklung der Modernen Kunst von ihren Anfängen bis heute anhand von Beispielen hochkarätiger Künstler wie Vincent van Gogh, Pablo Picasso, Marcel Duchamp und vielen anderen. Durch die offene Bauweise der Kunsthalle mit ihren meist gläsernen Fassaden bot sich die Ausstellung auch den Vorübergehenden dar und sollten sie dazu animieren, einzutreten und sich die hervorragenden Werke anzusehen.

In der Nacht vom 15. auf den 16. Oktober, also neun Tage nach Eröffnung, drangen Diebe in das Haus ein. Die Alarmanlage schrillte, schnell war die Polizei vor Ort, doch erst das ebenfalls herbeigeeilte Wachpersonal stellte fest, dass ein Notausgang gewaltsam geöffnet worden war. Es dauerte dann noch einmal eine Weile, bis Angestellte der Kunsthalle das Fehlen von sieben Werken feststellten – und bis dahin waren die Eindringlinge über alle Berge.

Am nächsten Tag berichtete die Presse in allen Medien von dem Diebstahl. Die sieben Werke wurden aufgelistet – es handelte sich um Bilder von Lucian Freud, Paul Gauguin, Meijer Isaac de Haan, Henri Matisse, Claude Monet und Pablo Picasso. Die beiden Bilder von Monet waren ebenso wie dasjenige von Picasso fragile Papierarbeiten, die vier anderen Ölgemälde auf Leinwand. Man vermutete einen gut vorbereiteten, durchgeplanten Coup, hinter dem sicher Kenner steckten. Dass die Bilder unverkäuflich waren, musste auch den Dieben klar sein. Wahrscheinlich planten sie, mit Artnapping Geld zu machen, also Lösegeld zu verlangen. Die Sicherheitsvorkehrungen des Museums wurden kritisiert: Das Wachpersonal hatte sich nicht vor Ort befunden, sondern nur ab und zu einen Kontrollgang gemacht, die Überwachungskameras liefen zwar, es schaute aber niemand auf die Monitore und – die Glasfassade, die Einblicke ins Haus gewährte, forderte dazu auf, sich unerlaubten Zutritt zu verschaffen. Die Polizei veröffentlichte den Film aus der Überwachungskamera, der zwei Täter zeigte, es fanden sich Daumenabdrücke, die aber nicht zuordenbar waren. Keine Spur führte zu den Einbrechern.

Im Januar 2013 erhielt die Rotterdamer Polizei von den Kollegen aus Bukarest Fotografien von zwei Männern, bei denen es sich zweifelsfrei um die beiden Einbrecher handelte. Auf diese

Mitteilung aus Rotterdam hin vereinbarten verdeckte Ermittler in Bukarest einen Termin mit den Dieben, um die Bilder zu kaufen. Doch irgendwo war eine undichte Stelle, die Diebe wurden gewarnt, der Termin platzte, dem einen Täter gelang es, zu fliehen, der andere wurde, gemeinsam mit weiteren Komplizen, festgenommen. Doch wo waren die Bilder?

Im März legte die Mutter des Hauptangeklagten ein Geständnis ab. Nachdem die Bande – insgesamt handelte es sich um vier Männer mit ihren Freundinnen, die den Coup in Rotterdam geplant hatten, hinzu kamen Mittelsmänner in Rumänien – die Bilder nicht verkaufen konnte, brachte der Hauptangeklagte sie zu seiner Mutter in das Dorf Carcaliu im Osten Rumäniens. Sie vergrub die Bilder auf dem Friedhof, doch als ihr Sohn verhaftet wurde, verbrannte sie die Beweismittel im Ofen. Das Geständnis widerrief sie wenig später und behauptete nun, ein Ukrainer habe die Bilder abgeholt. Rückstände im Ofen sollen aber Leinwandreste, Nägel und Farbpigmente enthalten haben. Das zumindest berichtete die Presse, die sich auf Analysen des Bukarester Nationalmuseums berief.

Im Verlauf des Prozesses, der im Juli 2013 in Bukarest begann, versuchte der Hauptverdächtige immer wieder, in die Niederlande ausgeliefert zu werden. Wenn ihm dort der Prozess gemacht würde, könne er fünf Bilder zurückgeben. Warum fünf? Auch das ist bis heute ein Rätsel geblieben, denn keines der Bilder ist aufgetaucht. Die Täter wurden zu hohen Haftstrafen verurteilt und mußten 18 Millionen Euro zahlen. So hoch war die Versicherungssumme für die sieben Bilder, die auf dem freien Markt allerdings schätzungsweise 50 bis 100 Millionen Euro eingebracht hätten.

Während des Prozesses stellte sich allerdings auch heraus, dass es sich bei den Tätern um keine Kunstexperten handelte. Sie waren zusammen mit ihren Freundinnen aus Rumänien nach Rotterdam gekommen, um schnelles Geld zu machen. Die Freundinnen arbeiteten als Trickbetrügerinnen, die Männer raubten Häuser aus. Doch das wurde ihnen bald zu mühselig, der Aufwand rechtfertigte den Erlös nicht. Deshalb wollten sie sich auf Kunst verlegen. Die Kunsthalle schien ihnen geeignet, zumal sie sehr schnell feststellten, wie leicht sie sich Zugang verschaffen konnten. Sie besuchten das Haus ein paarmal, sie beobachteten es von außen, sie stellten fest, dass das Wachpersonal lediglich Kontrollgänge machte, aber nicht im Haus war. Und so landeten sie den Coup. Kriterium für die Bildauswahl war weder der Künstlername noch die Qualität, sondern die Größe. Es handelte sich ausschließlich um Kleinformate. Zwei von den Ganoven brachen in die Kunsthalle ein, einer wartete im Auto. In drei Minuten war alles vorbei: Einbruch, Bilder abhängen und Flucht. Sie deponierten die Werke in einer ihrer Wohnungen und fuhren nach Brüssel, um dort mit einem Hehler zu reden. Doch der wollte die Hehlerware nicht. Als sie dann am nächsten Morgen aus der Presse erfuhren, was für hochkarätige Bilder sie geklaut hatten, flohen sie mit dem Diebesgut nach Rumänien. Nachdem sie auch dort die heiße Ware nicht loswurden, wandten sie sich an ihren alten Freund Petre, der Kontakte zum Geldadel in Rumänien hatte. Der arrangierte ein Treffen am 17. November mit einem Kunsthändler, der die Kuratorin Mariana Dragu vom Nationalmuseum in Bukarest mitbrachte, um die Bilder schätzen zu lassen.

Die untersuchte die Bilder, googelte anschließend den Kunstraub und informierte DIICOT, die rumänische Behörde zur Bekämpfung der organisierten Kriminalität und des Terrorismus. Nach längeren Recherchen fanden diese Anfang Januar 2013 die Identitäten der Täter heraus, die das Diebesgut inzwischen nach

Carcaliu gebracht hatten und weiterhin erfolglos versuchten, die Bilder zu verkaufen. Bei ihren Telefongesprächen hörte inzwischen allerdings auch die Polizei mit.

Ein international operierender Weinhändler, der den Kauf der Bilder erst einmal abgelehnt hatte, war auf Bitten der Polizei bereit, als fingierter Käufer aufzutreten, und machte ein Treffen am 20. Januar aus. Doch Petre war misstrauisch geworden. Er teilte den Tätern am 19. Januar telefonisch mit, er habe das Gefühl, überwacht zu werden. Als die Idee geäußert wurde, die Bilder zu verbrennen, nahm die Polizei die Täter fest – ohne die Bilder. Diese befanden sich zu dem Zeitpunkt wohl noch im Haus einer Tante in Carcaliu und wurden erst dann von der Mutter des Hauptverdächtigen beiseitegeschafft.

Bis heute sind die Bilder nicht wieder aufgetaucht, bis heute bleibt unklar, was mit ihnen geschehen ist. Dieser Fall zeigt, dass viele der Kunstdiebstähle aus Ahnungslosigkeit geschehen. Hätten die vier Täter gewusst, wie schwierig es ist, die Bilder zu verkaufen, hätten sie sich wahrscheinlich auf anderes Diebesgut konzentriert.

Doch die Geschichte ist noch nicht zu Ende: Die aus Rumänien stammende niederländische Schriftstellerin Mira Feticu, die 2015 ein Buch mit dem Titel «Tascha» über den Diebstahl veröffentlicht hatte, erhielt im November 2018 die Nachricht, der Picasso aus dem Raub befände sich in einem Wald in Ostrumänien. Sie machte sich auf den Weg, fand den vermeintlichen Picasso und postete ihren Fund. Doch Experten äußerten Zweifel und schließlich erhielt Feticu eine E-Mail von den belgischen Regisseuren Yves Degryse und Bart Baele, es habe sich lediglich um eine Aktion gehandelt im Zusammenhang mit dem Kunstprojekt «True Copy» über den niederländischen Fälscher Geert Jan Jansen. Feticu war verärgert und weigerte sich, mit den Regisseuren zu reden, die Teil der Theaterkompanie «Berlin» waren und ihrerseits jetzt Feticu ihre Leichtgläubigkeit anlasteten. Immerhin war sie die Einzige, die sich auf den Weg nach Rumänien machte, nachdem die Gruppe sechzig gleichlautende anonyme Briefe verschickt hatte.

Das Spiel mit Wahrheit, Wirklichkeit und Wahrhaftigkeit treibt auch und gerade im digitalen Zeitalter immer wieder neue Blüten.

Viele Kunstdiebstähle werden literarisch verarbeitet, andere von Filmemachern aufgegriffen, doch höchst selten ist ein solcher Diebstahl Inspiration für eine Rockband. Die deutsche Mittelalter Rockband In Extremo wurde jedoch ausdrücklich durch den Rotterdamer Diebstahl dazu animiert, eine Platte mit dem Titel «Kunstraub» aufzunehmen. Der Titelsong befasst sich zwar nur allgemein mit dem Thema, doch auf ihrer Website bezieht sich die Gruppe explizit auf diesen Raub, und auch das Plattencover greift mit einem goldenen Bilderrahmen das Thema auf. Im Booklet befinden sich die Konterfeis der sieben Bandmitglieder, dargestellt wie sieben verschiedene von Rembrandt gemalte Porträts, die aus dem Kunstsalon Posin in Berlin stammen. Der Kunstraub von Rotterdam wurde damit ideengebend für eine andere Kunstform.

Doch damit nicht genug. Die Illustratorin Kristin Foltan nahm einen Bericht über den Rotterdamer Kunstraub in der Berliner Zeitung vom 19. Juli 2013 zum Ausgangspunkt für eine Graphic Novel, die den Diebstahl der sieben Bilder aus der Rotterdamer Kunsthalle schildert, dabei einen Schwerpunkt auf die leere Wand legt, anschließend die Flucht nach Rumänien, den Versuch, die Bilder zu verkaufen, und schließlich das Ende: die Verhaftung der Diebe und die Vernichtung der Bilder.

So wurden diesem Kunstraub ein musikalisches und ein illustratives Denkmal gesetzt.

Spiderman Vjéran Tomic

Verschwunden bleiben bisher auch die fünf Bilder, die am 20. Mai 2010 aus dem Museum für Moderne Kunst in Paris gestohlen wurden. Es waren Meisterwerke der klassischen Moderne von Georges Braque, Fernand Léger, Henri Matisse, Amedeo Modigliani sowie Pablo Picasso, und es gab keinen Zweifel, dass es sich um einen Auftragsdiebstahl handelte, wahrscheinlich verübt, um als Zahlungsmittel beim Drogen- oder Waffenhandel zu dienen. Das jedenfalls vermutete die Presse bereits einen Tag später. Allerdings wurden auch die maroden Sicherheitsvorkehrungen im Musée d'Art moderne de la Ville de Paris offensichtlich: u. a. eine nicht funktionierende Alarmanlage und Bewegungsmelder, die nicht reagierten. Nach langen, erfolglosen Ermittlungen bekam die Sondereinheit der Polizei, die sich mit dem Fall befasste, im November einen Insidertipp und beschattete daraufhin einen ihr durchaus bekannten notorischen Einbrecher.

Vjéran Tomic war ein Meister im Klettern, weshalb er auch den Spitznamen «Spiderman» trug (Abb. S. 160). Er hatte bislang meistens reiche Bürger um ihre Juwelen gebracht, sich jetzt aber offensichtlich auf den Kunstklau verlegt. Die Polizei nahm ihn nicht gleich fest. Sie wollte wohl in Erfahrung bringen, wer noch hinter dem Raub steckte, beobachtete, wie er das Centre Pompidou besuchte und sich anschließend Saugnäpfe kaufte, mit denen man Glasplatten tragen kann. Noch ließen sie ihn gewähren und schauten bei seinem nächsten größeren Einbruch zu. Den verübte er, weil er dringend Geld brauchte. Danach allerdings

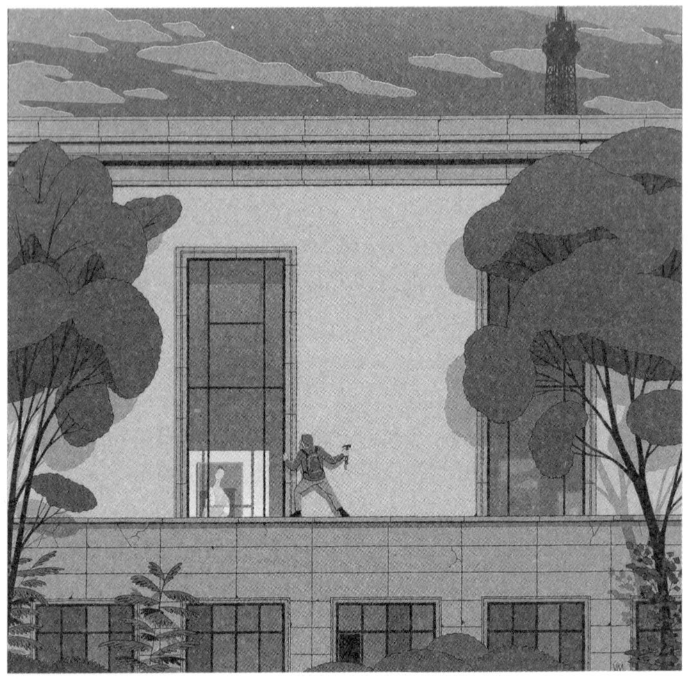

Vincent Mahé, Der «Spiderman» Vjéran Tomic, Illustration, veröffentlicht im Magazin des New Yorker am 14. Januar 2019

ließen sie die Falle zuschnappen, durchsuchten seine Wohnung und fanden etliches Diebesgut.

Tomic gestand die Tat, äußerte sich aber weder zum Aufenthaltsort der Bilder noch zu seinen Komplizen. Die hatte die Polizei jedoch inzwischen ausfindig gemacht und durchsuchte sowohl den Laden des Antiquitätenhändlers Jean-Michel Corvez als auch das Geschäft des Uhrmachers Yonathan Birn, doch sie fanden dort nichts. Angeblich befanden sich vier der Bilder damals noch hinter einem Schrank des Uhrmachers, das fünfte im Safe einer Bank. Nicht lange nach den Hausdurchsuchungen wurden die beiden Komplizen festgenommen. Erst im Januar 2017 begann der Prozess, der mit relativ hohen Haftstrafen endete.

Während des Prozesses brüstete sich Tomic mit dem Einbruch (dieser sei sein Meisterwerk gewesen) und verglich sich mit Arsène Lupin. Corvez bestritt, Tomic beauftragt zu haben, die Bilder zu stehlen. Er habe ihm lediglich gesagt, er habe einen Interessenten für ein Bild von Léger. Diesen wollte er aber nicht nennen, weil er dann um sein Leben fürchten müsse. Birn erklärte, er sei von Corvez instrumentalisiert worden und habe aus Angst vor der Polizei die Bilder auf den Müll geworfen. Das glaubten ihm weder die Richter noch die Mitangeklagten.

Nach dem Prozess schrieb der US-amerikanische Journalist und Buchautor Jake Halpern allen drei Beteiligten einen Brief, da er sie gerne für eine Reportage interviewen wolle. Birn antwortete nicht, Corvez wollte Geld, nur Tomic schrieb in den nächsten 18 Monaten 20 Briefe an Halpern. In ihnen schilderte er eine unglückliche Jugend durch den Verlust der Heimat Bosnien, den Weg auf die schiefe Bahn durch die Weigerung seiner Eltern, ihm ein Malerei-Studium zu ermöglichen, und seine Liebe zur Kunst. Minutiös beschrieb er seinen sorgfältig geplanten Einbruch ins Museum, die defekte Alarmanlage und den Diebstahl an sich. Nachdem er den Léger entrahmt hatte, fiel sein Blick auf andere Bilder, die ihm gefielen und die er daraufhin auch von der Wand nahm. Eigentlich hatte er noch ein weiteres Gemälde mitgehen lassen wollen, *Die Frau mit den blauen Augen* von Modigliani. Doch das Bild begann mit ihm zu sprechen und warnte ihn, dass er es ein Leben lang bereuen würde, wenn er das Bild jetzt stehle. Und er fügte hinzu: «Ich werde nie vergessen, was diese ‹Frau mit den blauen Augen› mit mir gemacht hat. Als ich das Bild berührte, um es aus dem Rahmen zu nehmen … wurde ich von einem Gefühl überwältigt, einer Angst, die über mich kam wie ein Eisberg, einer eiskalten Angst, die mich auf der Stelle weglaufen ließ.»[1]

In einem seiner letzten Briefe deutete Tomic an, dass die Bilder nicht zerstört worden seien und dass er, als ihr rechtmäßiger Besitzer, sie eines Tages bekommen würde.

Die Reportage erschien im «New Yorker Magazin» am 14. Januar 2019. Über den Einbruch ist die Öffentlichkeit jetzt genau informiert – wo sich die Bilder befinden, bleibt jedoch weiterhin ein Rätsel.

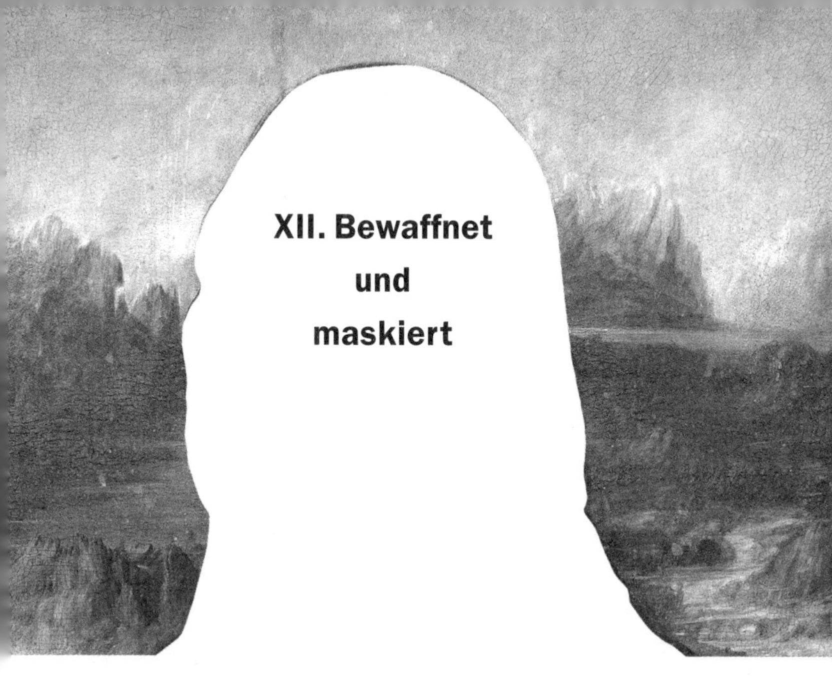

XII. Bewaffnet und maskiert

Einbruch in der Burg

Das Museo Civico in Verona befindet sich seit den 1920er Jahren im Castelvecchio, der alten Burg der Scaliger, die 1354–56 direkt an der Etsch errichtet und später mehrfach verändert wurde. Das Museum wurde ab 1958 von dem italienischen Architekten Carlo Scarpa in mehreren Etappen modernisiert. Ihm gelang es dabei, eine Abfolge von Ausstellungsräumen zu schaffen, in denen die Geschichte des Gebäudes sichtbar blieb, gleichzeitig aber ein zusammenhängender Parcours für die Besucher und Besucherinnen entstand, in dem eine moderne Präsentation der Kunstwerke möglich wurde. Im Erdgeschoss befindet sich die Skulpturenabteilung mit Werken vor allem des Mittelalters. Das Obergeschoss ist der Gemäldegalerie vorbehalten, in der Werke insbesondere der Veroneser und venezianischen Maler präsentiert werden, die zeitlich von der Spätgotik bis zum Barock reichen und ergänzt werden durch Bilder von Künstlern aus anderen Teilen Italiens und Europas. Außerdem konnte das Museum den kompletten Bestand an Entwurfszeichnungen für die Modernisierung des Kastells von Scarpa erwerben.

Mit seinem Bestand an zum großen Teil herausragenden Gemälden und Skulpturen gehört das Museum zu einer der wichtigen Sehenswürdigkeiten der Stadt, auch wenn es weit hinter der Arena und dem Balkon von Romeo und Julia rangiert, den touristischen Highlights. Insofern ist es auch erstaunlich, dass das Museum nicht besser gesichert war und es so für die Einbrecher ein leichtes Spiel bedeutete, am Abend des 19. Novembers 2015 kurz nach Schließung der Burg um halb acht in das Gebäude einzudringen. Der einzige noch anwesende Wächter hatte die Alarmanlage noch nicht eingeschaltet, als er von drei bewaffneten und maskierten Männern überwältigt wurde, ebenso wie die Kassiererin, die sich auch noch im Museum befand. Die Einbrecher suchten sich anschließend in aller Ruhe verschiedene relativ kleinformatige Bilder aus, die sie mitnehmen wollten, darunter Meisterwerke von Jacopo Bellini, Andrea Mantegna, Peter Paul Rubens und das *Porträt eines Jungen mit Kinderzeichnung* von Giovanni Francesco Caroto, ein außergewöhnliches, vielfach abgebildetes Werk. Nach etwa siebzig Minuten luden sie siebzehn Gemälde ins Auto des Wächters und suchten das Weite. Merkwürdigerweise stand der Wagen des Wächters abfahrbereit da, nicht verriegelt und mit steckendem Schlüssel. Erst nachdem sich der Wächter und die Kassiererin von ihren Fesseln befreit hatten, konnten sie die Polizei alarmieren. Bis dahin waren die Einbrecher über alle Berge. Der Wächter gab zu Protokoll, die Einbrecher hätten mit osteuropäischem Akzent gesprochen. Viel mehr konnte (und wollte) er nicht beitragen.

Bald wurde die italienische Spezialbrigade zum Kulturgutschutz (CTPC) eingesetzt, die die 48 vorhandenen Überwachungskameras auswertete, denn die Diebe hatten diese nicht bemerkt und sie deshalb weder abgeschaltet noch darauf geachtet, nicht erkannt zu werden. Dieses Bildmaterial führte die Ermittler relativ schnell auf die richtige Spur. Zu dem Umstand, dass der Zündschlüssel im Auto des Wächters gesteckt hatte, bereit, um loszufahren, gaben die Kameras noch preis, wie bereitwillig sich dessen Inhaber hatte fesseln lassen. Im Verhör verwickelte er sich schnell in Widersprüche und es wurde klar, dass er maßgeblich an dem Raub beteiligt war. Außerdem war sein Bruder involviert, der früher bei einem Sicherheitsdienst gearbeitet hatte, sowie dessen Verlobte, die aus der Republik Moldau stammte und die Verbindung nach Osteuropa hergestellt hatte. Ermittlungen der Spezialbrigade, zu denen auch das Abhören von Telefonaten gehört, führten nach Russland und in die Ukraine. Der Kreis der Verdächtigen konnte bald eingegrenzt werden, und aufgrund der guten Zusammenarbeit mit der ukrainischen Polizei wurden im März in Italien und in der Republik Moldau insgesamt 13 Tatverdächtige festgenommen. Im Mai wurden dann von ukrainischen Grenzschützern auch die Bilder auf einer Insel im Dnister, dem Grenzfluss zwischen der Republik Moldau und der Ukraine, gefunden, sorgfältig in Plastiksäcke eingepackt.

Dieser Erfolg wurde in Italien natürlich gefeiert, doch auf die Rückkehr der Bilder mussten die Veroneser noch eine Weile warten. Erst verlangte man in Kiew, dass die ehemalige Leiterin des Museo Civico die Bilder identifizieren müsse, was sie auch tat – in einem Konferenzraum des Präsidentenpalasts. Ein Brief aus Italien mit der Bitte um Rückführung der Bilder blieb indes unbeantwortet. Stattdessen ließ der damalige ukrainische Präsident, Petro Poroschenko, die Bilder im Khanenko-Museum ausstellen.

Bei der Eröffnung der Ausstellung trug der Bürgermeister von Verona Poroschenko die Ehrenbürgerwürde seiner Stadt an, die dann verliehen würde, wenn er die Bilder zurückbrächte. Dazu kam es nicht. Der Staatsbesuch, den Poroschenko seinem Kollegen Matteo Renzi abstatten wollte, fand nicht statt, weil Renzi zurücktrat. Doch dann durfte der Bürgermeister von Verona gemeinsam mit dem italienischen Kultusminister im Dezember 2016 nach Kiew fliegen und die Bilder zurückholen, die anschließend in Verona präsentiert wurden. Gleichzeitig wurde den vier in Italien verhafteten Tätern der Prozess gemacht. Der Wärter und sein Bruder wurden zu zehn Jahren Haft verurteilt, die Verlobte oder Freundin des Bruders zu sechs Jahren und schließlich ein Moldauer, der sich in Italien befand und zu der Bande gehörte, zu fünf Jahren.

Die Bilder wurden restauriert und befinden sich seit September 2017 wieder an Ort und Stelle. Ihr Wert wurde mit 15 bis 20 Millionen Euro angegeben. Dabei handelt es sich vermutlich um die Versicherungssumme, auf dem freien Markt würden die Gemälde vermutlich höhere Preise erzielen. Doch sie wären überhaupt nicht verkäuflich gewesen. Die Beweggründe der Diebe sind bis heute nicht geklärt. Im Raum stehen ein ominöser tschetschenischer Sammler (also wieder der Mythos vom geheimen Auftraggeber, der eher in Hollywood als in der Realität existiert) oder die Möglichkeit, die Bilder in Osteuropa an verschiedene Sammler zu verscherbeln. Ebenso könnten sich die Diebe eine Lösegeldforderung erhofft haben. Doch all das sind Spekulationen. Das von der Lega Nord verbreitete Gerücht, Poroschenko habe sich die Rückgabe der Gemälde mit einer Million Euro bezahlen lassen, wurde von der italienischen Regierung dementiert.

Ab nach Serbien

Am 10. Februar 2008, einem Sonntag, drangen nachmittags drei bewaffnete und maskierte Männer in das Zürcher Privatmuseum Bührle ein, hielten das Wachpersonal mit ihren Schusswaffen in Schach und stahlen vier sehr wertvolle Gemälde, weshalb einmal wieder der «größte Kunstraub Europas» bemüht wurde. Immerhin waren die vier Bilder von Paul Cézanne, Edgar Degas, Vincent van Gogh und Claude Monet zusammen 180 Millionen Schweizer Franken wert. Bereits nach drei Minuten hatten die Täter ihre Arbeit verrichtet, die alarmierte Polizei konnte nur noch versuchen, Spuren zu sichern. Merkwürdigerweise wurden die Bilder von van Gogh und Monet etwa eine Woche später in einem Auto sichergestellt, das vor einer Zürcher Klinik parkte.

Schon bald führten DNA-Spuren auf diesen Gemälden nach Serbien, wohin verdeckte Ermittler immer wieder fuhren und sich dort als interessierte Käufer ausgaben. Nach vier Jahren gelang es ihnen nicht nur, die beiden anderen Bilder zurückzuerhalten, die serbische Polizei konnte auch einige wenige Mitglieder einer schon länger im Fokus stehenden Bande, die sich «Pink Panther» nennt, festnehmen. Diese ist eigentlich auf Juwelendiebstahl spezialisiert und macht immer wieder von sich reden, zuletzt an Weihnachten 2020 in Düsseldorf. Die damals verhafteten Mitglieder erwartete ein Prozess zur Bekämpfung der organisierten Kriminalität.

Inzwischen weiß man, dass an der Wiederbeschaffung der Bilder etwa 30 Ermittler aus sechs Ländern beteiligt waren. Wer die Kosten trug, wurde nicht bekannt gegeben. Doch noch zwei weitere Bilder tauchten in Serbien wieder auf: Werke von Pablo Picasso, Leihgaben aus dem Sprengel Museum Hannover, die kurz vor der Zürcher Aktion in Pfäffikon gestohlen worden waren. Ein halbes Jahr vor dem Cézanne kehrten sie nach Hannover zurück. Ob auch sie bei «Pink Panther» gefunden wurden, ist nicht publik gemacht worden.

Es ist jedenfalls bekannt, dass Osteuropa zu einem großen Umschlagplatz für Diebesgut geworden ist. Und so wurden auch im September 2020 einige Schätze aus Großbritannien in Rumänien sichergestellt. Es handelte sich um Manuskripte, Erstausgaben und andere wertvolle Bücher. Durch die Koordination von rumänischer, britischer und italienischer Polizei konnten sowohl 16 Verdächtige (15 in Großbritannien, einer in Italien) festgenommen als auch die Werke sichergestellt werden, bevor sie weiterveräußert wurden.

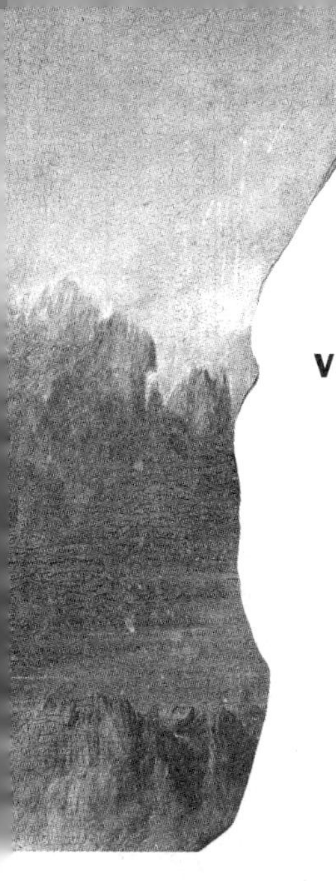
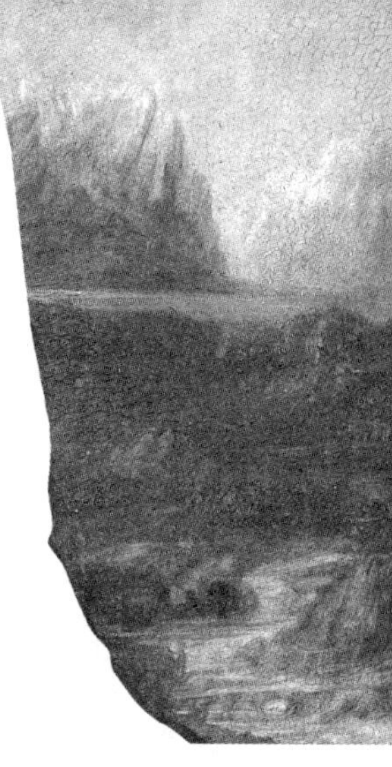

XIII. Für immer verloren geglaubt

Das Wunder von Gotha

Anfang Dezember 2019 berichteten mehrere Zeitungen, dass fünf Gemälde, die vor ziemlich genau vierzig Jahren aus dem Gothaer Museum in Schloss Friedenstein gestohlen worden waren, wieder aufgetaucht seien und sich im Moment in den Restaurierungswerkstätten der Staatlichen Museen in Berlin befänden. Nachdem die Berliner sicher waren, dass es sich um die Originale handelte, wurden diese ab dem 20. Januar 2020 für wenige Tage in Gotha präsentiert. Anschließend befanden sie sich in verschiedenen Restaurierungswerkstätten.

Doch was war überhaupt passiert?

Der größte Kunstraub in der Geschichte der DDR, wie er immer wieder bezeichnet wurde, geschah in der Nacht vom 13. auf den 14. Dezember 1979. Damals brachen die Täter in das schon lange als Museum genutzte barocke Schloss Friedenstein ein, das von einem Park umgeben ist. Sie kletterten mit Hilfe von Steigeisen an einem Fallrohr bis in das dritte Geschoss, wo sie durch ein Fenster ins Innere gelangten, um offensichtlich gezielt bestimmte Bilder von der Wand zu nehmen. Der Zeitpunkt der Tat konnte durch die Klimageräte bestimmt werden, die ab halb drei in der Nacht eine feuchte Kühle registrierten. Es ist zu vermuten, dass die Diebe gut über die Zustände im Museum informiert waren, denn die neue Alarmanlage, die gerade installiert worden war, funktionierte noch nicht. Das bot den Einbrechern Schutz vor unliebsamen Überraschungen. Die Bilder, vorwiegend niederländische Altmeister aus dem 16. bis 18. Jahrhundert, wurden aus dem Fenster abgeseilt, dann verschwanden auch die Täter auf diesem Wege.

Es war nicht das erste Mal, dass ein Versuch unternommen worden war, in das Museum einzudringen. Doch die drei Male davor hatten die Einbrecher weniger Glück gehabt. Das erste Mal löste sich der Blitzableiter, an dem die Diebe (oder der Dieb) versucht hatten, hinaufzuklettern. Das zweite Mal scheiterte der Versuch, mit Hilfe einer Leiter ein Fenster zu öffnen. Das dritte Mal wurden sechs Personen Dank eines aufmerksamen Pförtners von der Polizei festgenommen und anschließend verurteilt. Auch sie hatten es auf das damals noch Jan Brueghel selbst zugewiesene Bild abgesehen. Strippenzieher war in diesem Fall vermutlich ein Händler, der durch seine Spekulationsgeschäfte bekannt war und mit der Staatssicherheit zusammenarbeitete. Er wurde nicht belangt, die auf frischer Tat ertappten Täter wurden durch eine Generalamnestie bald wieder entlassen.

Trotz einer groß angelegten Fahndung blieben die wertvollen Gemälde verschwunden. Die sechs wieder freigelassenen Täter des versuchten Diebstahls wurden genau überprüft, man konnte ihnen aber diesmal keine Schuld nachweisen. Nicht nur die Polizei ermittelte, auch die Staatssicherheit, obwohl (oder vielleicht gerade deshalb?) Gerüchte kursierten, die Bilder seien von dieser Behörde entwendet worden, um als «Bezahlung» für einen Gefangenenaustausch zu dienen.

Im Juli 2018 meldete sich ein Rechtsanwalt bei dem Gothaer Oberbürgermeister Knut Kreuch und deutete an, er wisse, wo sich die Gemälde befänden. In weiteren Gesprächen erklärte er, dass seine im Westen Deutschlands lebenden Mandanten die Bilder besäßen und zurückgeben wollten – allerdings gegen Bezahlung einer sehr hohen Summe. Sie lieferten nicht nur Farbfotografien der Bilder, von denen bislang nur Schwarzweiß-Aufnahmen bekannt waren, sondern auch eine unglaubwürdige Erwerbsgeschichte mit. Kreuch ging auf das Angebot ein, wohl auch, weil er sich noch genau erinnerte, was der Diebstahl damals bei ihm ausgelöst hatte. Das schilderte er nach der erfolgreichen Übergabe in einer Pressemitteilung der Stiftung Schloss Friedenstein:

«Ich war im Dezember 1979 gerade 13 Jahre alt geworden. Meine Mutti schaute am Freitagabend auf ZDF immer die Sendung ‹Aktenzeichen XY ungelöst› und ich fand es furchtbar, wie viel Raub und Mord es im Westen gab. Irgendwie fühlte ich mich sicher hinter Mauer und Stacheldraht, war als Kind überzeugt, so etwas kann in der DDR nicht passieren. Diese Empfindung wurde im Dezember 1979 arg enttäuscht, denn lange bevor es eine kleine Mitteilung in der Zeitung ‹Das Volk› gab, tuschelte schon der Buschfunk von Gotha über den großen Kunstraub im Schloss Friedenstein. Seit vierzig Jahren liegt diese Tat wie ein ungeklärtes Trauma über der Stadt. Die Hoffnung, die wertvollen Gemälde eines Tages wieder zu bekommen, hatten viele Menschen schon aufgegeben.» Auch deshalb sei die Aufklärung des Kunstraubs von Gotha ein Lebenstraum für ihn.

2018 wandte sich der Oberbürgermeister an die Ernst von Siemens Kunststiftung als potentiellen Geldgeber, aber auch als Unterstützer bei den Verhandlungen, die sich über ein Jahr hinzogen. Kreusch konnte den Rechtsanwalt tatsächlich davon überzeugen, dass die Bilder überprüft werden müssten, bevor Geld fließen könnte. Darauf ließen sich die Besitzer ein, und so kamen die Gemälde am 30. September 2019 ins Ratghen-Forschungslabor der Staatlichen Museen in Berlin. Inzwischen war auch die Polizei eingeschaltet worden. Die letzten Besitzer, bei denen sich die Bilder wohl über dreißig Jahre befunden hatten, waren zwar nicht mehr zu belangen, weil die Tat längst verjährt war, doch konnten sie vielleicht bei der Rekonstruktion der Tat behilflich sein. Die geforderte Summe Geldes erhielten sie allerdings nicht, da es sich bei der Stiftung Schloss Friedenstein immer noch um die rechtmäßigen Eigentümer handelte.

Nach der Rückgabe der Bilder kursierten verschiedene Geschichten: Die immer wieder geäußerte Vermutung, dass die Staatssicherheit den Diebstahl initiiert habe, stellte sich schnell als haltlos heraus ebenso wie die These, die Gemälde seien mitsamt illegaler Fleischtransporte nach Bayern gelangt, um die Staatskasse der DDR ein wenig aufzubessern. Die Freipressung eines in der DDR gefangen gehaltenen Freundes durch Westdeutsche, die den Diebstahl in Auftrag gegeben hätten, ist ebenfalls ein Ammenmärchen. Doch das Gerücht, der letzte Besitzer sei ein Arzt aus Ostfriesland gewesen, stimmte zumindest teilweise. Das wurde im Sommer 2020 durch die Aussagen des Arztes und seiner Geschwister offenbar. 1986 meldete sich bei deren Eltern ein aus der DDR stammender Mann, Rudi mit Namen. Er war der kleine Bruder eines Freundes der Eltern, der inzwischen in Australien lebte. Die Eltern halfen Rudi und seiner Familie, die bald auch ausreisen durfte, im Westen Fuß zu fassen. Er bat sie dann, mit ihm gemeinsam noch einmal in die DDR zu fahren, weil sich dort noch einige wertvollere Dinge befänden, die über die Grenze gebracht werden sollten. Das erfuhren die Kinder, zu dem Zeitpunkt junge Erwachsene, erst sehr viel später. Sie wussten nicht, wo die fünf Gemälde herkamen, die plötzlich in dem bescheidenen Reihenhaus an der Wand hingen, machten sich darüber aber offensichtlich auch keine Gedanken und nahmen die Erklärungen der Eltern hin, ohne sie zu hinterfragen. Der Kontakt zu Rudi kühlte ab, die Bilder blieben. 2009 strahlte der MDR eine Sendung über den Diebstahl der Bilder aus – ein Versuch, die Gemälde nach dreißig Jahren zurückzubekommen, zumal der Diebstahl als Straftat verjährt war. Nun war klar, woher die Bilder stammten. Doch erst, nachdem die Mutter 2014 gestorben war, wünschte sich der Vater, dass die Bilder nach Gotha zurückkehren sollten. Nach dem Tod des Vaters wurden die Geschwister aktiv. Sie wussten jetzt, dass die Eltern Rudi die Bilder abgekauft hatten, allerdings kannten sie die Summe nicht. Viel kann es nicht gewesen sein, weil die Eltern nur mit Mühe das Reihenhaus abbezahlen konnten.

Ob es sich bei Rudi, der Jahre vor der Rückgabe der Bilder gestorben war, auch um den Dieb handelte, lässt sich nicht mit Sicherheit sagen. Doch durch einige Zeugenaussagen und seine Akte bei der Staatssicherheit gibt es genug Indizien, die dafür sprechen. In der fragwürdigen Nacht wurde sein Auto, das seinerzeit schon als Oldtimer galt, am Tatort gesichtet. Die Volkspolizei habe damals die Zeugenaussagen nicht ernst genommen und habe die Spur nicht weiterverfolgt, heißt es. Die Steigeisen, die benutzt wurden, waren aus einem Stahl hergestellt, der nur in zwei Betrieben der DDR hergestellt wurde – in einem von ihnen war Rudi zum Schmied ausgebildet worden. Im Gothaer Schloss hatte man damals Fingerabdrücke gefunden. Sie stimmen mit denen überein, die sich in Rudis Akte finden, denn er verübte auch anschließend noch einige Einbrüche – allerdings keine Kunstdiebstähle.

Rudi dürfte allein oder mit Komplizen die Bilder gestohlen haben. Seine Beweggründe müssen im Dunklen bleiben. Freunde und die Witwe behaupten, er habe aus Hass auf das Regime gehandelt. Aber warum klaut man dann fünf Gemälde? Es gibt die Behauptung, er habe sich vor dem Diebstahl mit Kunsthistorikern in Prag getroffen. Es gibt die Aussage, er habe auf der Leipziger Frühjahrsmesse 1981 mit dem Bosch-Generalvertreter aus der BRD Kontakt aufgenommen, um mit ihm über die Möglichkeiten zu verhandeln, die Bilder im Westen zu verkaufen. Doch der lehnte ab. War es dann letztendlich schiere Verzweiflung, die ihn dazu trieb, die Bilder für wenig Geld zu verkaufen, um überhaupt etwas zu bekommen? Falls nicht noch weiterführende Dokumente auftauchen, wird das ein Geheimnis bleiben, das allerdings sekundär ist im Vergleich dazu, dass die Bilder wieder aufgetaucht sind.

Die aufwendigen Restaurierungsmaßnahmen waren im Frühsommer 2021 beendet. Schon vorher war sich die Fachwelt über die teilweise neuen Zuschreibungen einig. Das Gemälde der *Hl. Katharina* stammt zweifelsfrei von Hans Holbein dem Älteren und ist um 1510 entstanden. Das *Brustbild eines unbekannten Herrn mit Hut und Handschuhen* galt lange als Werkstattarbeit von Frans Hals, wurde aber vermutlich doch vom Maler selbst gemalt und wird um 1635 datiert. Die *Landstraße mit Bauernwagen und Kühen* dürfte in der Werkstatt von Jan Brueghel dem Älteren entstanden sein, das

Selbstbildnis mit Sonnenblume hingegen ist eine von vielen Kopien, die nach dem von 1632/33 stammenden gleichnamigen Gemälde von Antonis van Dyck angefertigt wurden, das sich im Besitz des Duke of Westminster befindet. Das *Bildnis eines alten Mannes* wurde 1799 als eigenständiges Werk von Rembrandt angekauft, galt aber schon länger als Gemälde eines Schülers oder Zeitgenossen Rembrandts. Erst dem Freund Jan Lievens zugewiesen, wird heute eher der Schüler Ferdinand Bol als Maler vermutet. Die aus den verschiedenen Restaurierungswerkstätten nach Gotha zurückgekehrten Gemälde benötigten neue, passende Rahmen, bevor sie öffentlich präsentiert werden konnten. Die große Ausstellung mit dem Titel «Wieder zurück in Gotha – die verlorenen Meisterwerke» von Oktober 2021 bis Mai 2022 behandelt auch die Verlustgeschichte der Gothaer Kunstsammlung im 20. Jahrhundert allgemein. Anschließend werden die Bilder dann wieder Teil der Sammlung sein.

Eine ähnliche Geschichte – in den Details dann aber doch nicht vergleichbar – spielte sich vor Jahren in Piacenza ab und fand ebenfalls im Dezember 2019 zu einem guten Ende.

Der doppelte Klimt

Ein Bild von Gustav Klimt, das sich im Nachlass fand und das abwechselnd als *Damenbildnis, Bildnis einer Frau* oder *Porträt einer Frau* bezeichnet wurde, entstand vermutlich um 1916/17. Bei der Versteigerung des Nachlasses des Wiener Künstlers durch seinen Galeristen Christian Nebehay 1918 kaufte es ein Mailänder Galerist. 1925 erstand es der aus Piacenza stammende Kunstsammler Giuseppe Ricci Oddi, der damals in seiner Heimatstadt mit dem Bau einer Galerie begonnen hatte, die 1931 eröffnet wurde

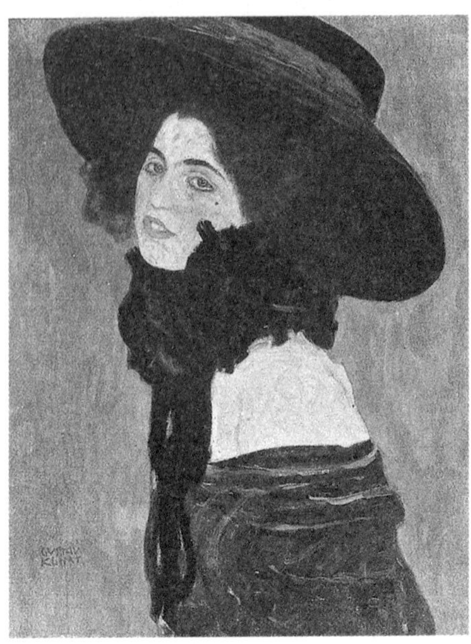

Gustav Klimt, *Backfisch*, 1910, Öl auf Leinwand, 1916 übermalt

und die bis heute existiert. Das *Damenbildnis* von Klimt stellte insofern eine Ausnahme dar, als Ricci Oddi vorzugsweise Gemälde italienischer Künstler des 19. und frühen 20. Jahrhunderts gesammelt hatte.

1996 behandelte die 19-jährige Schülerin Claudia Maga, die das Kunstgymnasium in Piacenza besuchte, einige Frauenbildnisse der Galerie, darunter dasjenige von Klimt. In einer Monografie über Klimt stieß sie auf ein (verschollenes) Bildnis, bei dem sie einige Ähnlichkeiten mit demjenigen in ihrer Heimatstadt feststellte.

Dieses *Backfisch* bezeichnete Bild hatte Gustav Klimt 1910 in der Galerie Miethke in Wien ausgestellt; von dort erhielt er es erst 1916 zurück, wie aus einem Schreiben vom 7. Dezember des Jahres hervorgeht.[1] Das Aussehen des Bildes ist durch eine Farb-

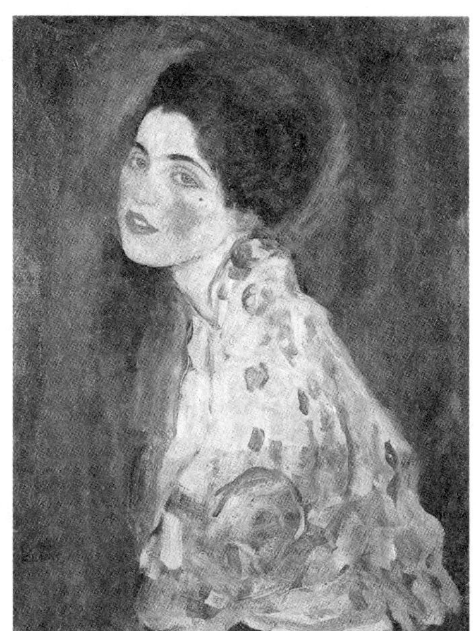

Gustav Klimt, *Damenporträt*, 1916, Öl auf Leinwand, Piacenza, Galleria Ricci Oddi

abbildung in Velhagen und Klasings Monatsheften von 1917/18 auf S. 32 dokumentiert. Dort datierte es Franz Servaes auf 1912, obwohl es ja schon 1910 existierte. Seit Klimts Tod galt das Bild als verschollen. Es zeigt eine junge Frau mit einem überdimensionierten dunklen Hut, einer Federboa um den Hals, die unter einer blauen Stola, die die Schultern frei lässt, eine weiß in weiß gemusterte Bluse trägt. Ihr Gesicht im Dreiviertelprofil schaut aus dem Bild heraus. Das stark geschminkte Gesicht, in dem die dunklen Augenbrauen und das Rot der Lippen und Wangen ebenso auffällt wie der Schönheitsfleck rechts unter dem Auge, wird von dunkelbraunen Haaren gerahmt. Der hellgrüne diffuse Hintergrund ist strukturiert und zeigt möglicherweise eine Tapete. Relativ weit links unten hat Klimt das Bild signiert.

Das Bild in Piacenza zeigt dasselbe Gesicht, die Frau trägt

allerdings keinen Hut, sondern braune, hochgesteckte Haare. Schultern und Nacken sind von einem hellen Tuch mit Farbtupfern bedeckt. Der grünliche Hintergrund besteht aus breiten Pinselstrichen, die nicht überall dunklere Partien abdecken können. Das helle Tuch zeigt direkt an der Schulter dieselben Muster wie die Bluse des *Backfisch*, weiter unten scheint es etwas Dunkleres zu überdecken (Abb. S. 176–177).

Claudia Maga war sich sicher, dass sich unter dem *Damenbildnis* der *Backfisch* verbarg, und sie teilte ihre Beobachtungen mit. Sie überzeugte den damaligen Direktor der Galerie, der das Bild untersuchen ließ, und tatsächlich erschienen auf dem Röntgenbild und der Infrarotaufnahme der *Backfisch* (es wurden auch noch Infrarot- und Ultraviolett-Reflektografien gemacht). Klimt hatte das Bild, nachdem er es zurückerhalten hatte, übermalt, ein für ihn durchaus typisches Verhalten. Nur das Gesicht hatte er belassen. Inwieweit er dort auch farbliche Veränderungen vornahm, ist schwierig zu beurteilen, da die Farbaufnahme nicht unbedingt die exakten Farben wiedergibt.

Die Ergebnisse der Untersuchungen über das Bild waren sensationell und konnten einfließen in die Ausstellung *Da Hayez a Klimt*, die ab dem 8. März 1997 im Palazzo Gotico in Piacenza gezeigt werden sollte, da die Galerie Ricci Oddi dringend renovierungsbedürftig war. Im Februar war mit den Vorbereitungen zu der Ausstellung begonnen worden, Schritt für Schritt wurden die Bilder abgenommen, verpackt und in den Palazzo Gotico verbracht, während auch schon die Renovierungsarbeiten in Angriff genommen wurden. Es war ein Kommen und Gehen und die Alarmanlage schon aus diesem Grunde abgestellt. Am 22. Februar 1997 stellte man dann fest, dass der Klimt, der das wichtigste Stück in der Ausstellung werden sollte und auch das Cover des

Kataloges zierte, spurlos verschwunden war und das vermutlich schon seit Tagen! Die Polizei vermutete, dass die Täter über das Dach entkommen waren, da sich dort der leere Rahmen fand. Die Idee, das Gemälde über ein Dachfenster aus dem Haus gebracht zu haben, stellte sich nach 19 Jahren als irrig heraus, als festgestellt wurde, dass der Rahmen für das Fenster zu groß war. Die Ermittlungen der Polizei betrafen auch die Aufseher der Galerie, doch musste dieser Verdacht wie so viele andere fallengelassen werden. Am 10. Dezember 2019 tauchte das Bild plötzlich wieder auf. Bei Gartenarbeiten wurde das Haus von wild wucherndem Efeu befreit. In einer der Mauern entdeckte man eine durch den Efeu versteckte kleine Metalltür, hinter der sich eine Nische verbarg. In dieser Nische befand sich das in Plastik eingewickelte Bild. Der erstaunlich gute Zustand sprach gegen die zuerst geäußerte Vermutung, das Bild habe dort die Jahre über gelagert.

Durch die Röntgenaufnahmen kurz vor dem Diebstahl konnte sehr schnell festgestellt werden, dass es sich tatsächlich um das Original handelte. Bis Juni 2020 befand es sich bei der Polizei, anschließend kam es in den Safe einer Bank in Piacenza, wo es so lange blieb, bis die Sicherheitsvorkehrungen in der Galerie dem neusten Standard entsprachen. Seit dem 28. November 2020 befindet sich das Bild wieder in der Galerie, das ihm erst eine Einzelausstellung widmete, gefolgt von drei Präsentationen, die vor allem das Werk von Gustav Klimt unter verschiedenen Aspekten behandeln. Diese reichen zeitlich weit bis ins Jahr 2022. Damit wird dem Bild ein Stellenwert eingeräumt, den es vorher nicht besessen hatte und der aus kunsthistorischer Sicht vielleicht auch fragwürdig ist. Sicher ist: Der Bekanntheitsgrat und damit auch der Wert des Bildes sind um ein Vielfaches gestiegen. Zur Zeit des Diebstahls sprach man von umgerechnet 1,5 Millionen Euro, jetzt ist von 60 bis 100 Millionen Euro die Rede, was wahrscheinlich ein wenig hochgegriffen ist.

Doch wo war das Bild die ganze Zeit? Wer hatte es gestohlen? Und vor allem warum?

Seit der Wiederentdeckung machten verschiedene Geschichten die Runde:

Bereits kurz nachdem das Bild wieder aufgefunden war, am 16. Dezember 2019, wiederholte die Wiener Zeitung «Der Standard» die Ungereimtheiten, über die im *Magazine* der BBC bereits am 8. Dezember 2016 berichtet worden war.[2] Angeblich hatte es mehrere Kopien des Bildes gegeben. Eine davon hatte ein Kunsträuber bereits im Herbst 1996 gegen das Original ausgetauscht, um den Direktor bei der Ausstellung zu dupieren, wenn die angereisten Klimt-Experten die Kopie als solche erkannt hätten. Das Original wollte er um das zwanzigjährige Jubiläum des Diebstahls herum zurückgeben.

Wenn diese Geschichte stimmt, hätte sich das Bild fast drei Jahre lang in seinem Verließ befunden, wogegen nicht nur der gute Erhaltungszustand spricht, sondern auch die Tatsache, dass diese Klappe durchaus bekannt gewesen ist und mehrfach geöffnet wurde.

Im Februar 2020 meldeten sich tatsächlich zwei stadtbekannte Kunstdiebe bei dem Journalisten Ermanno Mariani, der 2018 ein Buch über das Porträt veröffentlicht hatte, und gestanden den Diebstahl. Sie hätten, nachdem ihre Tat verjährt gewesen sei, das Bild als Weihnachtsgeschenk zurückgegeben. Diese beiden sind inzwischen mehrfach verhört worden, zumal auch der 2009 verstorbene ehemalige Direktor der Galerie inzwischen zu den Verdächtigen gehört, was sowohl die beiden Kunstdiebe als auch seine Witwe bestreiten. Denn in den (nur in Fotokopien erhaltenen und vermutlich manipulierten) Tagebuchaufzeichnungen von Stefano Fugazza findet sich eine Passage, in der er mit einem fingierten Diebstahl liebäugelte, damit der Ausstellung *Da Hayez a Klimt* mehr Aufmerksamkeit zuteil würde:

«Ich habe mich gefragt, was man tun könnte, um der Ausstellung eine durchschlagende Bekanntheit zu verleihen und ihr einen in Piacenza noch nie dagewesenen Erfolg zu garantieren. Die exakte Idee war, den Klimt ganz bewusst kurz vor der Ausstellung zu entwenden (mein Gott, genau was dann auch geschah) und ihn dann während der Ausstellung wiederzufinden. In der Tat habe ich mich gefragt, was man tun müsse, um Missverständnisse und Ermittlungen zu vermeiden: man konsultiere einen Notar, hinterlege dort einen Brief, in dem die wahren Absichten der Inszenierung erläutert werden …».[3]

Jetzt aber tauchte der Klimt drei Tage vor der Eröffnung einer Ausstellung auf, die den 2009 verstorbenen Museumsdirektor würdigte. War das ein Zufall? Absicht der Kunstdiebe? Steckte doch die Witwe von Fugazza dahinter? Valerio Beltrame, einer der Kunstdiebe, versichert allerdings, dass die Witwe von Fugazza nichts damit zu tun hat. Inzwischen ist bereits ein Roman über den Diebstahl geplant und mehrere Regisseure sind an den Filmrechten interessiert – über die genauen Umstände kann aber weiterhin spekuliert werden.

Anders verhält es sich bei einem weiteren Fund, der nun keine Rätsel mehr aufgibt: Als die griechische Polizei Ende Juni 2021 das 1939 entstandene Bild *Frauenkopf* von Picasso in einer Schlucht bei Athen entdeckte, das 2012 aus der Athener Pinakothek gestohlen worden war, konnte sie auch den geständigen Täter festnehmen. Picasso hatte das Gemälde nach dem Zweiten Weltkrieg dem griechischen Volk geschenkt: als Dank für den Widerstand gegen die Nationalsozialisten, wie eine Widmung von 1946 bezeugt.

Sie sind nicht in Düsseldorf geblieben

Im Sommer 2020 konnten in Italien sechs von zwölf historischen Gläsern sichergestellt werden, die am 8. Februar 2000 aus dem Glasmuseum Hentrich gestohlen worden waren, das dem Kunstpalast in Düsseldorf angegliedert ist. Bereits 2019 hatte es eine erste Kontaktaufnahme mit dem Museum gegeben, 2020 wurde dann eine Übergabe in Italien versprochen – natürlich verbunden mit einer Lösegeldforderung. Die deutsche Polizei nahm daraufhin mit den italienischen Kollegen Kontakt auf, und die Carabinieri Tutela Patrimonio Culturale leisteten wieder einmal perfekte Arbeit, an deren Ende die Übergabe in einem Hotel stattfand. Die Polizei spielte Gäste und Personal, einzig der Kunstsachverständige war echt. Das Paar wurde verhaftet, die Gläser sichergestellt. Natürlich hofft Düsseldorf nun darauf, dass auch die anderen sechs Gläser wieder auftauchen. Sie finden sich ein wenig versteckt auf der Website des Museums, auf der auch die wiedergefundenen Objekte gezeigt werden.[4]

Der Fluch der Götter

An archäologischen Stätten finden sich nicht nur grabende Räuber, also solche, die noch nicht entdeckte Stücke «finden» und verkaufen. Auch Touristinnen und Touristen, die Publikumsmagnete wie beispielsweise Pompeji besuchen, nehmen gerne ein Souvenir mit. Und wieviel aufregender ist es doch, ein Original zu ergattern, als Nachbildungen im Museumsshop zu kaufen.

Doch, so kann man Zeitungsberichten entnehmen, bringen diese Souvenirs nicht immer Glück und werden dann zurückgeschickt. In Pompeji sind einige dieser wiedererhaltenen Stücke inzwischen in einer eigenen Ausstellung zu sehen – zusammen mit den Bekennerschreiben.

Eines von ihnen stammt von einer Kanadierin, die sich «Nicole» nennt und die Rückgabe zweier Mosaikfliesen, eines Teils einer Amphore und eines Stücks Keramik folgendermaßen begründet: «Ich war jung und dumm. Ich wollte ein Stück Geschichte mit nach Hause nehmen und habe dabei nicht bedacht, was genau ich da mitnahm: Ein Stück Geschichte, in der sich starke negative Energie versteinert hat. Viele Personen sind auf schreckliche Weise umgekommen und ich habe Steine aus dieser verwüsteten Gegend mitgenommen». Diese «negative Energie» hatte wohl auch direkte Auswirkungen auf Nicoles Leben, denn sie fährt fort: «Seitdem hat das Pech mich und meine Familie verfolgt. Ich bin zwei Mal an Brustkrebs erkrankt. Meine Familie und ich haben schwere finanzielle Probleme erlitten. Wir sind anständige Leute und ich will diesen Fluch nicht an meine Familie und meine Kinder weitergeben».[5]

Und so bewahrheitet sich der von berühmten Ausgräbern immer wieder beschworene Fluch der Götter.

Geflucht haben dürfte auch der Direktor der Münchner Glyptothek, als er 2018 einen Anruf von der Polizei bekam, die ihm mitteilte, dass der Kopf der *Antonia Minor*, der Teil der Ausstellung «Charakterköpfe – Griechen und Römer im Porträt» war, Diebesgut sei. Die Ausstellung zeigte eigene Werke sowie Leihgaben anderer Museen und aus Privatbesitz. Besonders Letztere waren auf ihre Herkunft hin geprüft worden, unter anderem mit Hilfe des Art-Loss-Registers (s. S. 24) sowie der Datenbank von Interpol. Dort war die Figur nicht gelistet, das war offenbar vergessen worden, als sie 2010 aus dem Rathaus der spanischen Stadt Bornos verschwunden war. Dort hatte man sie in den 1960er Jahren entdeckt. Wahrscheinlich war die Büste um 50 nach Christus in Spanien gefertigt worden. Sie stellte damit etwas ganz Besonderes dar, ihr Verlust schmerzte vor allem die spanischen Archäologen. Einer von ihnen stieß per Zufall 2018 im Internet auf Bilder der ihm wohlvertrauten Figur und verständigte die Polizei.

Inzwischen ist der Weg, den sie genommen hat, zu Teilen bekannt. Bereits ein Jahr nach ihrem Verschwinden tauchte sie in München auf, einem der größten Umschlagplätze für archäologische Hehlerware. Dort wurde sie von einem Auktionshaus zu einem Schätzpreis von 60 000 Euro angeboten, dann aber für nur 48 000 Euro an einen Privatsammler verkauft, der sie dann an die Glyptothek auslieh. Inzwischen ist der Kauf rückgängig gemacht worden, die Figur wurde am 15. Oktober 2020 vom Präsidenten des Bayerischen LKA an den spanischen Generalkonsul in München übergeben und befindet sich wieder in Spanien. Es war reiner Zufall, dass der spanische Archäologe die Figur entdeckte und dann auch noch erkannte. Es dürfte eine Nadel im Heuhaufen gewesen sein, wenn man bedenkt, wie viele archäologische Funde auf Nimmerwiedersehen verschwinden.

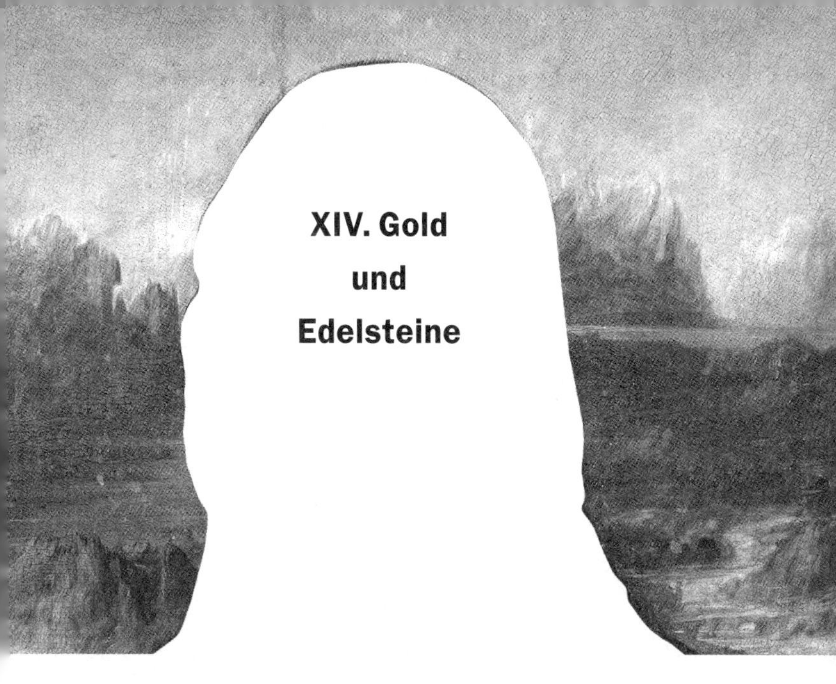

XIV. Gold und Edelsteine

Gold und Edelsteine waren und sind begehrte Objekte. Sie begegnen uns in Mythen, Legenden, Sagen und Märchen. In ihnen werden himmlische Kräfte gebündelt, und sie symbolisieren das Licht. Doch weckten sie auch schon immer Begehrlichkeiten. Daran hat sich bis heute nichts geändert, und so konzentrierten sich auch zwei in den letzten Jahren in Deutschland verübte Diebstähle genau darauf: Im Berliner Bode-Museum wurden im März 2017 die *Big Maple Leaf* genannte Goldmünze gestohlen, im November 2019 Juwelen aus dem Grünen Gewölbe in Dresden. Diese beiden Diebstähle werden hier gemeinsam behandelt, weil sie von demselben Berliner Clan verübt wurden – einer der Täter war sogar in beide Fälle involviert. Übereinstimmung herrscht wohl auch bei der Motivation, denn es ging den Tätern offensichtlich nur um das Material. Bei der Berliner Goldmünze weiß man das sicher, bei den Dresdner Juwelen ist die Befürchtung groß, dass die Diamanten aus den alten Fassungen gebrochen wurden und die Schmuckstücke damit unwiederbringlich verloren sind.

Doch der Reihe nach:

Der *Big Maple Leaf*

Der kanadische *Maple Leaf* ist eine Anlagenmünze, die seit 1979 in verschiedenen Varianten geprägt wird. Auf der Vorderseite ist die Büste von Königin Elisabeth II. zu sehen, auf der Rückseite ein Blatt des Zuckerahorn, also ein «maple leaf». 2007 wurden sechs Stück des *Big Maple Leaf* hergestellt, der bei einem Durchmesser von 53 cm und bei 3 cm Dicke 100 Kilogramm wiegt und aus dem allerfeinsten Gold (99,999 Prozent) besteht. Auf seine Rückseite sind drei Blätter vom Zuckerahorn geprägt. Einer von ihnen befindet sich weiterhin in der königlichen kanadischen Münze, ein weiterer gehört Königin Elisabeth II., von den vier anderen sind drei immer noch in Privatbesitz, der vierte existiert wohl nicht mehr. Ob der *Big Maple Leaf* als Kunstwerk bezeichnet werden kann, ist fraglich, doch muss die Tat schon wegen der Parallelität zu Dresden hier behandelt werden. Außerdem wurde die Münze aus einem Kunstmuseum gestohlen.

Das Bode-Museum in Berlin beherbergt nicht nur eine hervorragende Skulpturen-Sammlung und das Museum für byzantinische Kunst, sondern auch Teile des Münzkabinetts. Dort wurde im Dezember 2010 die Ausstellung «Goldgiganten» gezeigt, für die ein Exemplar des *Big Maple Leaf* von einem Privatmann ausgeliehen wurde. Auch nach Ende der Ausstellung verblieb die große und schwere Münze als Leihgabe im Museum. Sie sollte allerdings am 28. März 2017 abtransportiert und in einer anderen Ausstellung in Berlin präsentiert werden. Doch daraus wurde nichts, denn sie wurde am frühen Morgen des 27. März gestohlen.

So ein schweres und unhandliches Stück kann man nun nicht einfach in die Hosentasche oder einen Beutel stecken. Deshalb kommt hier auch kein Einzeltäter in Betracht. Wie sich später herausstellte, handelte es sich mindestens um drei junge Männer, die von einem im Museum angestellten Wachmann über die Sicherheitsvorkehrungen vor Ort informiert waren. Deshalb wussten sie, dass bei den Kontrollgängen der Wachmänner die Alarmanlagen abgeschaltet wurden, darüber hinaus hatten sie die Information erhalten, dass ein Fenster eines Umkleideraums im Museum defekt und nicht an die Alarmanlage angeschlossen war. Um zwanzig Minuten nach drei Uhr morgens und damit in der Zeit, als einer der Wachmänner seinen Kontrollgang machte, drangen die Täter über das ungesicherte Fenster in das Haus ein, eilten in den Raum, in dem sich die Münze befand, schlugen mit einer Axt die Vitrine ein und flüchteten mit dem schweren Objekt, das sie auf ein Rollbrett legten. Da sie die Münze (und sich selbst) auf ihrem Fluchtweg zum Auto mehrfach abseilen mussten, fanden die Ermittler später an einigen Stellen Goldspuren.

Relativ schnell hatten die Fahnder Mitglieder des Remmo-Clans, einer in Berlin stadtbekannten Familie, im Visier und konnten diese anhand von Indizien und der Bilder der Überwachungskameras, die nicht abgeschaltet waren, am 12. Juli 2017 festnehmen. Doch zu diesem Zeitpunkt war die Münze offensichtlich längst zersägt, eingeschmolzen und in einzelnen Teilen verkauft worden. Angeklagt waren Wissam Remmo, der sich bereits mehrfach vor Gericht hatte verantworten müssen, aber bisher mit leichten Jugendstrafen davongekommen war, seine Vettern Ahmad und Wayci sowie der Wachmann Denis W., ein Schulfreund von Ahmad und nach wie vor ein guter Kumpel. Die Beweisaufnahme zog sich hin, Wissam und die anderen kamen am 17. November wieder frei, da keine Verdunklungsgefahr bestand. Im Januar 2019 begann dann die Hauptverhandlung.

Im Herbst 2018 hatte Wissam Remmo in Erlangen einen Hydraulikspreizer gestohlen, ein sehr teures Werkzeug, mit dem normalerweise die Feuerwehr Menschen aus Autos rettet. Dafür wurde ihm in Erlangen der Prozess gemacht. Am 27. November 2019, zwei Tage nach dem Einbruch ins Grüne Gewölbe in Dresden, kam es in Erlangen zur Hauptverhandlung. Wissam wurde zu zweieinhalb Jahren Haft verurteilt. Nachdem er Berufung eingelegt hatte, stellte das Landgericht «aus prozessökonomischen Gründen»[1] das Verfahren ein, da eine Verurteilung im Berliner Prozess anstand. Im Februar 2020 wurde dort dann das Urteil gesprochen. Wissam und Ahmad Remmo, denen der Einbruch nachgewiesen werden konnte, erhielten viereinhalb Jahre Haft und wurden außerdem zur Zahlung von 3,3 Millionen Euro verurteilt, dem Goldwert der verschwundenen Münze. Der Wachmann kam mit dreieinhalb Jahren und 100 000 Euro davon, die Summe, die er für seine Dienste erhalten hatte. Wayci Remmo musste aus Mangel an Beweisen freigesprochen werden. Die Verurteilten legten Revision ein und mussten deshalb die Haft noch nicht antreten. Wissam zog am 2. Juli zwar die Revision zurück, nicht aber die Beschwerde gegen den Kostenbescheid. Auch er befand sich bis zum 17. November 2020 auf freiem Fuß. Danach saß er in Untersuchungshaft, allerdings nicht in Berlin, sondern in Dresden, bis er im April 2021 in Berlin die Haftstrafe antreten musste.

Noch einmal zurück zum *Big Maple Leaf*, denn auch der einstige Besitzer der Münze, ein Düsseldorfer Geschäftsmann und Kunstsammler, trug großen Schaden davon. Da bei dem Fenster, durch das die Diebe eingedrungen sind, schon über einen längeren Zeitraum hinweg die elektronische Sicherheitsüberwachung defekt gewesen war, lehnte es die Versicherung ab, den gesamten Versicherungswert von 4,2 Millionen Euro zu erstatten, und zahlte nur 20 Prozent davon. Ihr wurde im März 2020 vor dem Berliner Landesgericht Recht gegeben. Dagegen legten der Kläger und die Stiftung Preußischer Kulturbesitz Berufung ein. Das Berliner Kammergericht kam im Mai 2021 zu dem Schluss, dass die Versicherung immerhin 50 Prozent des Versicherungswerts zahlen müsse. Das Urteil ist allerdings noch nicht rechtskräftig.

Einbruch ins Grüne Gewölbe

Am frühen Morgen des 25. November 2019, zwischen 4:55 und 4:57 Uhr, drangen Diebe gewaltsam in das Grüne Gewölbe ein, die Schatzkammer des Dresdner Residenzschlosses, zerstörten eine Vitrine und raubten die Juwelen. Die Diebe waren professionell vorgegangen, hatten zuerst mit dem Brand in einem Verteilerkasten für einen Stromausfall gesorgt, dann ein Fenstergitter durchtrennt und das Fenster mithilfe eines hydraulischen Spreizers (!) ausgehebelt, durch das sie in das Gebäude eindringen konnten. Es gelang ihnen, mit einer Axt das Glas einer Vitrine im sogenannten Juwelenzimmer einzuschlagen und so viele Juwelen mitzunehmen, wie sie in der Eile greifen konnten. Um 4:58 Uhr verständigte das Sicherheitspersonal die Polizei. Doch als diese um 5:04 eintraf, waren die Täter verschwunden. Das Fluchtauto fand sich später ausgebrannt in einer Tiefgarage. Von den Tätern fehlte erst einmal jede Spur, der Schaden war enorm. Was blieb, waren die Filme der Überwachungskameras, auf denen man zwei Personen erkennen konnte.

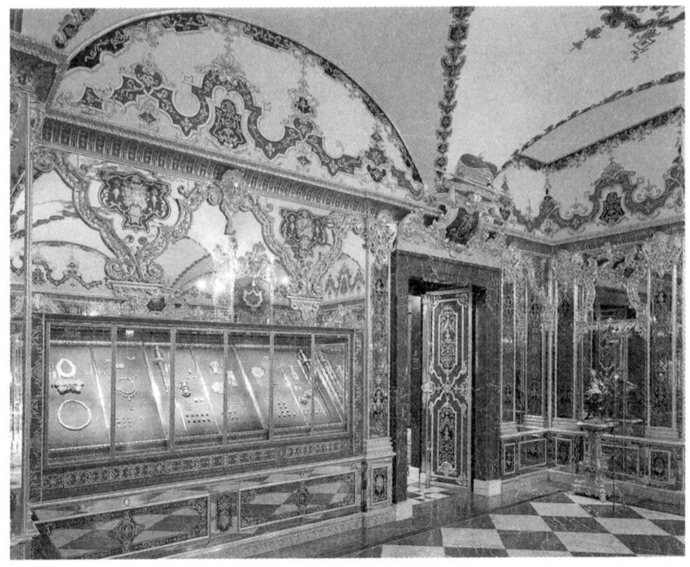

Blick in das Juwelenzimmer im Historischen Grünen Gewölbe, Residenzschloss Dresden

In der Vitrine hatten sich mehrere Ensembles von Schmuckstücken befunden, die auf ausgewählte Gewänder aufgenäht beziehungsweise mit ihnen getragen wurden. Eines davon, die *Diamantrosengarnitur*, besteht zum Beispiel aus zehn Rock- und zehn Westenknöpfen, einem Bruststern des Polnischen Weißen Adler-Ordens, einem Paar gewölbter Schuhschnallen, einem Paar Knieschnallen, einer Hutagraffe mit vier dazugehörigen Schnüren, einer großen Diamantrose, einer Epaulette und einem Degen mit Scheide. Ihre Fassungen erhielten die vor 1719 bereits geschliffen erworbenen Diamanten zwischen 1753 und 1789 von verschiedenen Goldschmieden. In der Vitrine (Abb. S. 190) befanden sich neben dieser Garnitur noch die *Brillantgarnitur* sowie der Diamantschmuck und die Perlen der Königinnen. Insgesamt wurden elf komplette Objekte, Teile von zwei weiteren Stücken und einige Rockknöpfe gestohlen.

Das Grüne Gewölbe schloss erst einmal seine Tore und hoffte auf eine baldige Erfassung der Täter, vor allem aber des Diebesguts. Die Befürchtung, dass die Täter die Diamanten aus den Fassungen brechen und umschleifen lassen, ist nach wie vor groß und erst dann gebannt, wenn die Juwelen unbeschadet wieder auftauchen. Doch das ist bisher nicht der Fall. Im Januar 2020 machte ein Kaufangebot im Darknet Hoffnung, doch ist bis heute nicht gesichert, ob die Anbieter tatsächlich im Besitz der Juwelen waren. Im März 2020 war der Presse zu entnehmen, dass vier Leute vom Wachpersonal verdächtigt wurden, am Diebstahl beteiligt gewesen zu sein. Zwei von ihnen hätten versuchen können, den Diebstahl zu verhindern. Die anderen beiden ließen den eigentlichen Tätern offensichtlich Informationen über die Räumlichkeiten und das Sicherheitssystem zukommen. Ein Jahr später konnten die Wachmänner zwar noch nicht überführt werden, der Anfangsverdacht blieb aber bestehen.

Insgesamt ging man zu Beginn von sieben Tatverdächtigen aus, von einem konnte im Zusammenhang mit dem Fluchtfahrzeug ein Phantombild erstellt werden. Im September 2020 wurden in Berlin dann Wohn- und Geschäftsräume eines Mannes durchsucht, der SIM-Karten vertreibt, die auf fiktive Personen ausgestellt sind. Auch das Internet-Café, in dem er angestellt ist, wurde überprüft. An den verschiedenen Orten konnte umfangreiches Beweismaterial sichergestellt werden, das unter anderem darauf hinweist, dass die Täter bei Planung und Durchführung des Einbruchs genau solche SIM-Karten verwendet hatten. Ob aber der SIM-Kartenhändler den Verwendungszweck der SIM-Karten kannte, ist unklar und wohl eher unwahrscheinlich. Eine weitere Spur führte ebenfalls nach Berlin, denn dort sollte die Folie herstammen, mit der das Fluchtauto optisch verändert wurde. Die Sonderkommission «Epaulette» der Dresdner Polizei vermutete recht bald, dass der Diebstahl von langer Hand geplant war und sorgfältig vorbereitet wurde.

Auswertungen der Bilder der Überwachungskameras und DNA-Spuren, die sich in dem ausgebrannten Auto fanden, führten die Polizei dann zum Remmo-Clan nach Berlin. In einer groß angelegten Razzia mit über 1600 Polizisten wurden Wissam Remmo, Rabih Remmo und Bashir Remmo im November 2020 festgenommen. Außerdem wurden Computer und andere Speichermedien samt weiterem Material wie Werkzeugen und Kleidung beschlagnahmt.

Die Zwillinge Abdul Majed und Mohamed Remmo entkamen. Mohamed konnte jedoch am 15. Dezember 2020 verhaftet werden. Und auch Abdul Majed wurde am 17. Mai 2021 – nach einem misslungenen Zugriffsversuch im Januar – in einer Wohnung in Neukölln schließlich doch festgenommen. Seit Juli 2021 kennt man darüber hinaus die vier Personen, die am Tag vor dem Überfall als Besucher im Grünen Gewölbe die Örtlichkeit ausspähten und ihr Wissen den Tätern zur Verfügung stellten. Von den Juwelen fehlt weiterhin jede Spur.

Kaum hatte sich die erste Aufregung gelegt, meldeten sich auch schon die selbst ernannten Experten zu Wort, die über die mangelnden Sicherheitsvorkehrungen berichteten. Aber: Museen sind keine Hochsicherheitstrakte, sie wollen und müssen sich für die Menschen öffnen. Unzerstörbares Panzerglas nimmt auch die Sicht auf die Objekte, die sich dahinter befinden. Hinzu kommt, dass es für einige Diebe geradezu eine Herausforderung ist, besonders effiziente Sicherheitssysteme auszuhebeln. So bezeichnete ja auch der Spiderman Vjéran Tomic den Einbruch 2010 in

Paris in das Museum für Moderne Kunst als sein Meisterwerk. Andererseits waren sich die Verantwortlichen einiger Mängel bewusst. Die Optimierungen waren in Vorbereitung, aber eben noch nicht vollzogen worden, da allein schon die Planung zeitaufwendig war. Allerdings hätte das Wachpersonal den Alarmknopf drücken müssen, die direkte Leitung zur Polizei. Hier ist eine der Schwachstellen, die zu Verdächtigungen der Wachmänner führte.

Bereits wenige Wochen nach dem Einbruch ins Grüne Gewölbe teilte der Privatdetektiv Josef Resch aus Bad Schwartau mit, ein Kunstmäzen habe 1,3 Millionen Euro zur Verfügung gestellt, damit der Schatz nach Dresden zurückkehren könne. An einer Verhaftung der Einbrecher sei er nicht interessiert, sondern nur an der Rückführung der Juwelen. Er wäre auch bereit, das Geld zu zahlen, wenn die Steine bereits aus den Fassungen herausgebrochen worden wären, vorausgesetzt, Dresden erhielte Diamanten und Fassungen zurück. Resch ließ sich hinter einem Stapel Geld filmen. Das etwa zweiminütige Video stellte er ins Netz. Dieses Video wurde auch in den von 3sat ausgestrahlten Film «Kunstraub – Die Jagd auf die gestohlenen Kunstschätze» mit eingebunden. Am 12. Februar 2021 berichtete Resch in dem vom ZDF ausgestrahlten News- und Boulevardmagazin «Hallo Deutschland», dass er mit Mittelsmännern Kontakt gehabt hätte, im August 2020 ein glaubwürdiges Foto von einem unversehrten Stück aus dem Dresdner Kunstraub gesehen habe, der Kontakt aber seit den Berliner Razzien im Herbst 2020 abgebrochen sei. Der Kunstmäzen, der sein Inkognito lüften will, wenn die Juwelen nach Dresden zurückgekehrt sind, erhöhte die Summe auf fünf Millionen Euro, und Resch betonte erneut, dass von seiner Seite keine Absicht bestehe, die Täter zu verhaften. Allerdings gäbe es ein Ultimatum. Wenn sich die Mittelsmänner bis 31. März 2021 nicht wieder gemeldet hätten und die Rückführung klar sei, würde das Geld all denen zur Verfügung stehen, die zur Auffindung des Diebesguts beitragen. Denn Resch hoffte auf Mitwisser, denen er damit einen Anreiz geben könnte. Der Zeitpunkt lässt hoffen, denn durch die Corona-Pandemie haben auch Kriminelle hohe Einbußen. Resch weist darauf hin, dass es kaum Prostitution gibt, das Drogengeschäft aufgrund mangelnden Tourismus eingebrochen ist und auch Einbrüche kaum noch zu verzeichnen sind, weil die Leute zu Hause bleiben. Da ist die Wahrscheinlichkeit, Wissen zu verkaufen, größer als in normalen Zeiten.

Ende Juni 2021 konnte man auf seiner Website immer noch die an die Täter beziehungsweise Mittelsmänner gerichteten Sätze lesen, die bereits in der ZDF-Sendung zu sehen waren.[2]

Was genau diese Sätze zu bedeuten haben, wissen Resch und die Täter beziehungsweise Mittelsmänner.

Die ganze Aktion erinnert stark an diejenige von Henri Nannen nach dem Diebstahl der *Volkacher Madonna* 1962. Auch hier spendete ein privater Mäzen das Geld, auch hier wurde den Tätern Straffreiheit zugesichert. Die schon damals gestellte Frage: «Darf man Ganoven sein Ehrenwort geben?» steht in Dresden, fast sechzig Jahre später, wieder im Raum, auch wenn das Wort «Ganoven» inzwischen ausgedient hat. Die Generaldirektorin der Dresdner Kunstsammlungen, Marion Ackermann, beantwortete die Frage der Presse, ob es moralisch verantwortlich sei, einen Deal mit Kriminellen einzugehen, durchaus positiv: «Offiziell könnte beispielsweise die sächsische Staatsregierung solche Angebote nicht machen: Das ist nicht zu verantworten und auch nicht zu vertreten. Aber solange es eine individuelle Entscheidung von Bürgern ist, finde ich es in Ordnung.»[3] Sie begrüßte auch die Initiative mehrerer Privatpersonen, die im Juni 2021 eine Million Euro zur Wiederbeschaffung der Juwelen zur Verfügung stellten.

Kurz nachdem der Diebstahl bekannt wurde, twitterte der sächsische Ministerpräsiden Michael Kretschmer: «Nicht nur die Staatlichen Kunstsammlungen wurden bestohlen, sondern wir Sachsen.»[4] Und er fügte hinzu: «Man kann die Geschichte von Sachsen nicht verstehen ohne das Grüne Gewölbe.»[5] Am selben Tag bestätigte ihn der sächsische Innenminister in einer Pressemitteilung, in der er auf die geschichtliche Bedeutung für die Sachsen hinwies und von einem Anschlag auf die kulturelle Identität der Sachsen sprach.[6]

Die abhanden gekommene Kunst wurde also als identitätsstiftend beschworen, was allerdings auch kritische Stimmen hervorrief wie die des Dresdner Schriftstellers Ingo Schulze, der davon überzeugt ist, dass viele Sachsen erst eine Beziehung zu den Juwelen aufgebaut hätten, nachdem sie verschwunden waren – ein Aspekt, der seit dem Diebstahl der *Mona Lisa* 1911 immer wieder zu beobachten ist, allerdings nur selten verbunden mit einer falsch verstandenen nationalen Identität. Diese fand sich bei der «Wiederentdeckung» des *Genter Altars* ebenso wie jüngst in Dresden. Dabei stammen die Schätze nicht ursprünglich aus Dresden. Sie wurden von Goldschmieden in Augsburg, Nürnberg, Paris und Wien gefertigt und damit ausschließlich in damals anderen Ländern. Die Sammler waren bei der Entstehung der Schmuckstücke in Sachsen «nur» Kurfürsten, Könige waren sie in Polen und die geraubten Juwelen waren ursprünglich keine sächsischen Kronjuwelen. Insbesondere der Bruststern des Polnischen Weißen-Adler-Ordens widersetzt sich dieser Vereinnahmung, da sich in ihm die Selbstdarstellung der polnischen Könige manifestiert.[7] Und so mahnte auch die Generaldirektorin der Staatlichen Kunstsammlungen Dresden, Marion Ackermann, in ihrer im Februar 2020 gehaltenen «Dresdner Rede» mit dem Titel «Identität» an: «… wir müssen wieder aktiv erlernen, Mehrdeutigkeit, Vieldeutigkeit, Offenheit, auch Unsicherheit auszuhalten. Aber: Es ist anstrengend, es erfordert aktive Denkarbeit. Vor allem braucht es ein Vertrauen in die eigene Kraft des Denkens. Und dieses ist unweigerlich mit einer gesunden Skepsis gegenüber vorgefundenen ideologisch verbrämten Scheinwahrheiten verbunden.»[8]

Das Grüne Gewölbe hat wieder geöffnet. Seit Mitte April 2021 befinden sich in der instand gesetzten Vitrine die Stücke der Garnituren, die nicht gestohlen wurden. Die Lücken erinnern weiterhin an den Diebstahl. Während der Schließung wurden alle Sicherheitsvorkehrungen überprüft und optimiert. Ab jetzt wird es eine ständige Überprüfung der Technik geben, denn in dem Maße, wie diese sich ändert, ändert sich auch das Verhalten der Täter.

Der Trierer Goldschatz

Weniger erfolgreich waren die Täter, die im Oktober 2019 versucht hatten, im Trierer Landesmuseum den sogenannten *Trierer Goldschatz* zu stehlen. Der erst 1993 bei Ausschachtarbeiten für ein Parkdeck gefundene Schatz besteht aus etwa 2600 Goldmünzen, die insgesamt circa 18,5 Kilogramm wiegen. Sie stammen aus dem 1. und 2. Jahrhundert nach Christus und waren in einem Bronzegefäß aufbewahrt worden. Vom Besitzer in seinem Keller versteckt, wusste nach dessen Ableben offensichtlich niemand von diesem Reichtum, bis ihn ein Bagger ans Tageslicht beförderte. Seitdem war dieser Schatz, eine der größten Sammlungen antiker Goldmünzen, im Trierer Landesmuseum zu sehen, wohl verwahrt in einem Glaskubus.

Die beiden Diebe, die sich – ähnlich wie in Dresden – mit rabiater Gewalt Zutritt zu den Räumen verschafften, hämmerten zwar mit ihren schweren Werkzeugen auf das Panzerglas ein, doch hatten durch den Lärm, den der Einbruch verursachte, Anwohner die Polizei verständigt, die sehr schnell am Tatort war. Die beiden Täter konnten flüchten, ihr Werkzeug ließen sie zurück – und den Goldschatz, der jetzt noch sicherer untergebracht wird. Wenn die dafür notwendigen Umbauten abgeschlossen sind, können die Trierer ihren Goldschatz wieder bewundern.

Inzwischen ist die Polizei auch den Einbrechern auf der Spur. Sie geht von drei mutmaßlichen Tätern aus. Einer von ihnen, ein 28-jähriger Niederländer, sitzt seit Dezember 2020 in Untersuchungshaft. Bisher bestreitet er, die Tat begangen zu haben.

Eine künstlerische Intervention

Am 26. November 2017 wurde in der Berliner Galerie M eine Ausstellung des Künstlers Hans HS Winkler mit dem Titel «Mit Geld spielt man nicht» eröffnet. Dort wurde auch der *Big Maple Leaf* ausgestellt. Angeblich gingen bei der Polizei Hinweise darauf ein, dass die Münze wieder aufgetaucht sei, und auch der Künstler nahm Stellung, indem er im Netz ein Bekennerschreiben veröffentlichte, in dem es heißt:

«Hans Winkler war's. Er hat die ‹Big Maple Leaf› aus dem Bode-Museum gestohlen. Die Polizei war damals schon nah an ihm dran, hatte ihn sogar kurz nach dem Diebstahl zu Hause besucht. Man wusste, dass er Fotos von der Münze gemacht hatte. Kurz, bevor sie gestohlen worden war. Alle Spuren führten nach Neukölln.

Wir wissen, dass er es war, denn wir haben ihn aus dem Haus gegenüber beobachtet, wie er die Münze versteckt hat: in seiner

Kunst! Was wochenlang in der Galerie M in Marzahn zu sehen war, die angebliche Nachbildung der ‹Big Maple Leaf›, umhüllte die wertvolle Münze. Wir haben mit angesehen, wie er die Ummantelung erstellt hat.

Am letzten Tag der Ausstellung ‹Mit Geld spielt man nicht› wollten wir es tun: die sagenumwobene ‹Big Maple Leaf› zurück stehlen. Also brachen wir nachts in die Galerie ein. Wir wollen keine Nachahmer animieren – daher von unserer Methode kein Wort.»

Das Schreiben geht noch weiter, berichtet von der tödlichen Gefahr, die von der Münze ausgeht, wenn man sie aus der von Winkler erstellten Ummantelung herausholt und deshalb drei der Einbrecherinnen das Leben gekostet hat. Es endet mit den Sätzen:

«Hans Winkler hat die zukünftigen Besucher-Generationen des Bode-Museums gerettet. Ihm gebührt Dank! Alle Ermittlungen bezüglich des Verbleibs der ‹Big Maple Leaf› sollen sofort eingestellt werden.

Wir haben eine Online-Petition gestartet und verlangen außerdem Straffreiheit für Hans Winkler, der in unseren Augen ein Held ist!

Bitte unterschreiben Sie unsere Petition unter : (Link)»

Unterschrieben hatten «Die unbekannten Einbrecherinnen vom 8.2.2018».[9] Das war zwei Tage vor Ende der Ausstellung.

Das Objekt, eine Fotografie auf Holz, zeigte der Sammler Stephan Haupt erneut in der Ausstellung «GELD – WAHN – SINN» im Sommer 2018 in den Berliner Reinbeckhallen und erwarb ein Exemplar 2020 für seine Sammlung. Auf seiner Website ist das Bekennerschreiben ebenfalls zu lesen, gemeinsam mit weiterführenden Erklärungen zum Werk Winklers, dessen erklärte Absicht es ist, Verunsicherungen und Irritationen zu erzeugen.[10]

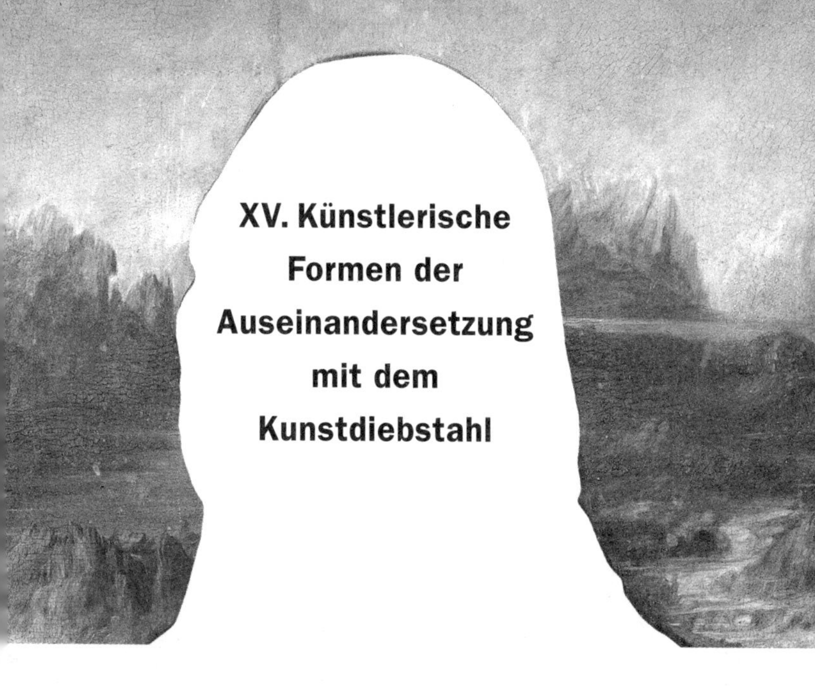

XV. Künstlerische Formen der Auseinandersetzung mit dem Kunstdiebstahl

Viele der real stattgefundenen Kunstdiebstähle klingen so, als stammten sie aus einem Kriminalroman. Und so nimmt es nicht wunder, dass sich in Literatur und Film zahlreiche Beispiele finden, die sich diesem Thema widmen. Sie beziehen sich einerseits auf historische Diebstähle, wie die zahlreichen Kriminalromane und Filme zur *Mona Lisa* unter Beweis stellen, noch zahlreicher sind fiktionale Geschichten, in denen der Kunstdiebstahl eine Rolle spielt. Doch auch bildenden Künstlern bietet der Kunstdiebstahl Anregung für Kunstaktionen, wie die Wiener Kunstklappe oder die Nachbildung des *Big Maple Leaf* zeigen. Sie waren auf einen bestimmten Diebstahl bezogen, andere sind allgemeiner Art.

Literatur und Film

Der Romanheld Arsène Lupin begann zu Beginn des 20. Jahrhunderts seine Karriere als Dieb von Kunstwerken, die er dann in der hohlen Felsnadel von Etretat in der Normandie versteckte. Er avancierte aber auch schnell vom Roman- zum Kinohelden. Bereits 1910/11 wurden in Deutschland fünf Kurzfilme als Reihe produziert mit dem Titel *Arsène Lupin contra Sherlock Holmes*. Auch hier klaute der Meisterdieb unter anderem Juwelen und Gemälde. Fünfzig Jahre später besaß Dr. No in dem gleichnamigen Film den damals tatsächlich aus der National Gallery gestohlenen, von Goya gemalten *Duke of Wellington*. Das Bild verschwand erst 1961, konnte also für die 1958 publizierte Romanvorlage gar nicht zur Verfügung gestanden haben. Erst im Film, der 1962 in die Kinos kam, wurde Dr. No zu einem der manischen Kunstsammler, die auch vor kriminellen Handlungen nicht zurückschrecken, um das begehrte Objekt zu erhalten, und die bis heute in den Medien herumgeistern. Zu dieser Spezies gehört auch Thomas Crown, der allerdings vor allem in englischsprachigen Sachbüchern über Kunstdiebstahl als Kunstdieb bemüht wird. Im deutschsprachigen Raum ist er nicht ganz so populär, zumal er sich nur im Remake als Kunsträuber geriert. Filme, in denen Bilder, Skulpturen, Juwelen oder Fabergé-Eier aus Museen gestohlen werden, sind ebenso zahlreich wie Kriminalromane. Und sie entstanden gleichzeitig mit den ersten Diebstählen wie der Kurzfilm über den Raub der *Mona Lisa* zeigt (s. S. 67), der direkt nach dem Ereignis gedreht wurde und sich nicht mit dem wahren Sachverhalt beschäftigte, sondern eher die desolaten Sicherheitsvorkehrungen im Louvre aufs Korn nahm. Zwei Jahrzehnte später wird in einem abendfüllenden Film der Marx Brothers mit dem Titel *Animal Crackers* ein Gemälde zum Objekt der Begierde. Das Verwirrspiel von Original und Fälschung ist dabei zentrales Thema.

Der Film kam im Dezember 1930 in die deutschen Kinos. Möglicherweise sah ihn damals auch Erich Kästner, der das

Thema von Kunstdiebstahl und Fälschung in seinem 1935 verfassten Roman *Die verschwundene Miniatur* aufgriff, der 1936 in Basel und Wien erschien. Er sollte bereits 1937 in den USA verfilmt werden. Doch dazu kam es aufgrund des Zweiten Weltkriegs nicht mehr. Stattdessen schrieb Kästner 1954 für den dann in Westdeutschland gedrehten Film auch noch das Drehbuch.

Um eine Fälschung geht es auch in dem Film *How to steal a million* (*Wie klaut man eine Million?*) von 1966. Die kaum bekannte literarische Vorlage erschien unter dem Titel *Venus Rising*. Und tatsächlich spielt auch eine Venus die zentrale Rolle. Es handelt sich um eine falsche *Venus* von Cellini, die – in einem großen Pariser Museum ausgestellt – gestohlen werden muss, damit nicht herauskommt, dass es sich um eine Fälschung handelt. Der Dieb löst so lange den Alarm aus, bis der entnervte Oberaufseher die Anlage abschaltet. Ein Trick, der zur Nachahmung geradezu herausforderte und zumindest beim Raub der *Saliera* (einem echten Cellini!) in Wien 2003 funktionierte – ob willentlich oder nicht, wird sich nicht mehr herausfinden lassen. Dort war zwar die Alarmanlage nicht ausgeschaltet, doch das von der langen Nacht der Musik entnervte Wachpersonal schenkte ihr nicht genügend Aufmerksamkeit.

Fälschung und Raub stellen in vielen der Romane und Filme, die sich mit dem Metier beschäftigen, eine beliebte Verbindung dar. Sie findet sich auch in der Trilogie des Iren John Banville. In *Das Buch der Beweise* stiehlt der Protagonist Freddie Montgomery ein Bild und nimmt dafür einen Mord billigend in Kauf. In *Geister* befindet er sich im Gefängnis und wendet sich dort der Kunstgeschichte zu, um dann auf einer einsamen Insel wieder mit seiner Vergangenheit konfrontiert zu werden. Im letzten Band, *Athena*, in dem er sich den Namen Morrow zulegt, soll er als Kunstexperte Bilder begutachten und gerät dabei immer tiefer in ein

Labyrinth aus Verführung, Leidenschaft, Lüge und Täuschung, aber auch aus Fälschung und Raub.

Auf der Suche nach Kriminalromanen, die sich um einen Kunstraub drehen, finden sich Titel namhafter Autorinnen und Autoren wie Donna Leon und Martin Suter ebenso wie relativ unbekannter Schriftstellerinnen und Schriftsteller, die dann häufig auch noch einen lokalen Bezug haben wie der Kluftinger-Krimi *Schutzpatron*, der wie alle anderen dieser Reihe verfilmt wurde.

Einen großen Erfolg erzielte Donna Tartt mit ihrem 2013 erschienen Roman *The Goldfinch*, für den sie 2014 den Pulitzer-Preis erhielt und der auf Deutsch (*Der Distelfink*) ebenfalls zum Bestseller wurde. Im Zentrum steht neben dem Protagonisten das titelgebende Gemälde des niederländischen Malers Carel Fabritius von 1654, das sich in Wirklichkeit im Mauritshuis in Den Haag befindet und nie gestohlen wurde. Im September 2019 erschien der gleichnamige Film, der auch in Deutschland in die Kinos kam, allerdings ohne große Resonanz.

Zwei Jahre später legte Hannah Rothschild mit dem Roman *The Improbability of Love* (auf Deutsch *Die Launenhaftigkeit der Liebe*) nach, in dem ein (nicht existierendes) Bild von Watteau für große Aufregung sorgt.

Ähnliches ist im Fernsehen zu beobachten. Dort werden einerseits Dokumentationen über Kunstdiebstähle gezeigt wie im Sommer 2015, als sich in der von 3sat ausgestrahlten, vier Folgen à 45 Minuten umfassenden Reihe *Kunst und Verbrechen* der 4. Film mit dem Titel *Die Kunst ist weg* den 1994 aus Frankfurt gestohlenen Bildern widmete. Im September 2020 folgte die Kulturdoku *Kunstraub. Die Jagd auf gestohlene Kunstschätze*, die in 37 Minuten über den Raub in Dresden von 2019 und die damals bereits vermuteten Parallelen zum Diebstahl des Big Maple Leaf 2017 in Berlin berichtete und dabei auch den Fund von Gotha mit einbezog. Andererseits ist der Kunstdiebstahl schon längst im TV-Spielfilm angekommen, sei es im Tatort, wo zum Beispiel 2002 zwei byzantinische Täfelchen aus dem Museum für Bildende Künste in Leipzig gestohlen werden und dabei drei Menschen ums Leben kommen. Und im Dezember 2020 wurden in der *Harter Brocken*-Reihe der ARD mit dem Film *Die Fälscherin* wieder einmal Fälschung und Diebstahl miteinander verknüpft. Ende März 2021 startete Arte einen Schwerpunkt zu Kunstraub und -diebstahl mit Spielfilmen und einer Dokumentation.

Es bleibt abzuwarten, wann die Funde von Gotha und Piacenza sowie die Verbindung zwischen Dresden und Berlin als Vorlagen für Krimis dienen, sei es in Buchform oder im Film. Der Raub der *Mona Lisa* scheint auch heute noch attraktiv genug zu sein, um ein weiteres Mal verfilmt zu werden, wie die Pläne von Jodie Foster beweisen. Dass der Kunstdiebstahl nicht nur in der Realität, sondern auch in der Fiktion Hochkonjunktur hat, zeigt sich auch in neuen Kinofilmen unterschiedlichster Machart. In der Komödie *Und wer nimmt den Hund*, der 2019 in die deutschen Kinos kam, klaut die betrogene Ehefrau in der Hamburger Kunsthalle eine kleine Skulptur und lässt sich dabei von einer Freundin filmen. Dieser Akt, der der Selbstverwirklichung dienen soll, hat aber nur zur Folge, dass der Gatte, der sie für seine sehr viel jüngere Assistentin verlassen hat, ihr zu Hilfe eilen muss.

Der Animationsfilm *Ruben Brandt Collector* von dem Künstler Milorad Krstić stammt zwar bereits von 2018, hatte aber aufgrund der Corona-Pandemie seinen Start (als DVD) erst 2021 (Abb. S. 204). Der Psychotherapeut Ruben Brandt (der Name ist eine Anspielung auf Rubens und Rembrandt), der sich auf eine von ihm entwickelte Art von Kunsttherapie spezialisiert hat, wird selbst in seinen Alpträumen von Kunstwerken beziehungsweise

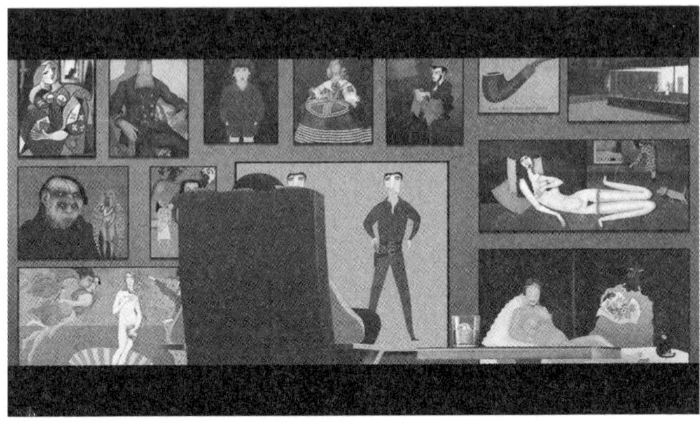

Milorad Krstić, *Ruben Brandt – Collector*, 2018, Animationsfilm, Filmstill

den dargestellten Figuren verfolgt. Das Leid, das sie ihm im Traum antun, fügt er sich im Schlaf oder in Trance selbst zu. Schon deshalb ist Rettung unbedingt erforderlich. Seine Patientin Mimi, eine Kleptomanin, klaut mit drei weiteren Patienten die dreizehn Werke, von denen Ruben Brandt bedrängt wird: Im Musée d'Orsay in Paris, den Uffizien in Florenz, der Eremitage in Sankt Petersburg, in Wien, Pasadena und Los Angeles nehmen sie unter anderem die *Olympia* von Manet, die *Venus* von Botticelli, die *Infantin Margerita Teresa* von Velázquez, die *Frau mit Buch* von Picasso und den *Verrat der Bilder* von Magritte mit. Der *Doppelte Elvis* von Andy Warhol ist gerade vom Museum of Modern Art in New York nach Tokyo ausgeliehen. Zur Eröffnung reist die Truppe an und inszeniert den Klau als Performance, das Publikum klatscht begeistert.

Krstić arbeitet mit Zitaten aus Kunstwerken und Filmklassikern und bedient sich Versatzstücken realer Kunstdiebstähle. So erinnern Mimis Kletterkünste an den als Spiderman bezeichneten Vjéran Tomic und der Privatdetektiv, der sie verfolgt, trägt die Gesichtszüge des holländischen Privatdetektivs Arthur Brand. Was fehlt, ist die *Mona Lisa*.

Ralph Bageritz

Der Medien- und Aktionskünstler Ralph Bageritz beschäftigte sich bereits in den 1980er Jahren mit «Raubzügen durch die vermarktete Wirklichkeit», aus der dann seine Serie der *Stolen Objects* hervorging. In Zusammenarbeit mit dem Art-Loss-Register (s. S. 24) entwickelte er um die Jahrtausendwende die Serie *Metaphysik des Verschwindens*. Er wählte aus den im Register aufgeführten, gestohlenen Werken etliche aus, deren Abbildungen er zu Lenticular-Bildern verarbeitete. Bei den dadurch entstandenen Wechselbildern (auch Wackelbilder genannt) ist sowohl das gestohlene Bild zu sehen als auch aus einer anderen Perspektive ein Text, der den Namen des Künstlers, den Titel des Werks, Technik und Entstehungsjahr nennt sowie die Information, wann und wo es gestohlen wurde. Neben den üblichen Orten für Kunstdiebstahl wie Museen und Galerien finden sich auch andere Informationen wie «während kurzfristiger Zwischenlagerung in Köln», «Unberechtigte Herausgabe von Objektschlüsseln durch Wachgesellschaft» oder «Verlust in öffentlicher Behörde». Einige der Werke wurden später wiedergefunden wie die *Madonna mit der Haspel* von Leonardo oder *Buste de Femme (Dora Maar)* von Picasso, andere sind bis heute verschwunden wie *Der arme Poet* von Carl Spitzweg.

Die Serie wurde 2002 in einer Ausstellung in Köln gezeigt, in der deutlich wurde, wie Bageritz die Kunstwerke und deren Verschwinden zu einer eigenen Kunstform verbindet.

Bageritz bedient sich in seinem Projekt tatsächlich gestohlener Kunstwerke. Andere Künstler wie Timm Ulrichs und Ulay verweisen durch einen performativen Akt, bei dem sie selbst als Dieb agieren, auf den Warencharakter, den Kunstwerke heute besitzen, wodurch sie überhaupt erst ‹stehlenswert› werden.

Timm Ulrichs

1969 kündigte der «Total»-Künstler Timm Ulrichs in einer Annonce im Belser Kunstquartal Nr. 4 den *KUNSTDIEBSTAHL als totalkunstdemonstration* an, eine Veranstaltung der Zimmergalerie im Dezember. Diesem folgte die Ausarbeitung eines Formulars, mit dem der «kunst-diebstahl als totalkunst-demonstration» festgehalten werden konnte und das gleichzeitig als Einladung in Timm Ulrichs Zimmergalerie in Hannover fungierte. Dieses Formular kam dann nach dem mit vier Fotografien dokumentierten Diebstahl am 11. August 1971 zum Einsatz, als Timm Ulrichs um 14:30 Uhr aus der Galerie Brusberg in Hannover die Zeichnung von Gerhard Altenbourg *Mädchen mit Stern* von 1949 stahl, um sie wenige Tage später zurückzubringen. Auf der Rückseite des Formulars erläuterte der Künstler seine damit verbundenen Absichten. Der Text beginnt mit dem Satz: «TOTALKUNST zielt auf globale welt-kunst.», definiert dann die Kunst als Ware, grenzt den Diebstahl gegen den Bildersturm ab und erklärt das ‹künstlerische Motiv›, bei dem es sich nicht um den Diebstahl von Kunst handele, sondern um den «diebstahl von kunst als kunst», wodurch dieses Kunstwerk für eine kurze Zeit nur noch einen künstlerischen Wert besitzt und damit die «‹wahre› kunst erstmals ihres waren-charakters entledigt» wird.[1]

Zur gleichen Zeit entstand auch das Werk *Gestohlene Objekte*, das aus einer Kiste voll mit aus Kaufhäusern gestohlenen alltäglichen Gebrauchsgegenständen besteht, die mit einer Glasplatte abgedeckt und einem (geklauten) Vorhängeschloss gesichert ist, damit die einzelnen Teile nicht wiederum gestohlen werden können. In dem Text «Fundbüro – Galerie der objets trouvés» von 1974/75[2] stellt er eine Verbindung her zwischen dem längst etablierten Begriff des *objet trouvé*, einem von ihm kreierten *objet perdu*, also dem verlorenen Objekt, dem *objet volé*, dem gestohlenen Objekt und dem gestohlenen Kunstwerk, das ihm als «kunst-täter» neue Wege zur Kunst eröffnet. Mit diesen Objekten und Aktionen zeigte Timm Ulrichs die Tabus des Kunstbetriebs auf, die es seiner Meinung nach zu überwinden galt.

Ulay

Auch bei Ulay sind der Kunstbetrieb und seine fragwürdigen Machenschaften ein wichtiges Thema. 1976 führte er eine nicht angekündigte Performance in der Neuen Nationalgalerie in Berlin durch, die er *Da ist eine kriminelle Berührung in der Kunst* nannte. Publikum waren zufällig vorbeikommende Passantinnen und Museumsbesucher. Am 12. Dezember hing er vor dem Haupteingang der Hochschule für Bildende Künste eine hochvergrößerte Reproduktion des Gemäldes *Der Arme Poet* von Carl Spitzweg auf. Dann fuhr er mit seinem Auto, einem schwarzen Citroen Kastenwagen, zur Neuen Nationalgalerie, betrat den Raum, in dem damals das erklärte Lieblingsbild der Deutschen – und auch einem von Adolf Hitler – ausgestellt war, begleitet von Marina Abramović, seiner damaligen Lebenspartnerin, die heimlich fotografierte. Mit einer Kneifzange kappte er die Aufhängung, nahm das Bild und rannte los, raus aus dem Museum, die Aufseher hinterher. Fast hätten sie ihn geschnappt, doch konnte sich der Künstler losreißen, in seinen Wagen springen, der mit laufendem Motor wartete, und abfahren. Ihm folgte der Kameramann Jörg Schmidt-Reitwein, der die Aktion filmte. Ulays Ziel war das Künstlerhaus Bethanien. Dort hängte er eine weitere Reproduktion des Gemäldes auf, wickelte das Original sorgsam in dicken Filz und ging in die nahe gelegene Muskauer Straße, wo er das Bild bei einer türkischen Familie im Wohnzimmer über dem Sofa gegen die Reproduktion eines Engelsbilds austauschte. Bereits vorher hatte er aus einer Telefonzelle die Polizei angerufen, sie über den «Diebstahl» in Kenntnis gesetzt und gebeten, Dieter Honisch, den Direktor der Nationalgalerie zu informieren, damit dieser das Bild an seinem neuen Aufenthaltsort betrachten könne. Das Bild kehrte unbeschädigt zurück, Ulay wurde trotzdem verurteilt. Auch die genaue Planung der Aktion, die er im Vorfeld verfasst hatte, nützte ihm nichts. Er konnte zwischen Gefängnis- und Geldstrafe wählen, zog es aber vor, sich ins Ausland abzusetzen. Zwei Jahre später, bei einem Zwischenstopp in München, wurde er auf dem dortigen Flughafen verhaftet und erst gegen Zahlung eines Geldbetrages wieder auf freien Fuß gesetzt.

Kurz nach Ende der Performance fand in der Studiogalerie von Mike Steiner, der die Aktion unterstützt und den Film finanziert hatte, eine Pressekonferenz statt, auf der Ablauf und Absicht genau erläutert wurden. Die größte Boulevardzeitung titelte jedoch «Linksradikaler raubt unser schönstes Bild»[3] und in der Berliner Zeitung war zu lesen: «Irrer raubte in Berlin das weltberühmte Spitzweg-Gemälde».[4]

Ulays Motiv für die Aktion und die Auswahl des Bildes kann nur vermutet werden und bietet Raum für Spekulationen. Hatte ihn provoziert, dass eines von Hitlers Lieblingsbildern in einem Museum für moderne Kunst in Berlin hing, das schon durch seine bahnbrechende Architektur von Ludwig Mies van der Rohe als zukunftsorientiert galt? Oder dass dieses Bild typisch war für den spießbürgerlichen Geschmack der Nachkriegszeit? Oder dass es einen Künstler in seiner prekären Lebenssituation zeigte? Und dieser dann zwar Eingang in den Musentempel fand, nicht aber die in der Jetztzeit lebenden, nicht beachteten Künstler? Der Titel der Aktion ist ebenfalls mehrdeutig und kann einerseits auf das Verbot anspielen, Kunstwerke im Museum berühren zu dürfen, dann aber auch auf den Kunstdiebstahl an sich. Mit seiner Aktion holte Ulay die Kunst von ihrem Sockel und brachte sie in Berührung mit der Lebensrealität bildungsferner Schichten, als die damals auch die von Ulay so bezeichneten «Gastarbeiterfamilien» galten.

Als die Neue Nationalgalerie am 1. Januar 2015 ihre Tore schloss, um grundsaniert zu werden, befragte die Berliner Zeitung «Der Tagesspiegel» sieben Künstler, welches Kunstwerk sie vermissen werden. Darunter war auch Ólafur Elíasson, der den Raub durch Ulay als Lieblingsgeschichte zur Sammlung bezeichnete, schon weil so ein Biedermeierbild eine Brücke zwischen gestern und heute schlagen könne. Elíasson erwähnte dabei auch den Diebstahl, der 1989 stattfand: Das Bild von Spitzweg hing inzwischen in Schloss Charlottenburg und wurde von zwei ‹Besuchern› gestohlen, von denen einer zunächst im Rollstuhl gesessen hatte. Die Diebe entkamen mit diesem Bild und noch einem weiteren, dem *Liebesbrief*. Bis heute fehlt von beiden Bildern jede Spur.

Ulays Kunstaktion hatte also noch ein Nachspiel, bei dem das Gemälde dann tatsächlich verschwand. Es ist allerdings eines von mehreren Versionen. Doch in den meisten Fällen sind es Unikate, die verloren sind. Neunzig Prozent bleiben verschollen, darunter so hochkarätige Gemälde wie *Die Geburt Christi* von

Caravaggio, *Der Sturm auf dem See Genezareth* von Rembrandt oder das Freundschaftsbild, das Lucian Freud von Francis Bacon schuf. Je länger sie verschwunden sind, desto unwahrscheinlicher ist es, dass sie wieder auftauchen. Das «Wunder von Gotha» ist eine seltene Ausnahme.

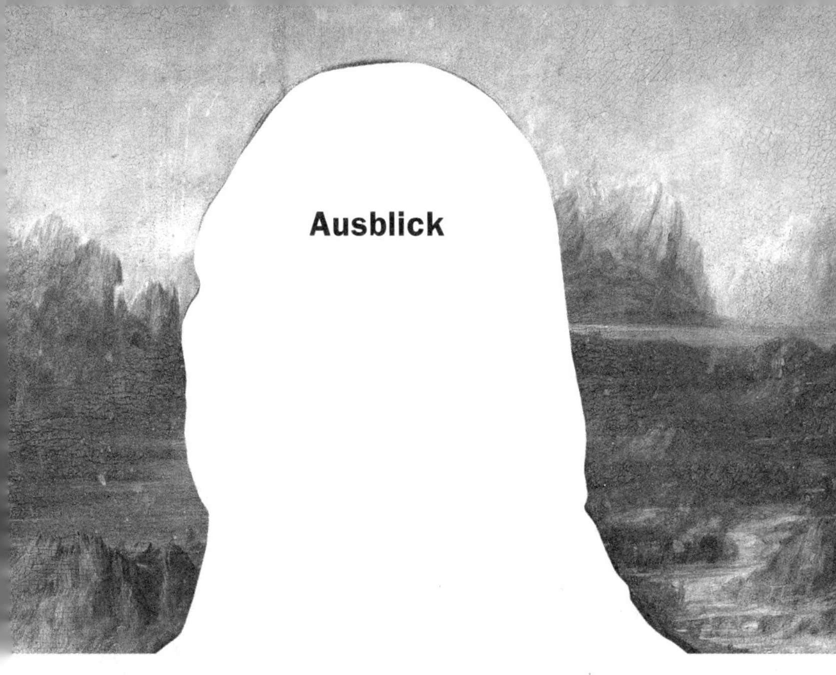

Ausblick

Die Sicherheitsvorkehrungen in den Museen werden immer ausgefeilter. Moderne Technik schafft neue Überwachungssysteme. Die Gefahr, dass die öffentlichen Sammlungen zu Hochsicherheitstrakten werden, ist groß. Und damit verlieren sie dann ihren einladenden Charakter, ihre Offenheit, die sich auch durch eine transparente Architektur zeigt wie in Rotterdam, ihren Auftrag, das kulturelle Erbe der Öffentlichkeit, mit deren Steuergeldern die Häuser finanziert werden, leicht zugänglich zu machen. Zum Diebstahl gesellt sich Vandalismus wie der Anschlag, der am 3. Oktober 2020 mehrere Häuser auf der Berliner Museumsinsel traf, als 68 Objekte mit einer flüssigen Substanz besprüht wurden. Im Nachhinein stellte sich heraus, dass es sich um Olivenöl handelte. Dennoch mussten die teilweise jahrtausendealten Steinskulpturen aufwendig gereinigt werden. Und erneut stellte sich die Frage, wie man die Balance zwischen Sicherheit für die Kunstwerke und Offenheit für die Besucher herstellen kann, wie man also gleichzeitig den größten Schutz und möglichst viel Transparenz herstellt. Ein nahezu unmögliches Unterfangen.

Betroffen sind auch die Privatsammlungen, die Kirchen, die Werke im öffentlichen Raum, denn sogar vor über zwei Tonnen schweren Bronzeskulpturen machen Diebe nicht halt – nur um an den Materialwert zu gelangen, der einen Bruchteil des Wertes ausmacht, den das Kunstwerk besaß.

Einige besonders wertvolle oder besonders fragile Kunstwerke werden bereits seit geraumer Zeit durch Kopien ersetzt, wie die Pferde von San Marco in Venedig (s. S. 28), doch ist auch die Herstellung solcher Kopien aufwendig und teuer. Und wollen wir wirklich irgendwann in Museen, Gotteshäusern und an anderen Orten nur noch mit Kopien vorliebnehmen, die aus dem 3-D-Drucker stammen wie das Gemälde von Caravaggio (Abb. S. 18), während die Originale in den Hochsicherheitstrakten ein einsames Dasein führen?

Das kann ebenso wenig eine Lösung sein wie die Predictive Policing-Methode, ein polizeiliches Vorhersagesystem, das durch Algorithmen und andere große Datenmengen potentielle Täter ermittelt. Für den Kunstdiebstahl ist diese Methode wohl noch nicht zur Anwendung gekommen, doch ist sie keinem Science-Fiction-Film entsprungen, sondern wird in Städten wie Chicago, London oder München längst bei der Verbrechensbekämpfung eingesetzt, trotz wachsender Kritik. Denn damit werden nur bereits auffällige Personen erfasst, und verschiedene Angaben, die auf Vorurteilen beruhen, verfälschen den Algorithmus.

Kunstdiebstahl ist ein relativ junges Phänomen. Erst durch die explodierenden Preise auf dem Kunstmarkt wurde es attraktiv, Kunst zu stehlen. Timm Ulrichs konfrontierte bereits 1971 die wahre Kunst mit der Ware Kunst. Würde die Kunst also wieder ihren Warencharakter verlieren, wäre der Diebstahl nicht mehr so lukrativ. Doch lässt sich die Zeit nicht zurückdrehen, in der heutigen Warenwelt bleibt die Kunst Teil davon und damit auch ein Objekt der Begierde.

Anmerkungen

Die in den Literaturhinweisen aufgeführten Titel werden in den Anmerkungen abgekürzt zitiert.

I. Einleitung

1 Nairne, S. 23/24
2 Zischler, S. 91
3 focus online 27.11.2019 (https://www.focus.de/wissen/mensch/geschichte/raube-der-letzten-100-jahre-das-sind-die-spektakulaersten-kunstraube_id_11392868.html)

II. Kunstraub: Beutekunst, Raubkunst, Kunstdiebstahl

1 Es handelt sich dabei um die Bildhauer Johann Nikolaus und seinen Sohn Bernhard Friedrich Häußler. 1684 fand die Gerichtsverhandlung statt (s. Allgemeines Künstler Lexikon Band 67, Berlin/New York 2010, S. 343 f.).
2 Giorgio Vasari, Das Leben des Michelangelo (neu übersetzt von Victoria Lorini; hrsg. kommentiert und eingeleitet von Caroline Gabbert), Berlin 2009, S. 36
3 Macintyre, S. 136
4 Andreas Schumacher und andere, Florentiner Malerei. Alte Pinakothek, Berlin/München 2017, S. 351

III. Von Dieben und Auftraggebern

1 Der Spiegel Nr. 29 vom 15.7.1964

IV. ... und keiner hat es gemerkt – vom Diebstahl zur Kunstikone schlechthin: die *Mona Lisa*

1 Giorgio Vasari, Das Leben des Leonardo da Vinci (neu übersetzt von Victoria Lorini, hrsg., kommentiert und eingeleitet von Sabine Feser), Berlin 2011, S. 37
2 Leblanc, S. 226
3 Tommaso Marinetti, Manifest des Futurismus, in: Le Figaro vom 20.2.1909 (Übersetzung: http://www.kunstzitate.de/bildendekunst/manifeste/futurismus.htm)
4 Caparrós, dt. Ausg., S. 98

VI. Die Rettung eines unersetzlichen Kunstwerks – oder die freigekaufte Madonna

1 zitiert nach Zeh, S. 41/42 bzw. Scheffler, S. 10
2 zitiert nach Zeh, S. 43 bzw. Scheffler, S. 10
3 Zeh, S. 53
4 Stern Nr. 44 von 1962
5 Wilhelm Rüdiger, Die Madonna und ihr Stern, Die Zeit Nr. 48 vom 30.11.1962
6 zit. nach Egert, S. 16
7 Wortlaut in Scheffler, S. 15, zit. nach NJW 1963, 1050

VII. Begehrte Bilder – Begehrte Künstler

1 Inschrift bei Christian Tümpel, Rembrandt. Mythos und Methode, Königstein im Taunus 1986, S. 133, 412

VIII. Die Mafia lässt grüßen

1 Vincent Verweij, De man die twee van Goghs stal; brandpunt.kro-ncrv.nl; auf youtube verfügbar
2 Illies, S. 100

IX. ... die im Dunkeln sieht man nicht – Unklarheiten über Täter und Motive

1 «El quadretino che fa è una Madona che sede como se volesse inaspare fusi, el Bambino posto el piede nel canestrino dei fusi e ha preso l'aspo e

mira attentamente que' quattro raggi che sono in forma di croce, e como desideroso d'essa Croce ride e tienla salda non la volendo cedere a la Mama che pare ge la volia torre». Der Brief befindet sich in Mantua, Archivio Gonzaga und kann online abgerufen werden (https://www.archiviodistato-mantova.beniculturali.it/getFile.php?id=881). Die Übersetzungen sprechen alle von Spindel als aspo, das ist aber falsch

X. Der Raub der Saliera

1 Die Beichte des «Saliera»-Diebs, Kronen-Zeitung vom 29.1.2006 (https://www.krone.at/41817)
2 ebenda
3 Presseinformation der Landesinnung Wien der Elektro- und Alarmanlagentechnik aufgrund eines Berichts der Kronen-Zeitung vom 5.3.2009

XI. Verschwundene Werke – gefasste Diebe

1 «I will never forget what this ‹Woman with Blue Eyes› did to me. When I touched it, to take it out of its frame … the feeling started instantly—a fear that came over me like an iceberg, a freezing fear that made me run away.»

XIII. Für immer verloren geglaubt

1 abgedruckt in: Tobias G. Natter, Gustav Klimt. Zeichnungen und Gemälde, Köln 2012, S. 503, Nr. 172
2 Max Paradiso, The mystery of the stolen Klimt, BBC Magazine
3 die Übersetzung in: Invernizzi, 2020
4 https://emuseum.duesseldorf.de/collections/39078/stolen-objects-seized-in-2020/objects#info und https://emuseum.duesseldorf.de/collections/21474/objects-stolen-in-2000/objects#info
5 zitiert nach der Tiroler Tageszeitung vom 12.10.2020 (https://www.tt.com/artikel/30756994/der-fluch-von-pompeji-kanadierin-gab-gestohlene-steine-zurueck)

XIV. Gold und Edelsteine

1 zitiert nach Der Tagesspiegel vom 29.11.2020 (https://www.tagesspiegel.de/berlin/einbruch-in-bode-museum-und-gruenes-gewoelbe-warum-wissam-remmo-so-spaet-in-untersuchungshaft-kam/26668706.html)
2 «Bis Ende März 2021 werden Sie wegen der Rückführung des historischen

Schmuckes aus dem Grünen Gewölbe informiert werden. Der von Ihnen geforderte Journalist ist beim Deal mit anwesend. Wir bitten Sie noch um etwas Geduld. Wir werden alles daran setzen, um die von Ihnen geforderten Forderungen an die Medien bzgl. des Grünen Gewölbes in Dresden zu erfüllen.»

3 Lübecker Nachrichten vom 13.3.2021
4 zitiert nach MDR Kultur vom 17.2.2020 (https://www.mdr.de/kultur/dresdner-reden-marion-ackermann-100.html)
5 MDR Kultur vom 29.11.2019 (https://www.mdr.de/kultur/themen/juwelenraub-gruenes-gewoelbe-dresden-identitaetsklau-100.html)
6 https://www.medienservice.sachsen.de/medien/news/232058
7 Nikolaus Bernau in der Berliner Zeitung vom 29.11.2019 (https://www.berliner-zeitung.de/kultur-vergnuegen/gruenes-gewoelbe-in-dresden-sachsens-herz-li.2319)
8 zitiert nach MDR Kultur vom 17.2.2020 (https://www.mdr.de/kultur/dresdner-reden-marion-ackermann-100.html)
9 http://freigeld.eu/bigmaple.pdf
10 https://files.artbutler.com/file/1110/68870b8783ea43be.pdf

XV. Künstlerische Formen der Auseinandersetzung mit dem Kunstdiebstahl

1 Timm Ulrichs, Totalkunst (Ausstellungskatalog Städtische Galerie Lüdenscheid), 1980, S. 66f.
2 Timm Ulrichs, Retrospektive 1960–1975 (Ausstellungskatalog Kunstverein Braunschweig), 1975, S. 65–67
3 Bild Zeitung vom 13. Dezember 1976
4 zitiert nach Petry, 2019

Literatur

In dieser Literaturliste werden sowohl die Bücher aufgeführt, die sich mit Kunstdiebstahl allgemein befassen, als auch solche zu bestimmten Themengebieten oder einzelnen Werken. Wenn aus dem Titel nicht ersichtlich ist, um welchen Fall es sich handelt, wird dieser in Klammern dahinter genannt. Viele Informationen wurden auch dem Internet entnommen. Diese werden nur dann zitiert, wenn es sich um online publizierte Texte oder ausführliche Artikel in Zeitungen oder Zeitschriften handelt.

Weiterführende Literatur

Cristina Acidini Luchinat/Roberto Bellucci/Cecilia Frosinini, New Hypotheses on the ‹Madonna of Yarnwinder› Series, in: Michel Menu (Hrsg.), Leonardo da Vinci's Technical Practice, Paris 2014, S. 114–125.

Anthony M. Amore/Tom Mashberg, Stealing Rembrandts, New York 2011.

Anthony M. Amore, The Woman who Stole Vermeer. The True Story of Rose Dugdale and the Russborough Art Heist, Cambridge 2020.

Ask1 Redaktion, Rätsel um den Genter Altar, 11.3.2018 (https://www.ask1.org/threads/r%C3%A4tsel-um-den-genter-altar.18026/).

Lina Beisswanger, Kunstraub als Kunstwerk, 2016 https://www.schirn.de/magazin/kontext/ulay/ulay_carl_spitzweg_neue_nationalgalerie_berlin_kriminelle_beruehrung_kunst/ (Ulay).

Wilson Boldewijn, Meesterdief, Meppel 2018 (über Octave Durham und den van Gogh-Diebstahl in Amsterdam 2002).

Lex Boon, The Art of Stealing. The Tragic Fate of the Masterpieces Stolen from Rotterdam (https://www.nrc.nl/kunsthal-en/), Oktober 2013.

Stéphane Breitwieser, Confessions d'un voleur d'art, Paris 2006 (Bekenntnisse eines Kunstdiebes, München 2007).

Francesco Buranelli, L'arte di salvare l'arte, Rom 2019 (Ausstellungskatalog anlässlich 50 Jahren CTPC).

Lance Charnes, The Romanian Connection: The Kunsthal Rotterdam Heist, NRC vom 28.12.2017 (https://www.criminalelement.com/the-romanian-connection-the-kunsthal-rotterdam-heist/).

Noah Charney, Stealing the Mystic Lamb, New York 2010 (Genter Altar).
Derselbe, The Museum of Lost Art, London/New York 2018.
Jérôme Coignard, Une femme disparaît. Le vol de la Joconde au Louvre en 1911, Paris/New York 2010.
Andreas Cwitkovits, Kunstkriminalfälle, ohne Ort 2008.
Oliver Deberling, Das Gralsrätsel: Bundeslade, Heiliger Gral und Tempelritterorden, Freital 2013 (Genter Altar).
Karl Decker, Why and How the Mona Lisa Was Stolen, in: Saturday Evening Post vom 25.6.1932.
Vincent Delieuvin/Louis Frank (Hrsg.), Léonard de Vinci (Ausstellungskatalog Musée du Louvre), Paris 2019.
Gerhard Egert, Der Raub der Rosenkranz-Madonna von Tilman Riemenschneider aus der Wallfahrtskirche Maria im Weingarten auf dem Kirchberg bei Volkach 1962, Volkach 2004.
Michael Finkel, The Secrets of the World's Greates Art Thief, 28.2.2019
(https://www.gq.com/story/secrets-of-the-worlds-greatest-art-thief?curator=-MediaREDEF, Breitwieser).
Bart Fransen (Hrsg.), The Ghent Altarpiece. Research and Conservation of the Exterior, Brüssel 2020.
Stefano Fugazza (Hrsg.), Da Hayez a Klimt, maestri dell'Ottocento e Novecento della Galleria Ricci Oddi (Ausstellungskatalog Piacenza), Milano 1997.
Mario Giordano, Bilderräuber. Die größten Kunstdiebstähle, Berlin 2007.
Jake Halpern, The French Burglar who Pulled off his Generation's Biggest Art Heist, The New Yorker vom 7.1.2019 (online), Druckfassung mit dem Titel «A Night at the Museum» am 14.1.2019 (Paris, Musée d'art moderne, 2010).
Konstantin von Hammerstein, Rudis Rache, Der Spiegel Nr. 36 vom 29.8. 2020, S. 36–40 (Gotha).
Matthew Hart, The Irish Game: A True Story of Crime and Art, London 2004 (Sammlung Beit, Russborough House).
Reinhard Hoffmeister: Die Splitter der Madonna. Das große Angstunternehmen: Wie wir ein unersetzliches Kunstwerk retteten, in: F. A. Z.-Magazin vom 31.7.1987, S. 30–35 (Volkach).
Moritz Holfelder, Unser Raubgut. Eine Streitschrift zur kolonialen Debatte, Berlin 2019 (Raubkunst).
Simon Houfe, Some Letters of Robert Dighton, Print Quarterly 19 (2002) Heft 1, S. 45–49.
Simon Houpt, Museum of the Missing: A History of Art Theft, New York 2006.
Florian Illies, Der gute Raub. Warum nach Caravaggios ‹Geburt› nicht mehr

gesucht werden darf, in: Andrea Camilleri u. a., Maler – Mörder – Mythos. Geschichten zu Caravaggio, Ostfildern/Düsseldorf 2006, S. 97–100.

Alice Invernizzi, Neues vom wiederaufgetauchten Gustav-Klimt-Gemälde, Barnebys vom 26.2.2020 (https://www.barnebys.de/blog/im-dezember-war-das-aus-einem-museum-in-piacenza-gestohlene).

Reinhard Kaiser, Der glückliche Kunsträuber. Das Leben des Vivant Denon, München 2016 (Beutekunst).

Martin Kemp/Thereza Wells, Leonardo da Vinci's Madonna of the Yarnwinder, o. O. 2011.

Stephan Kemperdick/Johannes Rössler (Hrsg.), Der Genter Altar der Brüder van Eyck in Berlin, 1820–1920 (Ausstellungs-Katalog Berlin), Petersberg 2014.

Egmont R. Koch/Nina Svensson, Nicht zu fassen!, in: Süddeutsche Zeitung-Magazin Heft 44/2005 (Frankfurt 1994).

Nora und Stefan Koldehoff, Aktenzeichen Kunst. Die spektakulärsten Kunstdiebstähle der Welt, Köln 2004.

Stefan Koldehoff, Die Bilder sind unter uns. Das Geschäft mit der NS-Raubkunst, Frankfurt 2009 (Raubkunst).

Stefan Koldehoff/Tobias Timm, Kunst und Verbrechen, Berlin 2020.

Ben Macintyre, The Napoleon of Crime: The Life and Times of Adam Worth, Master Thief, London 1997 (Der unglaubliche Mr. Worth: ein Gentlemanverbrecher der guten alten Zeit, München 1997).

Ermanno Mariani, Il mistero del doppio ritratto di Klimt, Bobbio 2018 (2. überarbeitete Auflage 2020).

Maximiliaan P. J. Martens/Danny Praet, The Ghent Altarpiece, Veurne 2019.

Maximiliaan P. J. Martens, Van Eyck, eine optische Revolution, Stuttgart 2020.

Sandy Nairne, Art Theft and the Case of the Stolen Turners, London 2011 (Die leere Wand. Museumsdiebstahl. Der Fall der zwei Turner-Bilder, Bern/Wien 2013).

Max Paradiso, The Mystery of the Stolen Klimt, BBC Magazine vom 8.12.2016 (https://www.bbc.com/news/magazine-38242917).

Frauke Maria Petry, Wie Ulay einmal ein weltberühmtes Gemälde stahl, in: Monopol. Magazin für Kunst und Leben vom 23.5.2019 (https://www.monopol-magazin.de/Ulay-Spitzweg-Kunstraub).

Paulus Rainer/Sabine Haag (Hrsg.), Cellinis Saliera. Die Biographie eines Kunstwerks, Wien 2018.

Peter Read, Apollinaire, Berkeley u. a. 2008 (über die von Géry Pieret gestohlenen Statuen).

Manfred Reitz, Die geraubte Mona Lisa. Spektakuläre Kunstdiebstähle von der Antike bis zur Gegenwart, Frankfurt am Main 2002.

Nicolas Richter/Stefan Ulrich, Der Tod und seine Komplizen, in: Süddeutsche Zeitung Nr. 35 vom 12./13.2.2011, S. V2/4–5 (Hôtel Drouot).

Laurie Rush/Luisa Benedettini Millington, The carabinieri command for the protection of cultural property, Woodbridge 2015.

Donald Sassoon, Leonardo and the Mona Lisa Story, New York 2006 (Da Vinci und das Geheimnis der Mona Lisa, Bergisch Gladbach 2006).

Bénédicte Savoy, Afrikas Kampf um seine Kunst. Geschichte einer Postkolonialen Niederlage, München 2021 (Raubkunst).

Haimo Schack, Kunst und Recht, Tübingen 2009.

Uwe Scheffler, Kunst und Strafrecht (Materialien zu den Ausstellungstafeln): Kunst und Diebstahl (http://kunstundstrafrecht.de/Startseite/), 2013 (Volkacher Madonna).

Rita A. Scotti, The Lost Mona Lisa, Bantam 2010.

Dieselbe, Vanishes Smile, the Mysterious Theft of Mona Lisa, New York 2009.

Franz Servaes, Gustav Klimt, in: Velhagen und Klasings Monatshefte 32:1917/18, Heft 3, S. 21–32 (farbige Abbildung; dort datiert Franz Servaes das Bild auf 1912).

Tobias Timm, Nachts um zwei im Museum, in: Weltkunst 90. Jahrgang, Nr. 176, 2020, S. 41–46.

Stefan Trinks, Bilder des Gothaer Kunstraubs: Woran die Echtheit Brueghels zu erkennen war, in: F.A.Z. vom 22.1.2020 (https://www.faz.net/aktuell/feuilleton/kunst/gothaer-kunstraub-woran-die-echtheit-brueghels-zu-erkennen-war-16593688.html).

Peter Watson, The Caravaggio Conspiracy, how Five Art Dealers, Four Policemen, Three Picture Restorers, Two Auction Houses, and a Journalist Plotted to Recover Some of the World's Most Beautiful Stolen Paintings, New York 1984 (unter dem Titel «Double Dealer» bereits 1983).

Thereza Wells, The ‹Madonna of the Yarnwinder›, Conservation History and the Painting's Influence, in: Michel Menu (Hrsg.), Leonardo da Vinci's Technical Practice, Paris 2014, S. 100–113.

Adam Worth alias «Little Adam». Theft and Recovery of Gainsborogh's «Duchess of Devonshire»: [from the archives of Pinkerton's national Detective Agency]. By Pinkerton's National detective Agency, New York 1903.

Rainer Zeh, Die Madonnenräuberbande. Dokumentation von Kriminalfällen aus den 1960er Jahren, Norderstedt 2012 (Volkacher Madonna).

Hanns Zischler, Unsichtbare Sehenswürdigkeiten, in: Kinos Reden. Aufzeichnungen und Ausführungen, Cinema Nr. 36, Basel/Frankfurt am Main 1990, S. 87–98 (Kafka und Mona Lisa).

Fiktionale Werke

Aus der Fülle der Literatur, die den Kunstraub zum Thema hat, wurde nur eine kleine (subjektive) Auswahl getroffen.

John Banville, The Book of Evidence, London 1989 (Das Buch der Beweise, Köln 1991).

derselbe, Ghosts, London 1993 (Geister, Köln 2000).

derselbe, Athena, London 1995 (Athena, Köln 1996).

Martín Caparrós, Valfierno, Madrid 2005 (deutsche Ausgabe: Frankfurt am Main 2006).

Deborah Dixon, Der Mona Lisa Schwindel. Aus dem Nachlass ediert, aus dem Amerikanischen übersetzt und samt einem Nachwort von Werner Fuld, Frankfurt am Main 2011.

Marta Donato, Flucht über den Brenner, München 2018.

Kristin Foltan, Der Kunstraub von Rotterdam (Text frei nach dem Zeitungsbericht von Ingeborg Ruthe aus der Berliner Zeitung vom 19. Juli 2013), Frankfurt am Main/Wien/Zürich 2015.

Kay Jacobs, Das gefälschte Lächeln, Meßkirch 2017.

Erich Kästner, Die verschwundene Miniatur, Basel/Wien 1936.

Volker Klüpfel, Michael Kobr, Schutzpatron. Kluftingers neuer Fall, München 2011 (TV-Film 2016).

Maurice Leblanc, L'Aiguille creuse, Paris 1909 (Die hohle Nadel, Berlin 1914; heute: Arsène Lupin und der Schatz der Könige von Frankreich, Berlin 2008).

Carson Morton, Stealing Mona Lisa: A Mystery, New York 2011.

Robert Noah, The Man who Stole the Mona Lisa, New York 2014.

Susanna Partsch/Andrea Schaller/Rosemarie Zacher, Lauter Lauterbachs und die geheimnisvolle Saliera, München 2018.

Josef Rainer, Das Leben des Benvenuto Cellini und der Diebstahl der Saliera, Wien/Bozen 2011 (Graphic Novel).

Seymour Reit, The Day They Stole the Mona Lisa, New York 1981.

Hannah Rothschild, The Improbability of Love, London 2015 (Die Launenhaftigkeit der Liebe, München 2016).

Birgit Seeber, Nacht über Gotha, Halle (Saale) 2017.

Donna Tartt, The Goldfinch, New York 2013 (Der Distelfink, München 2014).

Klaus-Jürgen Wrede, Das Geheimnis des Genter Altars, Hamburg 2015.

Datenbanken

Art Loss: https://www.artloss.com/

Artive: https://www.artive.org/de/

Carabinieri Tutela Patrimonio Culturale (CTPC):
http://www.carabinieri.it/cittadino/tutela/patrimonio-culturale/introduzione

FBI: https://www.fbi.gov/investigate/violent-crime/art-theft#FBI-Top%20Ten%20Art%20Crimes
und
https://www.fbi.gov/investigate/violent-crime/art-theft/national-stolen-art-file

Gefährdete Kulturgüter:
ICOM: https://icom.museum/en/our-actions/heritage-protection/red-lists/

Deutsche Datenbank zur Dokumentation von Raub- und Beutekunst
Lost Art: http://www.lostart.de/Webs/DE/LostArt/Index.html

Bildnachweis

S. 17: Isabella Stewart Gardner Museum, Boston/Sean Dungan

S. 18: Die Enthüllung der Nachbildung von Caravaggios «Geburt mit dem heiligen Franziskus und dem heiligen Laurentius» im Oratorium von San Lorenzo. Das Projekt wurde von Factum Arte in Zusammenarbeit mit der *Associazione Dimore Storiche* Italiane und den *Amici dei Musei Siciliani* durchgeführt und wurde von Sky Arts in Auftrag gegeben, © Factum Arte

S. 51: Jewish American Society for Historic Preservation/Simon Edwards Esq

S. 74: Bridgeman/Roger-Viollet

S. 80: akg-images/Erich Lessing

S. 81: akg-images

S. 95: Main Post/ Walter Röder

S. 103: akg-images

S. 115: © Pablo Picasso, „Buste de Femme": Succession Picasso/VG Bild-Kunst, Bonn 2021; © Foto: Arthur Brand

S. 120: © The Lucian Freud Archive/Bridgeman Images

S. 127: akg-images

S. 135: Daily Mail, Oktober 2007

S. 142: KHM-Museumsverband, Wien

S. 160: Vincent Mahé, The New Yorker/© Conde Nast

S. 176: Franz Servaes, Gustav Klimt, Velhagen & Klasing Monatshefte 1917/18

S. 177: akg-images

S. 190: bpk/Staatliche Kunstsammlungen Dresden/David Brandt

S. 204: © Indeed Film

Leider war es nicht in allen Fällen möglich, die Inhaber der Rechte zu ermitteln. Wir bitten deshalb gegebenenfalls um Mitteilung. Der Verlag ist bereit, berechtigte Ansprüche abzugelten.

Personenregister

Nicht bei allen Personen konnten die Lebensdaten recherchiert werden.

C

S

T

Register der erwähnten Kunstdiebstähle (chronologisch):

Wenn der Standort nicht mit dem Ort des Diebstahls übereinstimmt, ist ersterer in Klammern angegeben.

1876 London, Gallery Thomas Agnew and Sons 39, 46-52
Thomas Gainsborough, Georgiana, Duchess of Devonshire, um 1785, Lw., 127 x 101,5 cm (beschnitten; heute in Chatsworth House/Derbyshire).

1911 Paris, Musée du Louvre 15 f., 20, 57, 65-78, 87, 195, 199 f., 203
Leonardo da Vinci, Mona Lisa, 1503–1518, Holz, 77 x 53 cm.

1936 Gent, St. Bavo 21, 46, 79-88, 195
Jan und Hubert (?) van Eyck, Die gerechten Richter, Tafel des Genter Altars, um 1432/35, Öl auf Holz, 145 x 51 cm.

1959 Frankfurt, Städel 97-99
Lucas Cranach der Ältere, Venus, 1532, Holz, 37 x 23,8 cm.

1961 London, National Gallery 57 f., 200
Francisco Goya, Duke of Wellington, um 1812/14, Holz, 64,3 x 52,4 cm.

1962 Volkach, Kirche Maria im Weingarten 23, 54, 89-99, 129, 131, 194
Tilman Riemenschneider, Rosenkranzmadonna, 1524, Lindenholz, 280 x 190 cm.

1966 London, Dulwich Picture Gallery 101-104
Rembrandt, Jacob de Gheyn III, 1632, Lw., 29,9 x 24,9 cm (außerdem 1973, 1981, 1983). 1966 wurden außerdem gestohlen: Gerrit Dou, Eine Clavichord spielende junge Frau, um 1665, Holz, 37,7 x 29,9 cm.
Jacob Ernst Thomann von Hagelstein (Zuschreibung): Susanna im Bade, um 1620, Kupfer, 23,5 x 29,9 cm (auch Adam Elsheimer zugewiesen).

Rembrandt, Ein Mädchen am Fenster, 1645, Lw., 81,8 x 66,2 cm; Porträt von Titus (?), um 1668, Lw., 78,6 x 64,2 cm.

Peter Paul Rubens, Die heilige Barbara flieht vor ihrem Vater, um 1620, Holz, 32,6 x 46,2 cm; Drei Nymphen mit einem Füllhorn, um 1625/28, Holz, 30,9 x 24,4 cm; Die drei Grazien, um 1636, Holz, 39,9 x 39,9 cm.

1969 Palermo, San Lorenzo 17–19, 24 f., 117–119, 209 f., 212

Caravaggio, Geburt Christi, 1609, Lw., 268 x 197 cm (Verbleib unbekannt).

1971 Brüssel, Museum der Schönen Künste 59

Jan Vermeer, Der Liebesbrief, um 1667/70, Lw., 44 x 38 cm (Amsterdam, Rijksmuseum).

1974 London, Kenwood-House-Museum 59

Jan Vermeer, Die Gitarrenspielerin, um 1669/72, Lw., 53 x 46,3 cm.

1974 Russborough House b. Dublin, Slg Beit 59 f.

(Aufgrund der Liste der gestohlenen Gemälde lassen sich nicht alle identifizieren; wenn nicht anders angegeben, befinden sie sich wahrscheinlich noch in der Sammlung Beit).

Thomas Gainsborough, Porträt Giovanna Baccelli, 1782, Studie, Lw., 55,9 x 39,4 cm; Kleine Landschaft.

Francisco Goya, Porträt von Doña Antonia Zárate, 1805, Lw., 103,5 x 82 cm (Dublin, National Gallery of Ireland).

Francesco Guardi, Piazzetta, Venedig, Lw., 34,4 x 45,8 cm (2016 bei Christie's verkauft); Piazza San Marco, Lw., 34,4 x 45,8 cm (2016 bei Christie's verkauft); zwei Landschaften.

Frans Hals, Lautenspieler, um 1630, Lw., 83 x 75 cm (Dublin, National Gallery of Ireland).

Edwin Landseer, Landschaft mit Teich, Schwan und Kirche, 19. Jh.

Gabriel Metsu, Brief schreibender Mann; Brief lesende Frau, beide um 1664/66, Holz, 52,5 x 40,2 cm (Dublin, National Gallery of Ireland).

Paulus Moreelse, Bildnis einer Dame, Lw., 1629, 68,6 x 57,2 cm.

Peter Paul Rubens, Kopf eines bärtigen Mannes, 1622/24, Holz, 50,8 x 41,3 cm (Dublin, National Gallery of Ireland); Venus und Jupiter, Holz, 50,8 x 37,5 cm (2016 bei Christie's verkauft; Privatsammlung); Mönchskopf (früher Rubens zugeschr.).

Jacob van Ruisdael, Das Kornfeld, Lw. 47 x 62,3 cm (Belfast, Ulster Museum).

Diego Velazquez, Küchenmagd mit den Jüngern in Emmaus, um 1617/18, Lw., 55 x 118 cm (Dublin, National Gallery of Ireland).

Willem van de Velde d. J., Ruhige See mit Booten, Lw., 38,1 x 19,5 cm.
Jan Vermeer, Briefeschreiberin und Dienstmagd, 1670/71, Lw., 71,1 x 60,5 cm (Dublin, National Gallery of Ireland).
(weitere Überfälle 1986, 2001, 2002)

1979 Gotha, Museum Schloss Friedenstein 11, 26, 169-175, 203, 210
Ferdinand Bol, Bildnis eines alten Mannes, nach 1632, Holz, 65 x 50 cm.
Jan Brueghel der Ältere, Landstraße mit Bauernwagen und Kühen, um 1610, Holz, 45 x 66 cm.
Frans Hals, Brustbild eines unbekannten Herrn mit Hut und Handschuhen, um 1635, Lw., 64 x 52 cm.
Hans Holbein der Ältere, Hl. Katharina, um 1510, Holz, 39,5 x 28,4 cm.
Unbekannter Künstler nach Anthonis van Dyck, Selbstbildnis mit Sonnenblume, nach 1633, Lw., 61 x 71 cm.

1988 Berlin, Nationalgalerie 121, 210
Lucian Freud, Francis Bacon, um 1951/52, Lw., 17,8 x 12,8 cm (London, Tate-Gallery; Verbleib unbekannt).

1989 Berlin, Schloss Charlottenburg, Galerie der Romantik 209
Carl Spitzweg, Der arme Poet, 1839, Lw., 36,3 x 44,7 cm; Der Liebesbrief, 1845/46, Lw., 24 x 21 cm (Verbleib unbekannt).

1990 Boston, Isabella Stewart Gardner Museum 17, 19, 25, 107, 116 f.
Edgar Degas, fünf Arbeiten auf Papier (Aquarell, Zeichnungen).
Govaert Flinck, Landschaft mit einem Obelisken, 1638, Holz, 54,5 x 71 cm.
Edouard Manet, Chez Tortoni, um 1875, Lw., 26 x 34 cm.
Rembrandt, Christus im Sturm auf dem See Genezareth, 1633, Lw., 160 x 128 cm; Porträt eines Ehepaars, 1633, Lw., 131,6 x 109 cm; Selbstbildnis als junger Mann, um 1633, Radierung, 4,5 x 5 cm.
Jan Vermeer, Das Konzert, um 1663/66, Lw., 72,5 x 64,7 cm.
Chinesisches Bronzegefäß, 12. Jahrhundert v. Chr.
Ein Feldzeichen Napoleons.

1991 Amsterdam, Van Gogh Museum 112-114
Reformierte Kirche in Nuenen, 1884/85, Lw., 41,5 x 32,2, cm; Die Kartoffelesser, 1885, Lw., 82 x 114 cm; Stillleben mit Bibel, 1885, Lw., 65,7 x 78,5 cm; Apfelkorb, 1885, Lw., 45,0 x 60,4 cm; Stillleben mit Früchten, 1887, Lw., 48,5 x 65 cm; Die Kurtisane, 1887, Baumwolle, 100,7 x 60,7 cm; Schuhe, 1887, Pappe, 32,7 x 40,8 cm; Selbstbildnis vor der Staffelei, 1887/88, Lw.,

65,1 x 50 cm; Zugbrücke (Brücke von Langlois), 1888, 59,6 x 73,6 cm; Der Sämann, 1888, Lw., 32,5 x 40,3 cm; Schlafzimmer in Arles, 1888, Lw., 72,4 x 91,3 cm; Blühender Obstgarten, 1889, Lw., 73,2 x 93,1 cm; Sonnenblumen, 1889, Lw., 95 x 73 cm; Ein Paar Lederschuhe, 1889, Lw., 32,2 x 40,5 cm; Blühender Mandelzweig, 1890, Lw., 73,3 x 92,4 cm; Vase mit Iris auf gelbem Grund, 1890, Lw., 92,7 x 73,9 cm; Baumwurzeln, 1890, Lw., 50,3 x 100,1 cm; Landschaft in der Dämmerung (Zwei Birnbäume und das Schloss von Auvers), 1890, Lw., 50 x 100 cm; Weizenfeld mit Krähen, 1890, Lw., 50,5 x 103 cm.

1994 Frankfurt am Main, Schirn 15, 125-132, 202
Caspar David Friedrich, Nebelschwaden, um 1820, Lw., 32,5 x 42,4 cm.
William Turner, Schatten und Dunkelheit – Der Abend der Sintflut; Licht und Farbe (Goethes Theorie) – Der Morgen nach der Sintflut, beide 1843, Lw., 78,7 x 78,7 cm.

1994 Oslo, Nationalgalerie 106 f.
Edvard Munch, Der Schrei, 1893, Pappe, 91 x 73,5 cm.

1996 Piacenza, Galleria d'arte moderna Ricci Oddi 11, 175-181, 203
Gustav Klimt, Damenbildnis (Der Backfisch), 1910 und 1916/17, Lw., 68 x 55 cm.

1999 Antibes, Yachthafen 114-116
Pablo Picasso, Buste de femme (Dora Maar), 26.4.1938, Lw., 81 x 72 cm.

1999 Kopenhagen, Nivaagaard Museum 108
Rembrandt, Bildnis einer 39 Jahre alten Frau, 1632, Holz, 76,5 x 59 cm.
Giovanni Bellini, Bildnis eines jungen Mannes, um 1490, Holz, 29,5 x 23 cm.

2000 Düsseldorf, Glasmuseum Hentrich 181 f.
Zwölf historische Gläser (2020 sechs sichergestellt).

2000 Oxford, Ashmolean Museum 119 f.
Paul Cézanne, Paysage d'Auvers-sur-Oise (Bei Auvers), 1879/80, Lw., 46 x 55 cm (Verbleib unbekannt).

2000 Poznan, Muzeum Narodowe 63
Claude Monet, La plage de Pourville, 1882, Lw., 60 x 73 cm.

2000 Stockholm, Nationalmuseum 107 f.
Rembrandt, Selbstbildnis, 1630, Kupfer, 15,5 x 12 cm.
Auguste Renoir, Konversation, Lw., 45 x 38 cm; Die junge Pariserin, um 1875, Lw., 40 x 32 cm.

2002 Amsterdam, Van Gogh Museum 110–112
Vincent van Gogh, Meer bei Scheveningen, 1882, Lw., 36,4 x 51,9 cm; Reformierte Kirche in Nuenen, 1884/85, Lw., 41,5 x 32,2 cm.

2003 Wien, Kunsthistorisches Museum 16, 21, 53, 141–151, 201
Saliera, 1540–1543, Tafelgerät aus Gold, Email, Ebenholz und Elfenbein, 28,5 x 21,5 x 26,2 cm, etwa sieben Kilogramm Gewicht.

2003 Drumlanrig Castle 132–140
Leonardo da Vinci und Werkstatt, Madonna mit der Spindel, um 1501/10, Holz, 48,3 x 36,9 cm (Edinburgh, National Galleries of Scotland).

2004 Oslo, Munch-Museum 107
Edvard Munch, Der Schrei, 1910, Pappe, 83 x 66 cm; Madonna, 1894, Lw., 90 x 68 cm.

2008 Pfäffikon, Seedamm Kulturzentrum 167 f.
Pablo Picasso, Glas und Krug, 1944, Lw., 27,5 x 35,3 cm; Pferdekopf, 1962, Lw., 73 x 59,5 cm (Hannover, Sprengel Museum).

2008 Zürich, Sammlung Bührle 167
Paul Cézanne, Knabe mit der roten Weste, 1888/90, Lw., 79,5 x 64 cm.
Edgar Degas, Ludovic Lepic und seine Töchter, um 1871, Lw., 65 x 81 cm.
Claude Monet, Mohnfeld bei Vétheuil, um 1879, Lw., 73 x 92 cm.
Vincent van Gogh, Blühende Kastanienzweige, 1890, Lw., 73 x 92 cm.
Ab Herbst 2021 ist die Sammlung im Erweiterungsbau des Kunsthauses Zürich zu sehen. Das Bild von Monet muss möglicherweise als Raubkunst bezeichnet werden (s. Süddeutsche Zeitung vom 25.2.2021).

2009 Paris, Hôtel Drouot 54–56
Entdeckung der jahrzehntelangen Diebstähle.

2010 Paris, Musée d'Art moderne de la Ville de Paris 159
Georges Braque, Der Olivenbaum bei L'Estaque, 1906, Lw., 60 x 73 cm.
Fernand Léger, Stillleben mit Kerzen, 1922, Lw., 116 x 80 cm.

Henri Matisse, Pastoral, 1905, Lw.,46 x 55 cm.
Amedeo Modigliani, Frau mit Fächer, 1919, Lw.,100 x 65 cm.
Pablo Picasso, Taube mit grünen Erbsen, 1911, Lw., 65 x 54 cm (Verbleib unbekannt).

2012 Rotterdam, Kunsthalle 153-159
Lucian Freud, Frau mit geschlossenen Augen, 2002, Lw., 30,5 x 24,5 cm.
Paul Gauguin, Frau vor einem offenen Fenster, gen. die Verlobte, 1888, Lw., 33,8 x 41 cm.
Meijer Isaac de Haan (1852–1895), Selbstbildnis, um 1889/91, Lw., 32,4 x 24,5 cm.
Henri Matisse, Lesende in Blau und Gelb, 1919, Lw. auf Karton, 31 x 33 cm.
Claude Monet, Waterloo Bridge, London, 1901, Pastell auf Papier, 30,5 x 48 cm.
Claude Monet, Charing Cross Bridge, London, 1901, Pastell auf Papier, 31 x 48,5 cm.
Pablo Picasso, Kopf eines Harlekin, 1971, Mischtechnik auf Papier, 38 x 29 cm
(Verbleib unbekannt).

2015 Verona, Castel Vecchio, Museo Civico 163-166
Jacopo Bellini, Der Hl. Hieronymus in der Wüste, um 1450, Holz, 95 x 65 cm.
Giovanni Francesco Caroto, Bildnis eines Knaben mit einer Kinderzeichnung, um 1520, Holz, 37 x 29 cm.
Giovanni Francesco Caroto, Bildnis eines jungen Benediktiners, Lw., 43 x 33 cm.
Hans de Jode, Landschaft mit Kaskade, 1657, Lw., 70 x 99 cm.
Hans de Jode, Hafen am Meer, 1657, Lw., 70 x 99 cm.
Giovanni Benini, Bildnis des Girolamo Pompei, Lw., 85 x 63 cm.
Andrea Mantegna, Heilige Familie mit einer Heiligen, Ende 15. Jh., Lw., 76 x 55,5 cm.
Pisanello, Maria mit Kind, gen. Maria mit der Wachtel, um 1420, Holz, 54 x 32 cm.
Peter Paul Rubens, Damenbildnis, genannt Die Dame der Lichtnelken, 1602, Lw., 76 x 60 cm.
Domenico Tintoretto, Bildnis von Marco Pasqualigo, um 1580/90, Lw., 48 x 40 cm.
Werkstatt von Domenico Tintoretto, Bildnis eines venezianischen Admirals, Lw., 110 x 89 cm.
Werkstatt von Jacopo Tintoretto, Stillende Madonna, Lw., 89 x 76 cm.

Werkstatt von Jacopo Tintoretto, Überführung der Bundeslade, Holz, 28 x 80 cm.
Werkstatt von Jacopo Tintoretto, Das Gastmahl des Belsazer, Holz, 26,5 x 79 cm.
Werkstatt von Jacopo Tintoretto, Samson, Holz, 26,5 x 79 cm.
Werkstatt von Jacopo Tintoretto, Das Urteil des Salomon, Holz, 26,5 x 79,5 cm.
Umkreis von Jacopo Tintoretto, Porträt eines Mannes, Lw., 54 x 44 cm.

2017 Berlin, Bode-Museum 185–189, 197 f.
Big Maple Leaf, 2007, Feingold, 53 cm Durchmesser, 3 cm dick, 100 kg schwer (Verbleib unbekannt).

2019 Dresden, Grünes Gewölbe 19 f., 25, 112, 185–196, 202 f.
Teile der Diamantrosengarnitur, der Brillantgarnitur, des Diamantschmucks sowie der Perlen der Königinnen (eine genaue Auflistung der einzelnen Objekte findet sich auf der Presseseite der Staatlichen Kunstsammlungen Dresden. https://www.skd.museum/presse/2019/einbruch-ins-juwelenzimmer-am-25112019/ [Verbleib unbekannt]).

2020 Laren, Singer Laren Museum 20, 105, 110, 112
Vincent van Gogh, Frühlingsgarten. Der Pfarrgarten von Nuenen, 1884, Holz, 25 x 57 cm (Groningen, Groninger Museum; Verbleib unbekannt).

2020 Leerdam, Museum Het Hofje van Mevrouw van Aerden 20, 105
Frans Hals, Zwei lachende Jungen mit einem Bierkrug, 1626, Lw., 68 x 56,5 cm (wurde 1988 und 2011 schon einmal gestohlen; Verbleib unbekannt).

2020 Neapel, Doma (Museo di San Domenico Maggiore, Sala degli Arredi Sacri): 121–123
Gerolamo Alibrandi (?), Salvator Mundi, vor 1519, Holz, 66,5 x 46,5 cm.